Im Vertrieb der Verlagsgruppe Weltbild GmbH
Projektleitung: BILD
Herausgeber: Kai Diekmann
Art Director: Markus Ackermann
Redaktionelle Leitung & Text: Hauke Brost
Fotoredaktion: Renate Bielefeldt,
Christian Gelhausen, Nina Oeking
Layout & Produktion: Anette Broll,
Hans-Peter Lobmeyer, Thomas Pogade
Technische Abwicklung: Eddi Zavrl
Repro: AMOS, Hamburg
Druck und Weiterverarbeitung:
MOHN Media • Mohndruck GmbH
Printed in Germany
ISBN 3-89897-126-0

Das Jahr 2004

Was uns bewegte

Herausgegeben von Kai Diekmann

2004 Das Jahr war **kritisch**

Bundeskanzler Gerhard Schröder versuchte, seine Reformen gegen alle Widerstände durchzusetzen

2004
Das Jahr war **kämpferisch**

Anläßlich des Kanzlerbesuches machten Arbeiter in Wittenberge ihrer Wut über Hartz IV lautstark Luft

2004
Das Jahr war
erheiternd

Bei den schottischen „Mey Highland Games" amüsierten sich Prinz Charles und seine Camilla königlich

2004
Das Jahr war
erschütternd
Angstvoll schreiend und unter Schock floh dieser Junge aus der besetzten Schule von Beslan

2004
Das Jahr war
bescheuert

Bei „Ich bin ein Star – Holt mich hier raus" wurde Désirée Nick im Dschungel mit Würmern übergossen

2004
Das Jahr war
beschämend

Im Irak folterten US-Soldaten ihre Gefangenen und ließen sie stundenlang mit Kapuzen über dem Kopf ausharren

2004
Das Jahr war

grauenvoll

In der indischen Stadt Cuddalore weinte diese Mutter um ihr Kind, das bei der Flutkatastrophe ertrunken war

2004
Das Jahr war
liebevoll

In Oslo zeigten Prinz Haakon und seine Frau Mette-Marit stolz ihr Baby Ingrid Alexandra, Prinzessin von Norwegen

2004
Das Jahr war **triumphal**

Michael Schumacher wurde zum 7. Mal Formel-1-Weltmeister. Das ist Rekord. In 14 Jahren fuhr er 82 Siege ein

2004
Das Jahr war
traurig

In Athen schaffte Franzi van Almsick nur Platz 5 über 200 m Freistil. Der Druck, der auf ihr lastete, war einfach zu groß

2004

Im Trauerzug für Ex-US-Präsident Ronald Reagan: Sein Lieblingspferd mit umgedrehtem Stiefel

... was für ein Jahr!

In Berlin kam Baby Marie-Louise vier Monate zu früh zur Welt (475 g, 27 cm). Daß es überlebte, war eine Sensation

Kai Diekmann
BILD-Chefredakteur

Liebe Leser,

die schrecklichen Ereignisse an den Urlaubsstränden in Fernost überschatten das Jahr 2004 und lassen alle anderen Nachrichten in den Hintergrund treten. Die Folgen der Katastrophe werden uns auch im neuen Jahr und weit darüber hinaus beschäftigen. Unsere Welt ist nicht mehr die, die sie zu sein schien.

Bevor die Flutwelle im Dezember alle Dimensionen des Vorstellbaren sprengte, hielten wir andere Dinge für wichtig. Es war das Jahr der großen Umwälzungen, im Inland und auf der internationalen Bühne. Praxisgebühr, Hartz IV, Rückkehr zur 40-Stunden-Woche – Deutschland bewegte sich. Vieles wurde diskutiert, vieles bleibt umstritten bis ins neue Jahr hinein.

2004, was bewegte uns? Der Kanzler bekam Familienzuwachs aus Rußland, die EU aus dem Osten und Süden Europas – 10 neue Staaten traten bei. Im Fernsehen zog eine Dschungelshow die Deutschen in den Bann, im Kino „Der Untergang" mit Bruno Ganz. Die Griechen gewannen die Fußball-EM, im Handball waren endlich die Deutschen ganz oben. Und Dresden bekam wieder seine Frauenkirche!

Vieles blieb aber auch beim alten: Wie immer gewann Schumi die Formel 1 und Armstrong die Tour de France – Höhepunkte des Sports und der Sportlichkeit, wie auch die Olympischen Spiele.

Leid und Elend gab es 2004 nicht nur im Dezember. Denken Sie an die Anschläge in Madrid, Moskau und Beslan, an den Terror in Israel, den Krieg im Sudan.

Jubel und Tränen, Leid und Freude, Gelingen und Scheitern: All dies und noch viel mehr finden Sie in diesem Buch. Mit packenden Reportagen und vielen Erläuterungen. Und natürlich mit vielen Bildern: Bilder voller Spannung, voller Trauer, voller Schönheit, voller Liebe. So, wie Sie es von BILD kennen: nah am Menschen und mit Liebe zu unseren Lesern.

Herzlich Ihr

Der schräge Daniel und die Kakerlaken

Alle lästern. Aber alle gucken. „Ich bin ein Star – Holt mich hier raus" ist im Januar 2004 „der" Quoten-Hit. „Ekel-TV" hat nun auch die deutschen Wohnzimmer erreicht (woanders gibt es so etwas ja schon lange). Aber das Dschungel-Camp mit den Promis und ihren Schlammschlachten markiert auch einen Wendepunkt im deutschen Fernsehen: Alle TV-Formate, die uns in den Folgemonaten ekeln (z.B. die mit den Schönheits-Operationen), blieben weit hinter den Quoten-Erwartungen zurück. Deutschland zappt viel lieber zu bewährtem Entertainment à la Thomas Gottschalk. Das Foto zeigt den „schrägen Daniel" Küblböck, der 66 Sekunden mit 30 000 Kakerlaken in einem gläsernen Käfig ausharren muß.

Jürgen Drews über gehörnten TV-Star Fendrich
Du doofer Sex-Trottel
10 Euro Praxis-Gebühr
Das ist Ihr neuer Kranken-Schein
...und schon gibt's Riesen-Ärger
Bild
Hanni-Drama
Er kann nicht mehr siegen
Effe Trainer in Thailand

Rentenklau
Praxisgebühr
Zuzahlung
Frau Ministerin, Sie machen uns krank!
Bild
Das Herz!
Carolines Vater wieder in Klinik
Adler-Krise
Küsst sie Hanni wieder in Form?

3 Monate nach der Scheidung von Michael Stich
Schöne Jessica Schwanger! Verstoßen!
Vom verheirateten Millionär Haffa
DVD Hot Seller
9,99
Bild
Deisler Comeback im Januar
Guten Morgen, Herr Clement!
Deutscher Minister halb nackt im TV!

Bild
Jessica Stich
Millionen-Schlacht um das Baby
NEU!
Neuer BMW mit Loch in Schnauze
Renten-Klau
SPD-Politiker lehnen sich auf!

Praxisgebühr & Mannesmann-Prozeß

Alles wird teurer, die Stimmung ist im Keller

Das neue Jahr greift uns kräftig in die Tasche. Das merkt jeder, der zum Arzt muß: Seit dem 1. Januar ist die Praxisgebühr fällig.

10 Euro sind jeweils beim ersten Arztbesuch im Quartal aus eigener Tasche zu bezahlen. Bei Notfall-Erkrankungen werden sogar noch einmal 10 Euro fällig. Die neue Gebühr soll die Krankenkassen entlasten und tut es auch – zumindest vordergründig, denn die Zahl der Arztbesuche wird im Laufe des Jahres auffällig zurückgehen.

Wie viele Krankheiten dadurch aber spät oder sogar zu spät entdeckt werden und dann erst richtig hohe Kosten verursachen, weiß im Januar 2004 noch niemand.

In vielen Arztpraxen herrscht zu Jahresbeginn das blanke Chaos. Chaos auch in Berlin. Mal heißt es: Die Reform der Pflegeversicherung wird gestoppt. Dann wieder: Kommando zurück, alles nicht so gemeint. „Erst hü, dann hott" (FOCUS), „Kanzlerstarre" (SPIEGEL), „Politik der zittrigen Hand" (taz), „Wo geht's jetzt lang, Kanzler?" (BILD). Die SPD sackt auf unter 25%, Tendenz sinkend!

Die angeklagten Mannesmann-Bosse
Was gibt es da zu lachen?
Er bekam 30 Millionen Euro Abfindung...
...und er fand das gut
...und er hatte nix dagegen
Gut gelaunt: Deutsche-Bank-Chef Josef Ackermann (55, rechts) zeigte gestern vor dem Gerichtssaal in Düsseldorf das „V" für Victory (deutsch: Sieg). Ex-Mannesmann-Chef Klaus Esser (56, links) lachte
Wird ihm bald das Lachen vergehen? Ex-IG Metall-Chef Klaus Zwickel (64) im Gerichtssaal
Fotos: DPA (2), REUTERS
Von JOACHIM OFFERMANNS
Düsseldorf – **Saal 111 im ehrwürdigen Düsseldorfer Landgericht:** Die Angeklagten plaudern, scherzen.
sagt er in Anspielung auf seine Rekordabfindung: „Wissen Sie,
klagebank Platz nimmt, beklagt sich der aus der Schweiz stammende
ganten gnadenlos, verscherbelte Unternehmensteile mit 131 000 Arbeitsplätzen. Den ertragreichen Mobilfunkbereich (7000 Jobs) verleibte sich Gent ein.

Falsches Signal, falsche Zeit

Um 57 Millionen Euro Prämien und Abfindungen geht es im „Mannesmann-Prozeß". Siegessicher macht Deutsche-Bank-Chef Josef Ackermann vorm Gerichtssaal das „Victory-Zeichen". Das falsche Signal zur falschen Zeit, meint BILD.

Lebensmittel doch viel teurer als vorm Euro!

Aber nicht nur Krankwerden wird teurer. Im Vergleich zum Vorjahr kosten Gurken im Januar 2004 fast 85 und Kartoffeln über 30 Prozent mehr. Auch Bier- und Strompreise sollen steigen. In BILD zeigt Hausfrau Christa L. (75) ihr seit Jahren akribisch genau geführtes Haushaltsbuch und rechnet bei Lebensmitteln eine „Teuro"-bedingte Preissteigerung von durchschnittlich 58 Prozent vor.

Stichworte wie „**Rentenklau**" und „**Zuzahlung**" sind ebenfalls nicht dazu geeignet, die Stimmung im Januar nachdrücklich zu heben.

Ein Hai biß Bethany (13) den Arm ab – jetzt steigt sie wieder aufs Surfbrett

Ein Foto, aus dem Mut und Lebenswille sprechen. Beim Surfen vor Hawaii wurde der kleinen Bethany der linke Arm von einem 5-m-Hai abgebissen. Das Mädchen, eines der weltweit größten Surf-Talente, gab nicht auf. Kaum aus dem Krankenhaus entlassen, begann sie wieder zu trainieren. Im Januar trat sie zu ihrem ersten Wettbewerb nach dem Unglück an und belegte den fünften Platz in ihrer Altersgruppe. Eine Sonderwertung der Jury lehnte die tapfere Bethany ab.

Sensationelle Enthüllung aus England
Diana
Furchtbarer Verdacht gegen Charles
Bild
Richtigstellung
Neue Pleite
Bundesliga soll mittags spielen!
Hanni Rücktritt?

Während sich der „**kleine Mann**" auf schlechte Zeiten einstellt, wird in den Führungs-Etagen von Politik und Wirtschaft ganz offensichtlich gekungelt, gemauschelt und geschoben.

Bild stoppt die Diäten-Abzocker

● **Beispiel 1:** Unsere **EU-Abgeordneten** wollen ihre monatlichen Diäten um 2000 Euro und die Pensionen um bis zu 68 Prozent erhöhen! BILD berichtet fast täglich über diese Habgier und hat Erfolg: Gegen Monatsende scheitern die unverschämten Pläne aufgrund einer deutschen Initiative im EU-Ministerrat. „BILD stoppt Diäten-Abzocker", lesen wir am 27. Januar auf Seite 1.

Florian Gerster

● **Beispiel 2: Skandal um die Nürnberger Bundesagentur für Arbeit!** Hier geht es um ominöse Beraterverträge in Millionenhöhe ohne die vorgeschriebenen öffentlichen Ausschreibungen; **BfA-Chef Florian Gerster** muß seinen Hut nehmen.

Die deutschen Stars feiern ihr Familien-Fest

31. deutscher Filmball im Münchner „Bayrischen Hof". Gekonnt schiebt Bayerns Ministerpräsident Edmund Stoiber die wunderhübsche Veronica Ferres übers Parkett. Auch sonst ist alles vertreten, was zur deutschen Promi-A-Klasse gehört.

Veronica Ferres (38) und Edmund Stoiber (62)

Ralph Siegel (58) mit Tochter Giulia (29, links) und Verlobter Kriemhild (30)

Uschi Glas (59) und Dr. Dieter Frank ganz kuschelig (rechts)

Ralf Bauer (37) tanzt mit Christine Neubauer (41)

Heiner Lauterbach (50) und Ehefrau Viktoria (31)

Katja Riemann (40)

Moritz Beibtreu (32)

Simone Kahn (33)

„Spirit“ rollt über den Mars und sammelt Steinchen. Aliens filmt er leider nicht

Im Kontrollzentrum Pasadena (Kalifornien) wird gejubelt, als die NASA-Sonde weich auf den Mars plumpst und brav die ersten Fotos zur Erde funkt. NASA-Chef Sean O'Keefe: „Wir haben die richtigen Gebete gesprochen." Leider sind keine Marsmännchen zur Begrüßung erschienen, und die Gegend da oben sieht sowieso eher unwirklich aus. Drei Wochen später bekommt „Spirit" dann Gesellschaft: Zwillingsbruder „Opportunity" landet auf dem Mars.

● **Beispiel 3:** Beginn des „**Mannesmann-Prozesses**" um 57 Millionen Euro Prämien und Abfindungen! Legendär das „Victory-Zeichen" von Deutsche-Bank-Chef **Josef Ackermann** vorm Gerichtssaal, das ihm viele übelnehmen.

Schüttler und Hanni enttäuschen

Sportlich beginnt das Jahr enttäuschend. Bei den „Australian Open" fliegt **Rainer Schüttler** (Foto r.) in der ersten Runde gegen den No-Name-Schweden **Robin Söderling** raus. Dabei war er doch nach seinem letztjährigen Durchmarsch bis ins Finale als Favorit gehandelt worden! Und **Sven Hannawald** hat offenbar das Fliegen verlernt. Der sympathische Ski-Springer ist ebenfalls im Formtief und läßt bei der Dreischanzen-Tournee die Flügel hängen. Nur Platz 9 in Garmisch und Innsbruck, in Bischofshofen Platz 22 und nur Zwölfter in der Gesamtwertung! Man sieht den Armen sogar weinen.

„Er ist nicht hundertprozentig stark im Kopf" (Bundestrainer Steiert)

Lippen zusammengepreßt, total am Boden. Der Ski-Star aus 2003 fliegt nicht mehr

Es ist zum Weinen! Hanni kann nicht mehr siegen und durchleidet die schlimmste Krise seiner Karriere

„Wenn ich einem Zuschauer meine Nummer gebe, springt der weiter als ich. Ich bin absolut deprimiert. Was ich hier auf die Mütze bekommen habe, ist für mich unbegreiflich. Ich bin so weit unten, daß das Wörtchen Enttäuschung noch ein Geburtstagsgeschenk für mich wäre" (O-Ton Sven Hannawald).

ostbrauner Staub bedeckt die Mars-Oberfläche

Der Fall Diana
Charles zum Polizei-Verhör?
Bild
Todes-Grippe in Deutschland!
Nächste Firma streicht Betriebsrente!

Donnerstag, 8. Januar

Überraschender Erfolg der Ärzte
Pille gibt Harald Juhnke neue Hoffnung
Bild
Ministerin kneift
Merkel kritisiert Manager

Freitag, 9. Januar

Das Geständnis der Folter-Eltern
Bild
Wird Diana exhumiert?
Praxisgebühr
Politiker zahlen nur die Hälfte!
So viel Hass

Sonnabend, 10. Januar

Unser Blick schweift fasziniert ins Weltall. Die Landung der 173 Kilo schweren NASA-Sonde „**Spirit**" auf dem Mars ist geglückt. 485 Millionen Kilometer hat sie hinter sich; die Mission kostet 650 Millionen Euro. Die ersten Fotos wirken allerdings nicht gerade einladend: Wir sehen eine Steinwüste, Geröll, keine Spuren von Leben weit und breit. Aber 10 Tage später rollt „Spirit" los, legt in zwei Minuten immerhin 3,60 Meter zurück und sammelt Steinproben ein.

Grund zum Weinen hat auch die schwangere Jessica Stockmann-Stich. Kurz nach der Scheidung von Tennis-Star **Michael Stich** zerbricht ihre Beziehung zu Börsen-Millionär **Florian Haffa**, dem Vater ihres ungeborenen Kindes. Der kündigt einen Vaterschaftstest an.

Schwangere Jessica ist tieftraurig...

...freut sich aber trotzdem auf die Geburt ihres Babys. Mit den Männern läuft's im Leben der Schauspielerin nicht ganz optimal, sie hat zwei Verluste zu beklagen (unten)

Wie können Eltern ihrem Kind nur so etwas antun?

Ein furchtbares Verbrechen macht Deutschland ratlos. Ein schwerverletztes Mädchen, die erst drei Jahre alte Carolin, wird kahlrasiert und schwer mißhandelt zum Sterben in einer Klinik-Toilette in Bayern abgelegt. Als es endlich gefunden wird, ist es zu spät. Das Kind stirbt. Wenig später werden die leibliche Mutter, Zaneta B. (24), und ihr Freund Mehmet A. (30) in Italien verhaftet. Als das Kind beerdigt wird, ist auch ein Kranz der Mutter auf dem Sarg. Auf der Schleife steht:

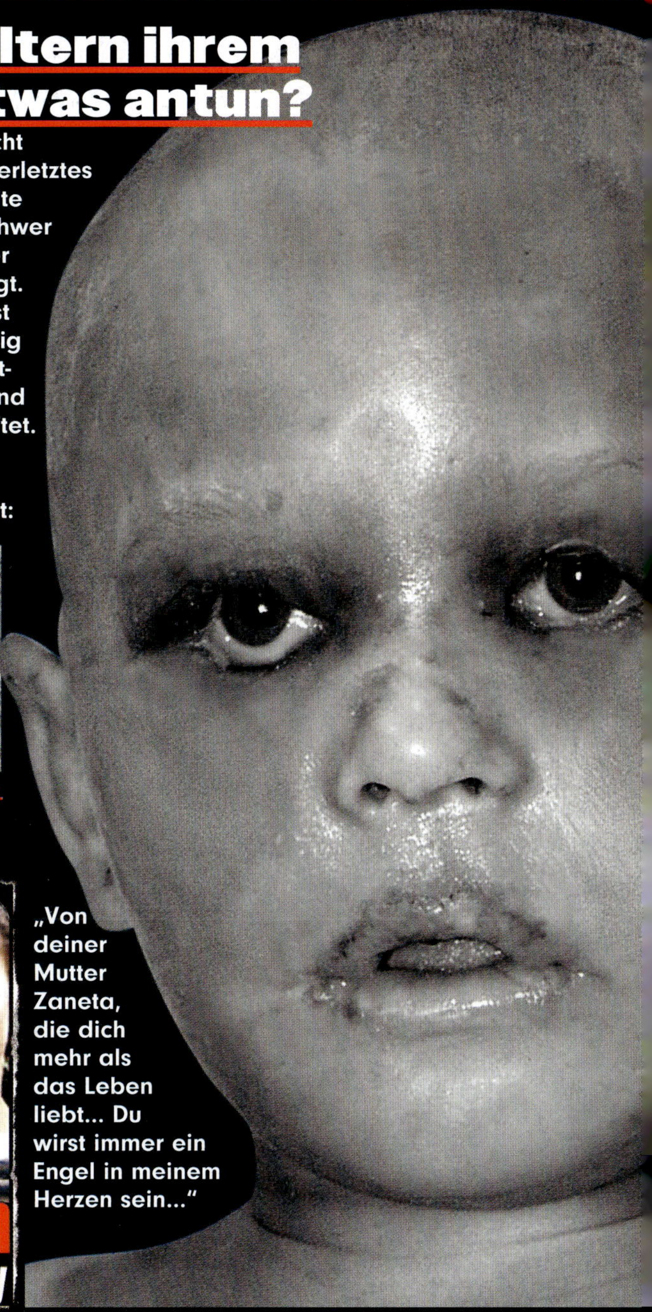

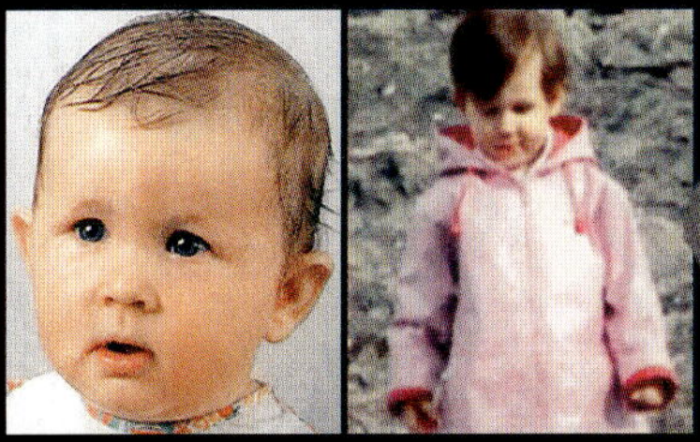

Das zur Fahndung freigegebene Polizeifoto (links) und Fotos von Carolin, als sie noch geliebt wurde (rechts)

Auf der Flucht GEFASST!
Die Folter-Eltern planten ein neues Baby

„Von deiner Mutter Zaneta, die dich mehr als das Leben liebt... Du wirst immer ein Engel in meinem Herzen sein..."

Carolins Beerdigung, oben Verwandte des totgefolterten Kindes. Links der verlogene Gruß, den die Mutter schickte. Der Text auf den Schleifen ist polnisch

Montag, 12. Januar

Dienstag, 13. Januar

Mittwoch, 14. Januar

Donnerstag, 15. Januar

Eine Nachricht aus London erschüttert die Welt. Der „**Daily Mirror**" behauptet, daß **Prinzessin Diana** († 1997) einen schlimmen Verdacht gegen Prinz Charles hegte. Sie glaubte offenbar, daß er ein Mordkomplott gegen sie schmiedete!

10 Monate vor ihrem Tod schrieb Diana diesen Brief

Prinz Charles, so ihre düstere Verdächtigung, plane einen Autounfall. Er wolle damit den Weg zu seiner Hochzeit mit Camilla freimachen. Wie Diana auf diese Idee kam, bleibt wohl für immer ein Rätsel

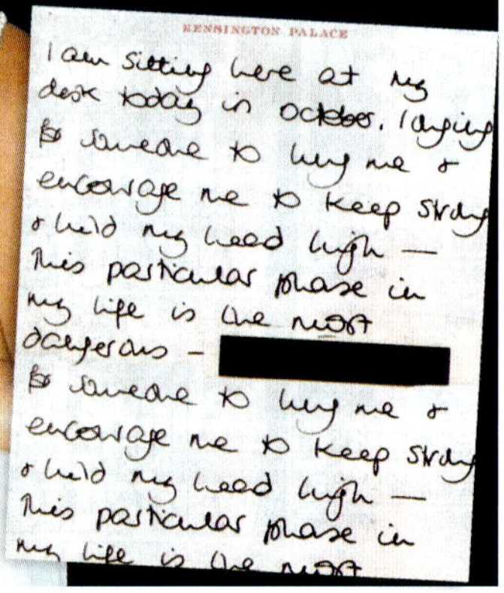

KENSINGTON PALACE

I am sitting here at my desk today in October, longing for someone to hug me & encourage me to keep strong & hold my head high — this particular phase in my life is the most dangerous — [redacted] for someone to hug me & encourage me to keep strong & hold my head high — this particular phase in my life is the most

Dann gibt es endlich was zum Schmunzeln. Der Januar bringt uns eine neue TV-Show, über die man so herrlich ablästern kann! Sie heißt „Ich bin ein Star – Holt mich hier raus". Im australischen Dschungel-Ekel-Camp machen sich **Daniel Küblböck**, **Costa Cordalis**, **Susan Stahnke**, **Dustin Semmelrogge**, **Lisa Fitz**, **Carlo Thränhardt**, **Caroline Beil** und **Antonia Langsdorf** mehr oder weniger zu Narren. Caroline „Hacke-Beil" (BILD) entwickelt sich schnell zur „Dschungel-Natter"; Sie lästert über alle ab. Küblböck badet in Kakerlaken und ängstigt sich vor Giftspinnen. Dschungel-König wird Schlager-Barde Costa.

Lisa Fitz muß eklige Würmer essen

Caroline Beil fischt kleine Sterne aus einem Moder-Matsch, in dem z. B. tote Fische schwimmen

Freitag, 16. Januar

Sonnabend, 17. Januar

Montag, 19. Januar

Dienstag, 20. Januar

Szenen aus dem Dschungel-Camp. Warum geben sich die Stars für so was her?

Ianche fanden's amüsant, ıanche peinlich. Geguckt hat ʼohl fast jeder mal, als sich rominente in der Show „Ich in ein Star – Holt mich hier ıus" allerlei unwürigen Prüfungen unterzogen. Noch schöner als das „Igitt-Gefühl" am Fernseher waren aber die Sticheleien. Da tat sich „Dschungel-Natter" Caroline Beil als ganz besonders scharfzüngig hervor, was die anderen nicht witzig fanden...

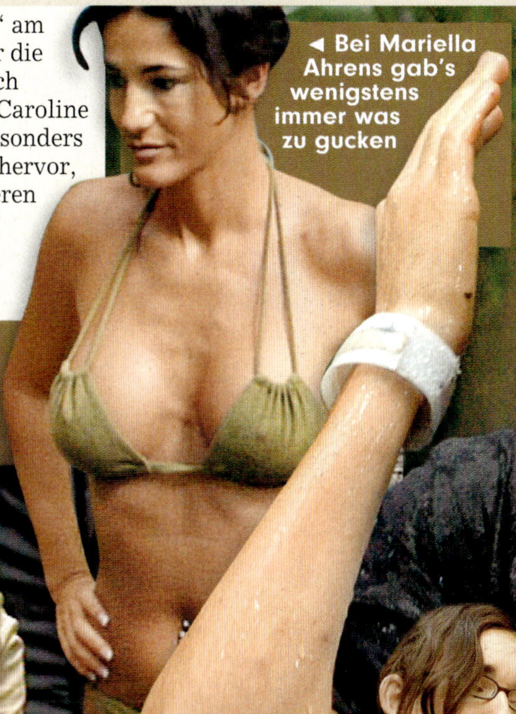
◄ Bei Mariella Ahrens gab's wenigstens immer was zu gucken

◄ Costa Cordalis nervte mit seiner Gitarre

◄ Susan Stahnke zeigt deutliche Zeichen des körperlichen und geistigen Verfalls

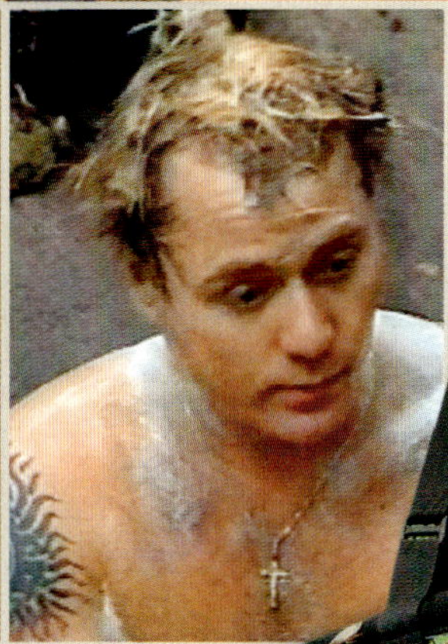
Dustin Semmelrogge ► (rechts) hielt dem Dschungel-Druck nicht lange stand

Daniel Küblböck schrie und weinte bei seinen Prüfungen, daß es einem durch Mark und Bein ging

▼ Werner Böhm im Maden-Bad

Antonia Langsdorf

Carlo Thränhardt

Willkommen, du kleine Prinzessin!

Ingrid Alexandra Prinzessin von Norwegen könnte eines Tages die erste Königin ihres Landes seit 600 Jahren werden. Papi Haakon brachte seine Mette-Marit nachts um vier persönlich in die Entbindungsklinik. Das Kind kam auf natürlichem Wege zur Welt, also nicht per Kaiserschnitt – wie es heute in „feinen Kreisen" fast schon üblich ist.

Mittwoch, 21. Januar

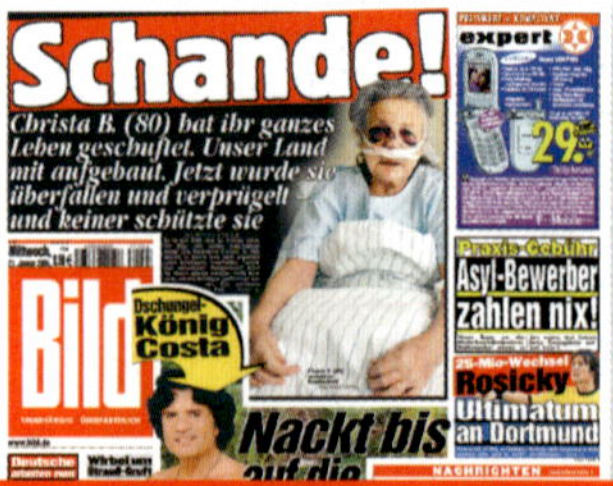

Donnerstag, 22. Januar

In Oslo bringt Norwegens Prinzessin **Mette-Marit** ein Mädchen zur Welt. Es wiegt bei der Geburt 3686 Gramm und ist 51 cm groß.

Der erste grausame Terroranschlag des Jahres wird in der letzten Januarwoche verübt. Wieder einmal trifft es Israel. Dicht bei der Villa von Ministerpräsident **Ariel Scharon** in Jerusalem jagt ein Selbstmord-Attentäter einen Bus der Linie 19 in die Luft. Es gibt 10 Tote und 50 Schwerverletzte.

Ein neues Angstwort geht um: „**Vogelgrippe**". Sie wütet schon in zehn arabischen Ländern. Mindestens zehn Menschen sterben daran. Die EU stoppt den Import von Hühnchen aus Thailand.

Sollte die Bombe Israels Präsidenten treffen?

Hört das denn niemals auf? Morgens um 8.45 Uhr in Jerusalem. In dem Bus viele Pfleger und Krankenschwestern auf dem Heimweg von der Nachtschicht. Der Attentäter: ein palästinensischer Polizist (24). Seine Nagelbombe: sieben Kilo schwer. In Sichtweite: das Wohnhaus von Israels Ministerpräsident Ariel Scharon (75, links).

Ein neues Verlagshaus wird eingeweiht

In Berlin wird das neue Verlagshaus der Axel Springer AG eingeweiht. Friede Springer eröffnet die neue Passage. Vorstandsvorsitzender Dr. Mathias Döpfner (rechts), Bürgermeister Klaus Wowereit (SPD) und Altkanzler Dr. Helmut Kohl (CDU, li.) freuen sich über den Prachtbau

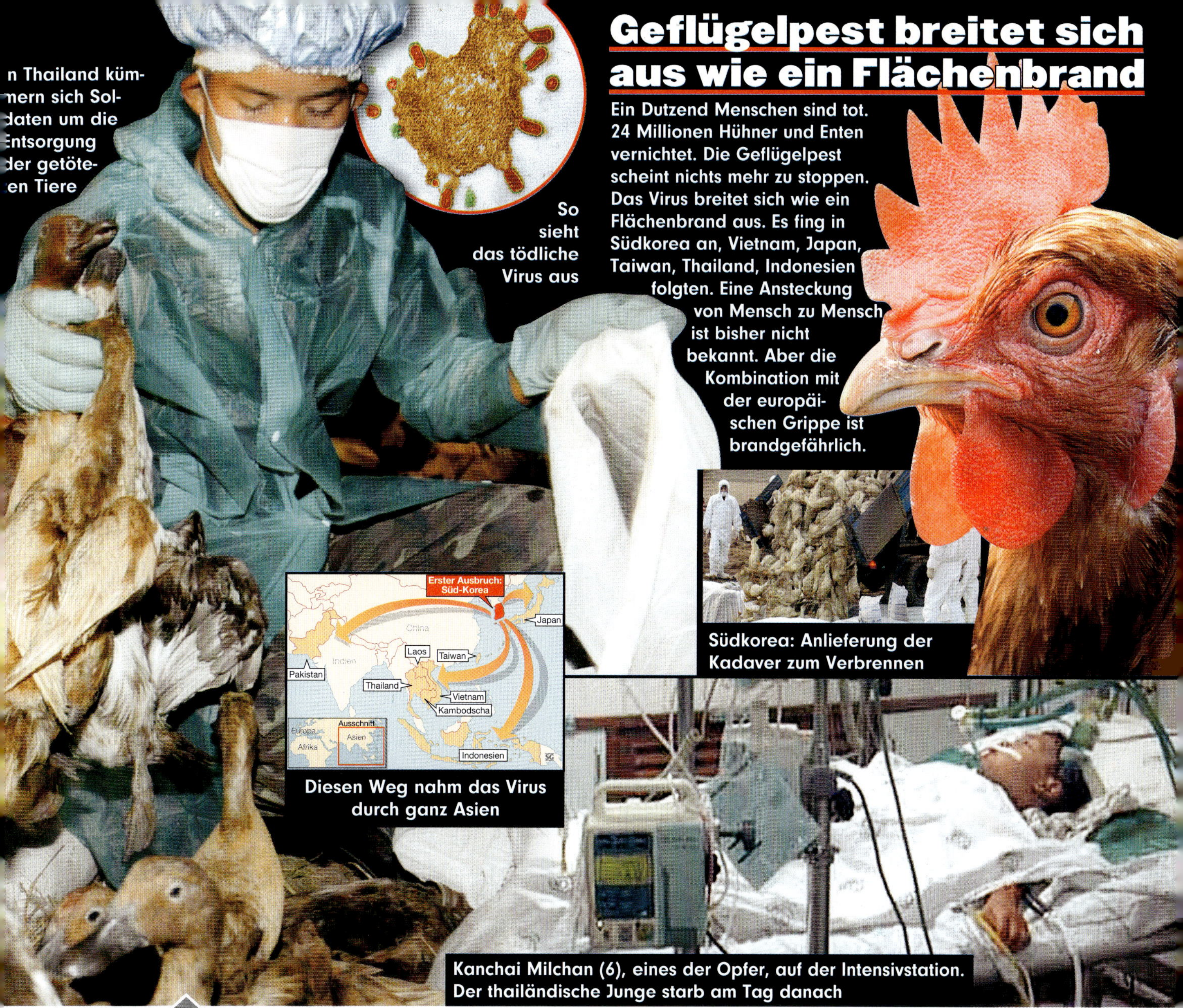

n Thailand kümmern sich Soldaten um die Entsorgung der getöteten Tiere

So sieht das tödliche Virus aus

Geflügelpest breitet sich aus wie ein Flächenbrand

Ein Dutzend Menschen sind tot. 24 Millionen Hühner und Enten vernichtet. Die Geflügelpest scheint nichts mehr zu stoppen. Das Virus breitet sich wie ein Flächenbrand aus. Es fing in Südkorea an, Vietnam, Japan, Taiwan, Thailand, Indonesien folgten. Eine Ansteckung von Mensch zu Mensch ist bisher nicht bekannt. Aber die Kombination mit der europäischen Grippe ist brandgefährlich.

Südkorea: Anlieferung der Kadaver zum Verbrennen

Diesen Weg nahm das Virus durch ganz Asien

Kanchai Milchan (6), eines der Opfer, auf der Intensivstation. Der thailändische Junge starb am Tag danach

Eine gefährliche Situation, denn in Europa grassiert zur Zeit eine „normale" Grippewelle. Stößt ihr Virus (die Wissenschaftler nennen es H3N2) auf die Vogelgrippe (H5N1), könnte ein Mutant entstehen, gegen den es keinen Impfstoff gibt. **Helmut Newton**, bester Fotograf der Welt, stirbt mit 83 in Hollywood bei einem Autounfall. Ungarns Nationalstürmer **Niklos Feher** von Benefica Lissabon fällt nach einer

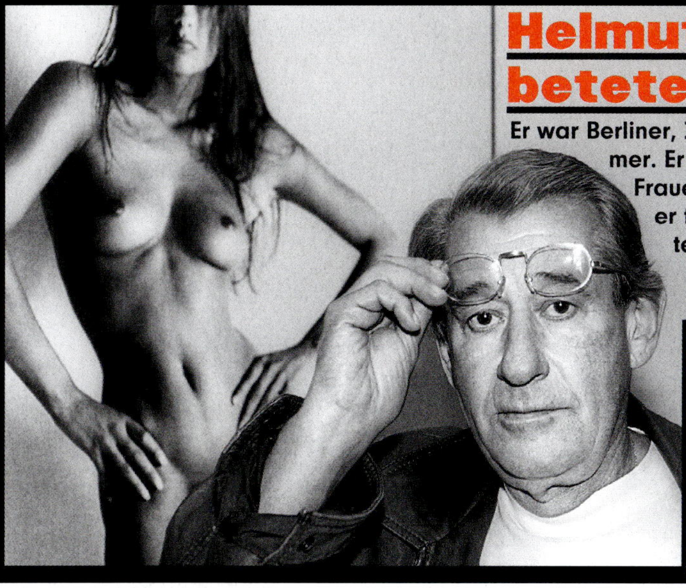

Helmut Newton (†83) betete die Frauen an

Er war Berliner, Jude, Träumer. Er betete Frauen an, und er fotografierte sie unnachahmlich. Die erste Kamera kaufte er mit 12 vom Taschengeld (Agfa Box Tengor, acht Aufnahmen). Er wollte Reporter werden. Er wurde Künstler. Er starb mit 83 in einem Cadillac.

„Ein Herz für Kinder" und die BILD-Leser halfen der kleinen Dari

BILD-Leser haben „ein Herz für Kinder"! Viele Tausende hatten testen lassen, ob sie als Stammzellen-Spender für die kleine Dari (3) in Frage kommen. Es klappte. Dari darf im Januar leukämiefrei nach Hause

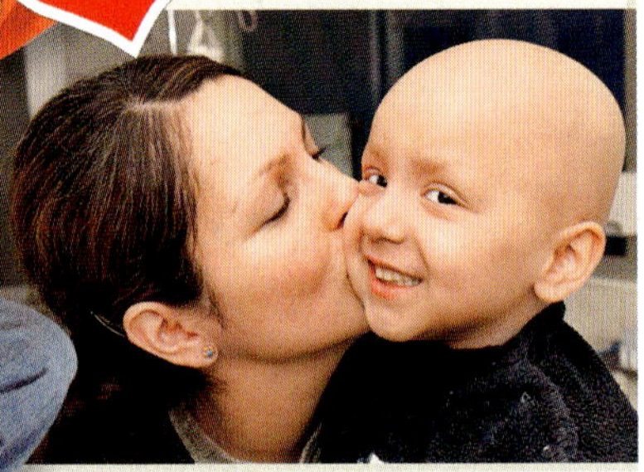

Blitztod auf dem Fußballplatz

Eben lächelte er noch den Schiedsrichter an, der ihm in der Nachspielzeit die gelbe Karte zeigte. Jetzt hat der Tod ihm die rote gezeigt. Miklos Feher, 27 Jahre jung, liegt reglos auf dem Rasen. Das Herz. Die Ärzte können nicht mehr helfen.

gelben Karte mitten im Spiel tot um: Herzinfarkt, und er war doch erst 24.

Ein Prozeß vorm Landgericht Kassel läßt uns erschauernd an 2003 zurückdenken. Der „Kannibalen-Prozeß" wird fortgesetzt (**Kannibale Armin M.** hatte seinen Freund zerstückelt und teilweise aufgegessen). Das milde Urteil überrascht: Mord war es nicht – nur acht Jahre und sechs Monate wegen Totschlag; schon nach viereinhalb Jahren kann der Kannibale frei sein!

Ist das wirklich kein Mord, wenn man einen Menschen ersticht, ausbluten lässt, zerstückelt und isst?

Nach dem milden Urteil lächelte der Kannibale verzückt, als hätte man ihm ein köstliches Dessert serviert...

Das Opfer

Ein Dankeschön an Rechtsanwalt Harald Ermel (links)

Der Kannibale lächelte befreit, als er das milde Urteil hörte

Er starrt ins Leere, als der Richter das Wort ergreift. Dann spielt ein Lächeln um seinen Mund, mit dem er in die gegrillten Rippen seines Opfers biß. Nur Totschlag! Kein Mord! Die Staatsanwaltschaft will in Revision gehen. Der Anwalt des Kannibalen sagt über dessen Pläne, er wolle „vom Fetisch Menschenfleisch loskommen" und sich künftig „auf lebende Objekte konzentrieren".

Bild
Jauchs Millionärin
Ihre Familie zerbricht
Einsam! Die große Single-Serie
Er lächelte, bevor er starb
Hunde-Verbot für Rentner

Berührendes Bekenntnis trotz all der Demütigungen
Bild
Uschi Glas
Ich liebe meinen Mann noch immer
Dortmund zahlt 57 Mio
Der Kanzler ermahnt uns
Deutsche sollen nicht jammern!

Bild
Uschi Glas
Bittere Abfuhr vom Ex-Mann
NEU!
Bundesliga knallt los!
Blutiger Terror vor Scharons Haus

Bild
Udo Jürgens
Das Glücks-Geheimnis meiner Ehe
Dortmund – Schalke 0:1
Karnevals-Verbot für Ulla Schmidt?
Kannibale in 4½ Jahren wieder frei!

Und endlich wieder Bundesliga. Zum Start der Rückrunde gleich das spannende **Pott-Derby Dortmund-Schalke.** „Wenn wir wollen, kaufen wir euch auf", gröhlen 10 000 mitgereiste Schalke-Fans und spielen damit auf Dortmunds Finanzprobleme an. **Schalke-Torwart Rost** hält zwei Elfer, und **Schalke-Joker Ebbe Sand** versenkt eine Minute vor Abpfiff zum 1:0.
Für einen schönen Fußball-Tag vergißt man all die Sorgen. Jedenfalls auf Schalke.

Monica Lierhaus moderiert als erste Frau in der ARD die Sportschau

Monica Lierhaus. 33 Jahre jung. Nett anzusehen und kompetent. Die Neue von der Sportschau. Liiert mit einem TV-Produzenten, die Ex von Johannes B. Kerner

Hier hält der König vom Pott den ersten Elfer von Koller

Aber der Pott hat zwei Könige. Außer Schalke-Torwart Frank Rost (rechts) auch noch Ebbe Sand. Eine Minute vor Schluß versenkt er zum 1:0! Herzschlag-Fußball war das. Lesen Sie unten, wie der BILD-Reporter die dramatische Begegnung erlebte.

Herzschlag-Fußball im Pott! Sand hat Tränen in den Augen und fällt Rost in die Arme

Es war eines dieser Derby-Dramen, von denen sie im Kohlenpott noch ihren Enkeln erzählen werden... Schalkes 1:0 in Dortmund am 30. Januar. Die Nacht in der BVB-Oper, in der Frank Rost gleich zwei Elfmeter tötete. Die Nacht im Westfalenstadion, in der Ebbe Sand nach der Ewigkeit von zehn Monaten erstmals wieder ein Tor schoß. Ich, der BILD-Reporter, erlebte sie mit.

83 000 sind da, der Pott brodelt. 10000 Schalker brüllen: „Wenn wir wollen, kaufen wir euch auf!" Bitterböser Spott über das Finanz-Chaos beim „Erzfeind". Doch in der 11. Minute sind sie schlagartig still, die Dortmunder schreien auf: Elfmeter für Borussia! Torsten Frings taucht frei vor Rost auf, Schalkes Keeper hechtet zum Ball, Frings fällt. Schiri Herbert Fandel (Kyllburg) zeigt sofort auf den Punkt und Rost Gelb. Der Elfer ist eine Fehlentscheidung. Die TV-Bilder beweisen: Rost hat Frings überhaupt nicht berührt. 2,02 Meter-Riese Jan Koller tritt an, schießt flach in die Mitte – und Rost hält mit dem linken Bein. Die dicke Chance, den Schalkern mit dem 1:0 das Maul zu stopfen – vermasselt. Auch weil Rost vor dem Derby von Schalkes „Spion" Uwe Scherr (der Ex-Profi beobachtet die Gegner)

BILD-Reporter **Peter Wenzel**

ein Video mit Kollers Strafstößen erhalten hatte. Rost hinterher: „Seine letzten Elfmeter knallte er immer mitten auf die Kiste. Darauf habe ich spekuliert, bin bewußt lange stehengeblieben." Weiter 0:0 – und plötzlich kocht der Pott über! 43. Minute: Tomas Rosicky rennt Levan Kobiashvili nahe der Mittellinie über den Haufen und fliegt mit Gelb-Rot runter. Aber: Mit dem Gelb für eine angebliche Strafraum-Schwalbe von Rosicky vier Minuten vorher gegen Christian Poulsen hat Fandel wieder falsch gelegen. Dortmund tobt vor Wut.

2. Halbzeit. Mit zehn Mann scheint der BVB am Ende, doch in der 74. Minute kriegen sie noch einen zweiten Elfer. Schalkes Thomas Kläsener spielt „Handball", sieht auch Gelb-Rot, und diesmal läuft Frings an. Rechts unten, aber Rost hat das Ding wieder. Wahnsinn. Und dann? Dann kommt Sand! Die 89. Minute: Der Däne (erst in der 72. eingewechselt) trifft nach Solo per Lupfer aus zehn Metern – und mitten in die Dortmunder Herzen. Ausgerechnet Sand, der seit dem 20. April 2003 keine Bundesliga-Bude mehr gemacht hatte. Er jubelt mit Tränen in den Augen, fällt Rost in die Arme. Sie sind die Könige dieser Nacht im Kohlenpott!

Wie der Januar unser Leben veränderte

Wie weit darf das Fernsehen gehen?

Gerhard Zeiler
ist Chef der RTL-Group

Der BILD-Zeitung war die Dschungel-Show zehn Schlagzeilen wert. Viele haben sich aufgeregt: Tabus seien gebrochen worden, die Menschenwürde verletzt – und für manchen auch der Tierschutz. Alles wegen einer einzigen RTL-Show: „Ich bin ein Star – Holt mich hier raus!“.
Doch was ist wirklich passiert? Zehn Prominente sind freiwillig für 13 Tage in den Dschungel gezogen. Sie haben Grüppchen gebildet, manchmal gelästert, manchmal gestritten, übers Essen, den Abwasch und anderes. Und dann mußten die Prominenten noch unangenehme, aber niemals besonders gefährliche Mutproben überstehen. Auch das geschah stets freiwillig und immer mit der Möglichkeit, sofort abzubrechen.

Das war schon alles! Trotzdem zogen einige besonders erboste Kritiker sogar gegen die Show vor Gericht – allerdings ohne Erfolg: Auch die Richter konnten keine Verstöße feststellen. Hinterher ist die Kritik dann überraschend schnell kleinlaut abgeschwollen.
Wir machen Unterhaltung! Und bei aller öffentlichen Aufregung hat die Sendung dem Publikum offensichtlich Spaß gemacht. Zumindest gehe ich davon aus, daß mehr als 10 Mio. Zuschauer freiwillig eingeschaltet haben! Gute Unterhaltung bedeutet hin und wieder eben auch ein wenig Provokation.
Aber wir setzen uns auch klare Grenzen. Wir würden niemals die körperliche und psychische Gesundheit von Menschen zu Unterhaltungszwecken gefährden. Unserer Verantwortung sind wir uns bewußt. Wir arbeiten beispielsweise eng mit den Gremien des Jugendschutzes zusammen.

Trotzdem gilt: Nur wer zuschaut, kann mitsprechen! Die Berichterstattung über vermeintliche Extrem-Formate zeigt oft nur die halbe Wahrheit. Da wird die Dschungel-Show – eigentlich eine Mischung aus Comedy und Abenteuer – auf „Ekel-TV“ reduziert.
Und eines ist klar: Wer sich darüber aufregt, kommt damit auch mit Sicherheit in die Zeitung – manchmal sogar in die Feuilletons!
Wer das Programm aber gesehen hat, weiß, daß die sogenannten Ekel-Aufgaben nur einen sehr kleinen Teil der Sendung ausgemacht haben.

Auch wenn manche Kritiker anderer Meinung sind: Das Fernsehen heute ist das beste und vielfältigste, das wir je hatten! Sicher, die Dschungel-Show mag kein Kulturprogramm für die Ewigkeit sein – aber dafür gibt es heute eine riesige Auswahl an Programmen. Der Zuschauer kann entscheiden, was er sehen will und was nicht. Wer sich die Gesamtbreite des Fernsehprogramms heute anschaut, wird feststellen, daß es nicht extremer geworden ist. Heftig diskutierte Formate sind oft nur besondere Höhepunkte im sonst bewährten und harmlosen Programm. Wer würde sich schon über GZSZ oder „Wer wird Millionär?“ aufregen? Aber auch das ist Privatfernsehen in Deutschland.

Wir sind vielseitig – wie der Mensch auch. Sie möchten nicht immer nur lachen – aber eben auch nicht immer nur ernsthafte Nachrichten und Dokumentationen sehen. RTL ist der Sender von Peter Kloeppel und der Dschungel-Show.

Caroline Beil zischte sich mit häßlichen Bemerkungen über die anderen Camp-Bewohner zur „Dschungel-Natter". Ihre Lästereien brachten frischen Wind in den Quoten-Renner. Viele Zuschauer dachten genauso wie sie ...

Der „goldene Bär“ freut Sibel sehr

„Gegen die Wand“ hieß der umjubeltste Film auf der Berlinale. „Goldener Bär“ hieß die Trophäe, und nach 18 Jahren blieb sie erstmals in Deutschland. Sibel Kekilli – das war der Name der rassigen Hauptdarstellerin, völlig zu Recht als neuer Shooting-Star gefeiert und überschwenglich in den Feuilletons gelobt. Etwas schüchtern stand Sibel („ich bin ein Spätstarter“) im Scheinwerferlicht, und gerade ihre unschuldige Natürlichkeit machte die junge Schauspielerin so sympathisch. Wenig später kam heraus, daß die Naturschönheit türkischer Herkunft eine ziemlich erfahrene Porno-Darstellerin ist („Megageile Kükenfarm“). Vielleicht hat Sibel sich erst über diese Enthüllungen geärgert – für ihre Karriere waren sie auf keinen Fall schlecht: Seitdem hat sie nämlich die freie Wahl zwischen ganz vielen Filmangeboten. Streng seriös, natürlich.

Costa Cordalis heimlich operiert
Neuer Po! Neues Gesicht
Bild
Super-Bingo Heute geht's los!
Europameister!
FC Bayern Arrogant
Schock für alle Rentner

Montag, 2. Februar

Vogelgrippe
1. Alarm in Deutschland
Bild
Filmlegende O.W. Fischer Einsamer Tod in Lugano

Dienstag, 3. Februar

O.W. Fischer†
Meine Katzen sollen meine Millionen erben!
Bild
Neues Renten-Loch
Ab September kein Geld mehr
Baby da!

Mittwoch, 4. Februar

SPD-Aufstand gegen Schröder
„Er ist ein Schaumschläger"
Bild
von seinem Vater verstoßen
1:2 in Aachen Bayern eine Lachnummer
Nackt im TV

Donnerstag, 5. Februar

Handball-EM & Folter-Video

Meistertitel und Medaillen. Aber warum scheint die Jugend-Kriminalität plötzlich zu explodieren?

Endlich sind wir im Sport mal Spitze – und nicht nur immer die ewigen Zweiten. Deutschland wird Handball-Europameister! Das 30:25-Endspiel gegen Gastgeber Slowenien bedeutet den ersten Titel seit 26 Jahren. Coach **Heiner Brand** muß sich seinen Kult-Schnauzer abrasieren; das hatte er der Mannschaft für den Fall des Titelgewinns versprochen.

Einen neuen Ski-Star haben wir auch! „Die mit dem Rosi-Gen", nennt BILD die superschnelle **Maria Riesch** aus Garmisch. Gleich zwei Weltcup-Triumphe kann sie in nur drei Tagen feiern. Noch ein sportli-

Titel gewonnen, Bart ab

Zweikampf im Endspiel: Kehrmann gegen Kastelic. Wir sind wieder Spitze! Handball-Trainer Heiner Brand löst seine Wette ein (links). „Ohne" sieht er sowieso besser aus...

Freitag, 6. Februar

cher Triumph: Bei der Biathlon-WM in Thüringen holt **Ricco Groß** unser erstes Gold.

Trauer um einen Weltstar. O.W. Fischer stirbt mit 88 Jahren. Kurz zuvor sagte er BILD in seinem letzten Interview: „Wenn der Tod bei mir anklopft, will ich zufrieden sein."

Popstar Sarah Connor, Papi Marc Terenzi, Baby Tylor

Und Freude über eine Geburt: Nach 13 Stunden im Kreißsaal bringt Popstar **Sarah Connor** einen gesunden Jungen zur Welt (Tylor, 53 cm, 3500 Gramm). **Gleich drei erschütternde Nachrichten werfen Anfang Februar 2004 die Frage auf, warum unsere Jugend immer brutaler wird.**

- Da ist zunächst das „Folter-Video von Hildesheim". Ein 18jähriger Berufsschüler

„Der Tod ist mein bester Freund", sagte O.W. Fischer

Ein Burgschauspieler („Ludwig II.") zum Niederknien. Frauenliebling. Mit Lilo Pulver in „Helden" (links, 1959). Katzenfreund (das 12-Mio.-Euro-Vermögen erben Tierheime). „Der Tod ist mein bester Freund" (zu BILD). Der holte ihn mit 88, und zu der Beerdigung kamen erschreckend wenig Freunde aus alten Zeiten.

Maria Schell und O.W. Fischer, das Film-Traumpaar der 50er Jahre

 | Sonnabend, 7. Februar | Montag, 9. Februar | Dienstag, 10. Februar | Mittwoch, 11. Februar

Das Folter-Video aus der Schule der Angst

Fuß-Folter Dieter B. musste einem Peiniger den Schuh ablecken, dann wurde er getreten

Rohr-Folter Immer wieder musste der Junge ein ölverschmiertes Metallrohr ablecken

Berufsschüler Dieter D. (18) wurde monatelang von seinen Mitschülern gefoltert. BILD zeigt die schrecklichen Gewalt-Exzesse, von denen angeblich niemand etwas gemerkt hat

Zahn-Folter Mit einer Drahtbürste musste sich der Schüler die Zähne putzen

Schulleiter Hans-Hermann Sölter nimmt seine Kollegen in Schutz: „Die Lehrer haben nichts geahnt" Foto: Udo Wedler

wurde monatelang von seinen Kameraden schwer mißhandelt. Er mußte ihre Schuhe und ölverschmierte Rohre ablecken, sich die Zähne mit einer Drahtbürste putzen, wurde getreten und Schlimmeres. Unglaublich: Die Folterszenen wurden von den Tätern auch noch gefilmt und ins Internet gestellt!

Der 14jährige wird von griechischen Polizisten abgeführt

- Ein ähnlicher Fall beschäftigt die Menschen im bayerischen Erding. Dort wurde ein Junge von Mitschülern unter anderem dazu gezwungen, seinen Kopf in ein Pissoir zu stecken.
- Und in einem griechischen Abenteuer-Camp tötet ein schwererziehbarer 14jähriger aus dem Schwarz-

Darf man solche Folter-Fotos zeigen?

Ich war auf der Autobahn, als die Redaktion anrief: „Fahr zur Werner-von-Siemens-Berufsschule nach Hildesheim. Dort wurden vier Schüler festgenommen, die wochenlang einen Klassenkameraden verprügelt haben..."

So begann für mich, den BILD-Reporter, der bisher größte Folterskandal an einer deutschen Schule.

Als ich ankam, hatten sich bereits Kamerateams vor der Schule aufgebaut.

Die Schüler wirkten wenig betroffen, eher neugierig und amüsiert. Viele kannten das Opfer und die Täter. Von Prügeleien hatten sie angeblich nichts mitbekommen. Sie drucksten herum, antworteten ausweichend oder schwiegen.

Nur einer der Jungen schien mehr zu wissen.

Als die Kamerateams weg waren, führte er mich zum Fenster, hinter dem die Prügelattacken stattgefunden hatten. Und er sprach davon, daß die Täter alles auf Video aufgezeichnet hätten, daß die Clips im Internet kursieren...

Zurück in der Redaktion. Der Text war schon fast geschrieben.

BILD-Reporter **Stefan Sievering**

Da wurde anonym eine CD-ROM im Sekretariat abgegeben. Vermerk: „Wichtig, sofort ansehen!" Es war das Folter-Video aus der Werner-von-Siemens-Schule.

Ein schüchterner Junge, von seinen Mitschülern auf die Knie gezwungen. Er leckt einem Peiniger den Schuh ab, bekommt einen Tritt ins Gesicht. Später muß derselbe Junge ein ölverschmiertes Rohr in den Mund nehmen, sich mit einer Drahtbürste die Zähne putzen. Die anderen treten und schlagen auf ihn ein.

Soll man diese Greueltaten zeigen? Ich meine: Ja. Eltern müssen wissen, zu was scheinbar normale Jugendliche an deutschen Schulen fähig sind.

Danach wagten auch andere Opfer von Schulgewalt, über ihre Qualen zu sprechen. Lehrer sahen bei Prügeleien genauer hin und scheuten sich nicht, die Polizei zu rufen.

Nicht zuletzt wegen dieser Videos wurden die Täter hart verurteilt. Die ganze Klasse mußte vor Gericht. Drei Haupttäter bekamen Jugendstrafen, die anderen Bewährung.

Das total bekiffte Lehrerzimmer

Haschkuchen gebacken und den Lehrern angeboten! Schüler Ole aus Lüneburg wird sich gleich öffentlich für diesen Jux entschuldigen. Der säuerlich dreinblickende Herr ist sein Schuldirektor.

Donnerstag, 12. Februar

wald seinen Sozialbetreuer eiskalt mit einem Nackenschuß aus einem Bolzenschußgerät. Das Tatmotiv: Er hatte sich über den 64jährigen geärgert, „weil er mich so herumkommandierte".

Der Kanzler in seiner schwersten Krise

Das bundespolitisch wichtigste Ereignis im Februar ist der Rücktritt von Bundeskanzler Gerhard Schröder als Parteivorsitzender der SPD. Ihr laufen seit Wochen haufenweise Mitglieder davon. Sogar wichtige Parteifreunde stellen sich öffentlich gegen den Kanzler und seine zum Teil unausgegoren erscheinenden Pläne zur Sozialreform.
Immer lauter wird der Ruf nach einer Kabinettsumbildung. Sie wird unter anderem von Niedersachsens SPD-Chef **Wolfgang Jüttner** und dem Dresdener SPD-Abgeordneten **Karl Nolle** verlangt. Laut Forsa könnte die SPD in den kommenden Wochen auf unter 20 Prozent abstürzen!

Müntefering und der Kanzler auf dem Weg zur Bundespressekonferenz

Am 5. Februar, einem Donnerstag, sagt der Kanzler noch: „Da gibt es den einen oder anderen Ratschlag von selbsternannten Ratgebern. Aber ich beabsichtige nicht, die zu befolgen."

Deutschlands schönste Nacht

Hurra, ich hab' sie!

Jeanette Biedermann bekam die Goldene Kamera der HÖRZU als beste deutsche Popsängerin und freute sich sooo sympathisch (rechts). Jack Nicholson (mit megacooler Sonnenbrille) bekam sie als bester internationaler Schauspieler. Und Iris Berben bekam nicht nur den begehrten Preis (für zehn Jahre „Rosa Roth"), sondern auch einen frechen Kuß von „Colombo" Peter Falk dazu!

Armes Moskau! Bombe in der U-Bahn

„Das wird euer Tod sein", schrie ein Unbekannter auf einem Moskauer Bahnsteig. Kurz danach krachte es an der tiefsten Stelle des U-Bahn-Tunnels. Waggon 2 der „Grünen Linie" in Trümmern, 60 Menschen tot. Waren es die „Schwarzen Witwen" aus Tschetschenien? Ein schwarzer Februar für Moskau, denn der Anschlag war nicht die einzige Katastrophe (s. unten).

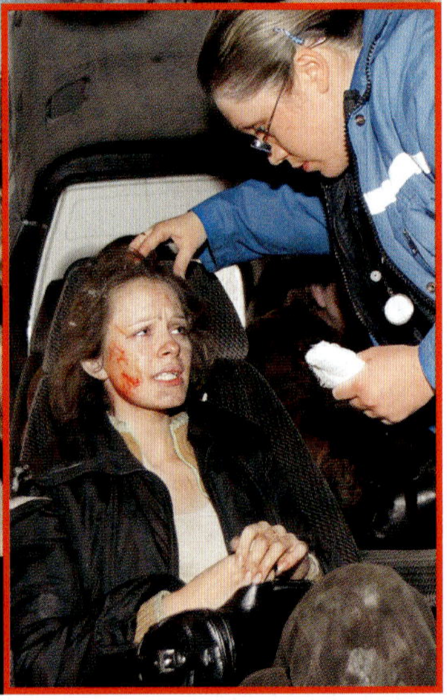

Ein Foto des Grauens. In diesem Waggon wurde die Bombe gezündet

Müssen jetzt alle mehr arbeiten? 40 Stunden-Woche offiziell wieder da!
Sie haben es wirklich getan! 1. Baby geklont
Einzigartig! Togal CLASSIC
Bild
Werder holt Mpenza
Wie damals bei Lafontaine Irre Frau sticht CDU-Minister nieder

Freitag, 13. Februar

Doch am nächsten Tag, mittags um 13.31 Uhr, tritt **Schröder** mit auffallend fahlem Gesicht vor die Bundespressekonferenz und gibt seinen Rücktritt bekannt: „Ich werde mich auf meine Arbeit als Bundeskanzler und Regierungschef konzentrieren." Neuer Parteivorsitzender wird SPD-Fraktionschef **Franz Müntefering**. Er hat jetzt laut Selbsteinschätzung „das schönste Amt neben dem Papst". Müntefering ist der „heimliche Kanzler", ohne ihn kann Schröder nun nicht mehr regieren.

Was Lafontaine zum Rücktritt sagt

BILD-Kolumnist **Oskar Lafontaine** beurteilt Schröders Rücktritt so: „Schröder war der Parteivorsitzende, der versucht hat, aus der SPD eine neoliberale Partei zu machen. Aber die Politik-Rezepte Unternehmenssteuersenkung, Senkung des Spitzensteuersatzes, Lohnzurückhaltung, Kürzung der Renten und der sozialen Leistungen erhöhten die Massenarbeitslosigkeit und die Staatsverschuldung. Der Versuch, aus der SPD eine Wirtschaftspartei zu machen, ist gescheitert." Auch der glücklose SPD-Generalsekretär **Olaf Scholz** schmeißt hin.
Bei einem Besuch in Ankara verspricht der Kanzler „die Unterstüt-

Dann kam der Tod ins Spaßbad

„Transvaal"-Erlebnisbad, Moskau. 800 vergnügte Menschen unter Palmen. Plötzlich ein Knacken und Prasseln, das Dach bricht ein! Wer nicht von Trümmern getroffen wird, erleidet bei minus 14 Grad schwere Erfrierungen. Hier gibt es 28 Todesopfer zu beklagen.

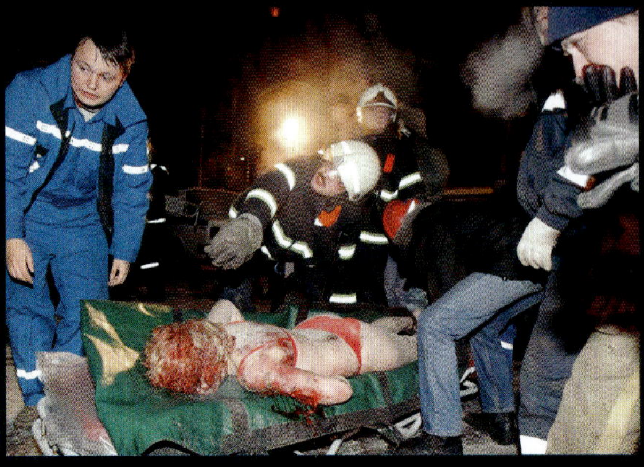

Wie verändert das erste Klonbaby die Welt?

Prof. Hwang (unten) injiziert das Erbgut aus der Hautzelle in die Eizelle (rechts), dann teilt sich das Ei und kann nun als Ersatzteillager genutzt werden – ethisch umstritten, medizinisch eine Sensation!

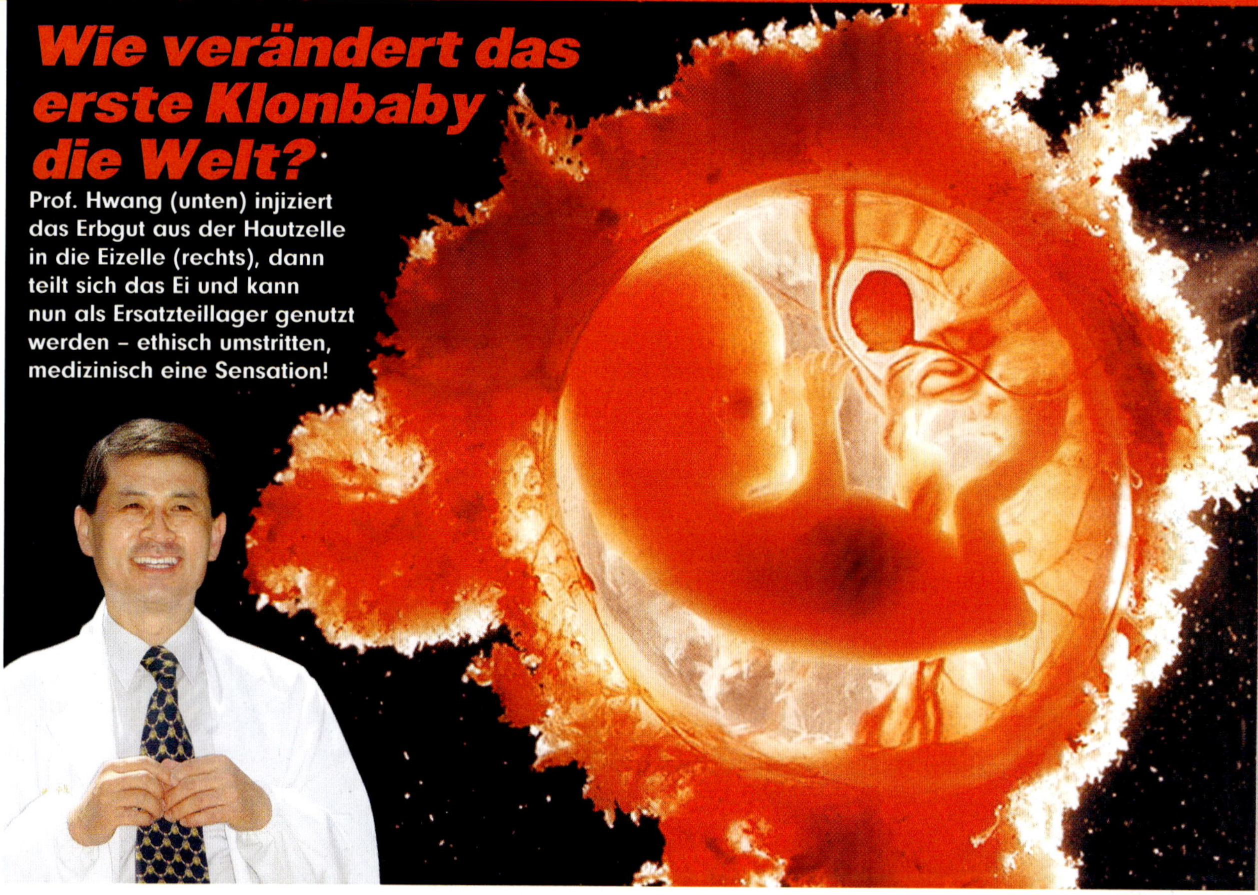

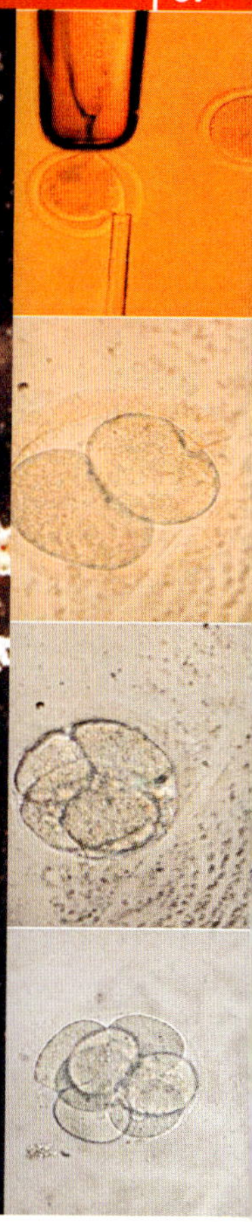

zung Deutschlands" auf dem Weg der Türkei in die EU. Und in Washington kann er die dunklen Wolken über den deutsch-amerikanischen Beziehungen wegwischen. **Präsident Bush** empfängt ihn im Oval Office und sagt: „Wir hatten Meinungsverschiedenheiten, aber die liegen jetzt hinter uns."

Schrecklich: In Moskau sprengt eine Selbstmord-Attentäterin mitten im Berufsverkehr einen Metro-Zug in die Luft. Mindestens 60 Menschen sterben, über 120 werden schwer verletzt. Dann stürzt auch noch ein schlampig gebautes Moskauer Erlebnis-Bad ein (28 Tote, 111 Verletzte).

Vernünftig: In Baden-Württemberg einigen sich Arbeitgeber der Metallindustrie und Gewerkschaften auf die Rückkehr zur 40-Stunden-Woche mit entsprechendem Lohnausgleich. „Ein Glanzstück deutscher Sozialpartnerschaft", kommentiert BILD den Pilot-Abschluß.

Hamburgs Justizsenator Roger Kusch wird verletzt, die geistig verwirrte Attentäterin verhaftet

Unheimlich: In Hamburg sticht eine geistesgestörte Frau Justizsenator **Roger Kusch** nieder; sie haßte den Politiker wegen seines Bekenntnisses zur Homosexualität.

Umstritten: Südkoreanische Forscher unter der Leitung von **Prof. Woo Suk Hwang** (Nationaluniversität Seoul) klonen erstmals einen menschlichen Embryo und gewinnen aus ihm lebensrettende Stammzellen. Nun ist das Problem der Gewebeabstoßung bei Transplantationen endgültig besiegt, aber aus geklonten Stammzellen lassen sich auch beliebig viele Designer-Menschen züchten.

Und – peinlich: Zum Abschluß der „Berlinale" erhält der Film „Gegen die Wand" des deutsch-türkischen Regisseurs **Fatih Akin** den begehrten **„Goldenen Bären"**. Es ist das erste Mal seit 18 Jahren, daß ein

Acht Patienten totgespritzt?
Unheimliche Krebs-Ärztin verhaftet!
Bild
2:1 Ramelow & Klose, sonst tote Hose
Tatort-Star Ulrike Folkerts Schluss mit lesbischer Freundin

SPD-Ministerpräsidentin fordert Mehrwertsteuer rauf
Cholesterin im Griff
Bild
Schlagerstar 1000 Tage einsam
Michelle Endlich wieder einen Mann!
Caroline Beil Ärger mit Polizei
Lehmann gegen Kahn
Schmutziger Torwart-Krieg

Armer Klausjürgen Wussow
Von Witwe Scholz gedemütigt, geschlagen!
Bild
Schlagerstar Michelle Jetzt Baby vom Neuen!
225-Meter-Flug Holt Super-Adler Gold?
Was Krankenkassen-Chefs verdienen

Hemmungslos!
Sündige Film-Diva beichtet alles
Bild
Anke Engelke Übel von Rudi Carrell beleidigt
Wie verletzt ist Kahn wirklich?
Terror-Bombe im Linienbus

 Donnerstag, 19. Februar | Freitag, 20. Februar | Sonnabend, 21. Februar | Montag, 23. Februar

deutscher Film mit diesem Preis ausgezeichnet wird. Hauptdarstellerin **Sibel Kekilli** gerät aber nicht nur wegen ihrer schauspielerischen Leistung in die Schlagzeilen: BILD enthüllt, daß die ehemalige Verwaltungsangestellte in insgesamt neun ziemlich harten Pornos mit Titeln wie „Megageile Kükenfarm" mitspielte. **Fußball-Fans** beobachten Mitte Februar besorgt den Zoff zwischen **Oliver Kahn** und seinem Herausforderer **Jens Lehmann**. Auslöser ist ein Lehmann-Interview im „Kicker", in dem der ehrgeizige Torwart die Nummer 1 frontal angreift: „Ich wüßte nicht, was wir reden sollten. Ich habe keine 24jährige Freundin, ich habe ein anderes Leben." „Frech, unkollegial und ohne Stil", verurteilt **Franz Beckenbauer** in BILD diese Attacke und fordert **Rudi Völler** zu Konsequenzen auf. Wenige Tage danach läßt Oliver Kahn in der Champions League gegen Real Madrid einen Truller-Ball ins Tor (1:1).

Wollte die schöne Sibel mit den Pornos rebellieren?

„Ich war jung und brauchte Geld. Und daß ich diese Filme gemacht habe, das war vielleicht eine Art Rebellion. Ich habe einen ziemlich starken Freiheitsdrang, und je mehr man versucht, mir etwas zu verbieten, desto mehr rebelliere ich ..." (Ex-Porno-Darstellerin und „Goldener Bär"-Gewinnerin Sibel Kekilli in einem Interview). Hier Szenen aus ihren Filmen und „Gegen die Wand"-Regisseur Fatih Akin mit dem begehrten Preis.

Gesicht des Bösen! ● Schwarze Bestie! ● Drache!
Olli Kahn
vor Duell mit Beckham
brutal beleidigt
Bild
Keine Experimente!
Togal
CLASSIC
Von Susan Stahnke verklagt
Kanzler will Türkei in EU holen

Terror-Bombe im Bus. Und wieder trifft es Jerusalem

Der Attentäter heißt Mohammed. Er ist 23 Jahre alt. Viele seiner Opfer (acht Tote, über 60 Verletzte) sind noch jünger als er und auf dem Weg zur Schule. Morgens, 8.30 Uhr, ein Bus in Jerusalem. Leichenteile zwischen zerfetzten Sitzen. Kinder rufen weinend nach Mama und Papa, andere Fahrgäste flüchten im Schock. Alltags-Wahnsinn in Israel. Bekenner: Arafats El-Aksa-Brigaden.

Liebe kommt, Liebe geht. Schlager-Prinzessin **Michelle** verliebt sich in den verheirateten Büroleiter von Roland Kaiser. **Flavio Briatore** turtelt statt mit **Heidi Klum** (schwanger, 7. Monat) mit ihrer erst 19jährigen Nachbarin Vanessa. Tatort-Star **Ulrike Folkerts** (links) trennt sich nach 15 gemeinsamen Jahren von Freundin und Lebensgefährtin. **Ehe-Drama bei den Herzsprungs** (er enthüllt bei Kerner ihre Probleme mit Alkohol, links). Und **Klausjürgen Wussow** bekommt laut Illustriertenberichten Prügel von der **Scholz-Witwe**.

Heidi Klum verlor den Vater ihres Babys
Wie lange hält es Flavio bei der Neuen aus?

Mädchen wechsel dich: Flavio, Vanessa (links), Heidi

Ein schrecklicher Racheakt erinnert uns am Monatsende noch einmal an den grausigen Flugzeug-Zusammenstoß über dem Bodensee mit 71 Toten, darunter 51 Kinder: 604 Tage nach dem Unglück wird der damals

Michelles Herz blubbert im Liebesglück

Nach seinem ersten Kuß sei sie „einen halben Meter über dem Boden geschwebt“, verriet die frisch verliebte Schlager-Prinzessin Michelle den BILD-Reportern. Ihr Liebster heißt Roger (Kreis), lebt in Scheidung. Er arbeitet auch im Show-Geschäft, das paßt doch.

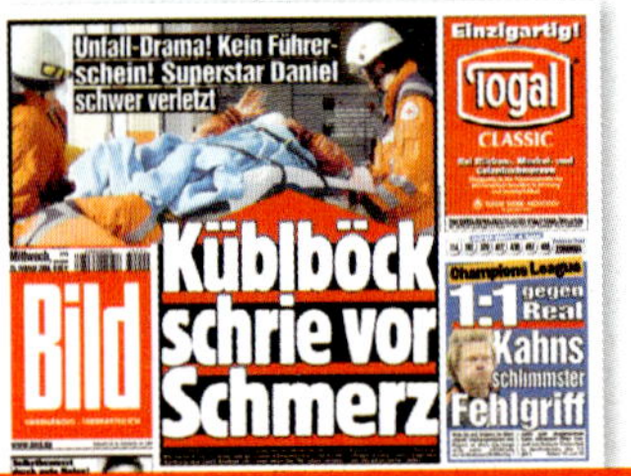
Unfall-Drama! Kein Führerschein! Superstar Daniel schwer verletzt
Einzigartig! Togal Classic
Bild
Küblböck schrie vor Schmerz
Champions League 1:1 gegen Real Kahns schlimmster Fehlgriff

Mittwoch, 25. Februar

Stuttgart – Chelsea 0:1
Kullerball entzaubert King Kahn
expert
Unfall-Drama! Daniel Küblböck spricht in BILD
„Ich sah den Lkw, dann wurde alles dunkel"
Bild
Streit um höhere Mehrwert-Steuer

Donnerstag, 26. Februar

Daniel Küblböck
Schreckliche Angst vor neuer OP
Die besten Reisen zu Mini-Preisen
Bild
Exklusiv!
Das 1. Foto von der Intensivstation
Kullerball-Krise Ist Kahns Ex-Frau schuld?
Mehr Lafontaine, weniger Schröder!

Freitag, 27. Februar

Sie saß mit Küblböck im Unfallauto
Ist diese Ärztin (48) Daniel hörig?
Bild
Absturz oder Wende für SPD?
Hitzfeld Pannen-Olli
Gegendarstellungen Jens Riewa

Sonnabend, 28. Februar

Grüß Gott, wir sind die Schönredner

Hoeneß: „In der 2. Halbzeit habe ich das beste Spiel der Saison gesehen. So schaffen wir die Wende. The trend is your friend."

Hitzfeld: „In der 2. Halbzeit war es viel besser. Das war noch keine Vorentscheidung. Wir müssen nur 90 Minuten so spielen."

Merkt ihr denn nicht, was wirklich los ist?

Hoeneß und Ottmar „Ratlos" Hitzfeld in der harschen BILD-Kritik: „Klassischer Reform-Stau mit verheerenden Folgen!"

diensthabende Fluglotse von einem russischen Architekten erstochen, der bei der Katastrophe Frau und zwei Kinder verloren hatte.

Und ganz zum Schluß – Stichwort „Gurkenlaster". Wenn ein 18jähriger ohne Führerschein unter einen LKW gerät und sich dabei verletzt, ist das an sich noch keine BILD-Schlagzeile wert. Wohl aber, wenn der leichtsinnige Unfallfahrer **Daniel Küblböck** heißt und Millionen Zuschauern aus „Deutschland sucht den Superstar" bekannt ist.

Der „schräge Daniel" bricht sich bei dem Unfall einen Halswirbel. Der Gurkenfahrer kommt leicht verletzt davon.

Hier macht sich Kahn zum Pannen-Olli

83. Spielminute, Bayern-Real, 59 000 im Stadion. Der Carlos-Freistoß von halbrechts knapp an der Mauer vorbei, Hargreaves dreht sich weg. Kahn hechtet, hat den Ball eigentlich schon – da flutscht er unter ihm durch. Private Probleme? Der Lehmann-Streit? Rückenschmerzen? Oder einfach nur eine Panne?

Kahn mit Ex-, Schon-wieder-bzw. Immer-noch-Freundin Verena

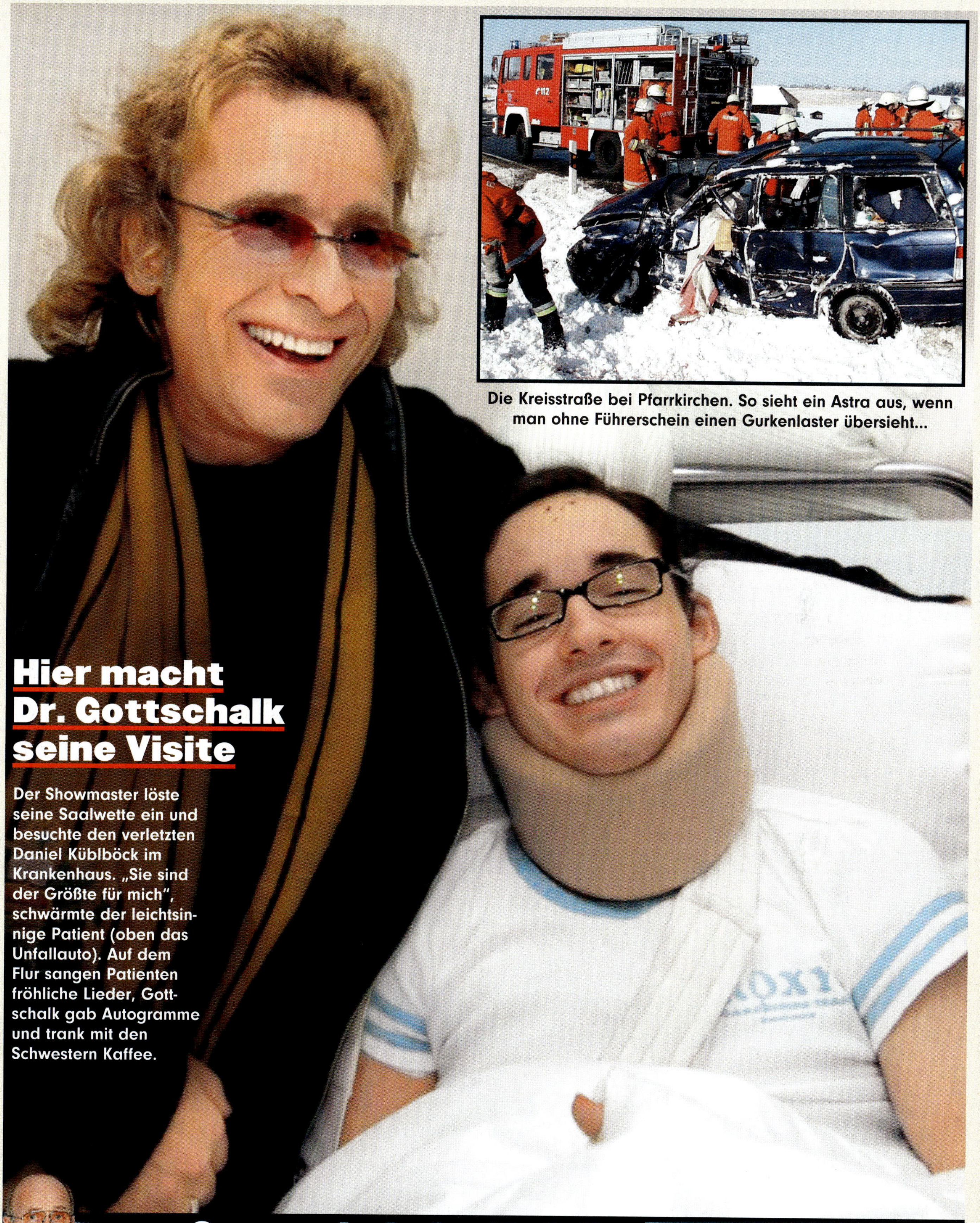

Die Kreisstraße bei Pfarrkirchen. So sieht ein Astra aus, wenn man ohne Führerschein einen Gurkenlaster übersieht...

Hier macht Dr. Gottschalk seine Visite

Der Showmaster löste seine Saalwette ein und besuchte den verletzten Daniel Küblböck im Krankenhaus. „Sie sind der Größte für mich", schwärmte der leichtsinnige Patient (oben das Unfallauto). Auf dem Flur sangen Patienten fröhliche Lieder, Gottschalk gab Autogramme und trank mit den Schwestern Kaffee.

So geschah der Unfall

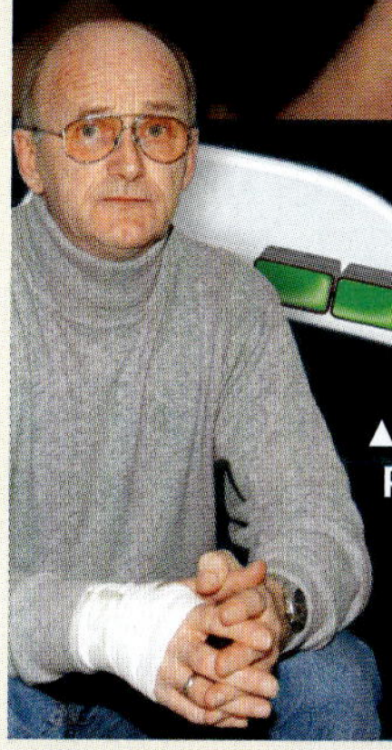

Wie der Februar unser Leben veränderte

Warum Schröder als Parteichef scheitern mußte

Prof. Peter Glotz (65),
Ex-Bundesgeschäftsführer der SPD und ehemaliger Vorsitzender der SPD Südbayern, arbeitet heute als Publizist und Hochschullehrer an der Universität St. Gallen (Schweiz)

Das Gerede vom „gescheiterten" Schröder ist leiser geworden, seit der Kanzler nicht mehr zurückweicht, sondern kämpft. Er ist als Kanzler nicht gescheitert. Als Vorsitzender der SPD aber hat er Müntefering Platz gemacht.
Das kann man zwar als klugen Spielzug verkaufen, der am Ende zum Schachmatt des Gegners führen soll, als eine Rochade sozusagen. Dieses Argument kann aber nicht verbergen, daß Schröder die große alte Massenpartei SPD nicht in den Griff bekam. Er ist einer der vielen Kurzzeitvorsitzenden nach Brandt.

Das hängt zum ersten schon mit der Tatsache zusammen, daß Gerhard Schröder die Partei nie so wichtig genommen hat wie die Medien. Er griff zwar im richtigen Moment nach dem mächtigen Bezirk Hannover; das Parteiamt war ihm aber nur Mittel zum Zweck, Ministerpräsident in Niedersachsen zu werden. Schröder ist ein Mann der Staatsämter, dem die Partei mit ihren seelischen Bedürfnissen eher gleichgültig ist. Hier gleicht er seinen Vorgängern im niedersächsischen Amt, Alfred Kugel und Hinrich Wilhelm Kopf. Als Schröder Parteichef wurde, hat er die Partei so gleich- und abgeschaltet wie Helmut Kohl das Adenauer-Haus. Das schuf Ruhe, aber auch Enttäuschung, Widerstand und Initiativlosigkeit.

Eine Partei ist, wenn sie gut geführt wird, ein lebendiger Organismus. Sie entwickelt Ideen, streitet sich aus eigener Initiative mit politischen Gegnern, hält Kontakt zu den Meinungsführern und den Bastionen der Zivilgesellschaft und durchdringt Gemeinden, Verbände oder Machtorganisationen von den Kirchen bis zur Armee. Sobald die Aktivisten der Partei allerdings nicht mehr sprachfähig sind, ziehen sie sich kleinlaut zurück. Das ist in vielen Teilen der Schröder-SPD passiert. Die am besten geführte Partei ist heute die CSU, die Bayern nach wie vor nicht nur beherrscht, sondern durchtränkt.

Die SPD klagt zum Beispiel, daß die von den Metallarbeitgebern finanzierte „Initiative Soziale Marktwirtschaft" wirkungsvoll punktet. Mal abgesehen von der Tatsache, daß diese Initiative in vielen Fragen die Politik der rot-grünen Regierung unterstützt: Warum klagt die SPD, anstatt selbst eine vergleichbare Bürgerorganisation zu schaffen? Weil die Parteizentrale kein politisch autonomer Spieler mehr ist, sondern eine „Servicezentrale", von der kommunikativ wenig Botschaften ausgesandt werden, schon gar keine kontroversen.
Nichts zeigt die Problematik plastischer als der geplante EU-Beitritt der Türkei. An der Basis der Partei sind viele dagegen.

Nun ist aber seit Lafontaines Abgang die Linke in der SPD ein grummelnder Hintergrund von Scooby-Doo-Sängern; Melodien singt nur der Kanzler. Die SPD der 80er Jahre hätte im Foyer des Parteihauses ein Forum Türkei veranstaltet, auf dem Günter Verheugen und Joschka Fischer sich mit Helmut Schmidt oder den großen Historikern Heinrich August Winkler und Hans Ulrich Wehler hätten auseinandersetzen müssen. Jetzt wird eine solch prinzipielle Entscheidung, die die Europapolitik der SPD fundamental verändert, dialoglos durchgedrückt. Wen wundert es, daß die Partei abdankt?

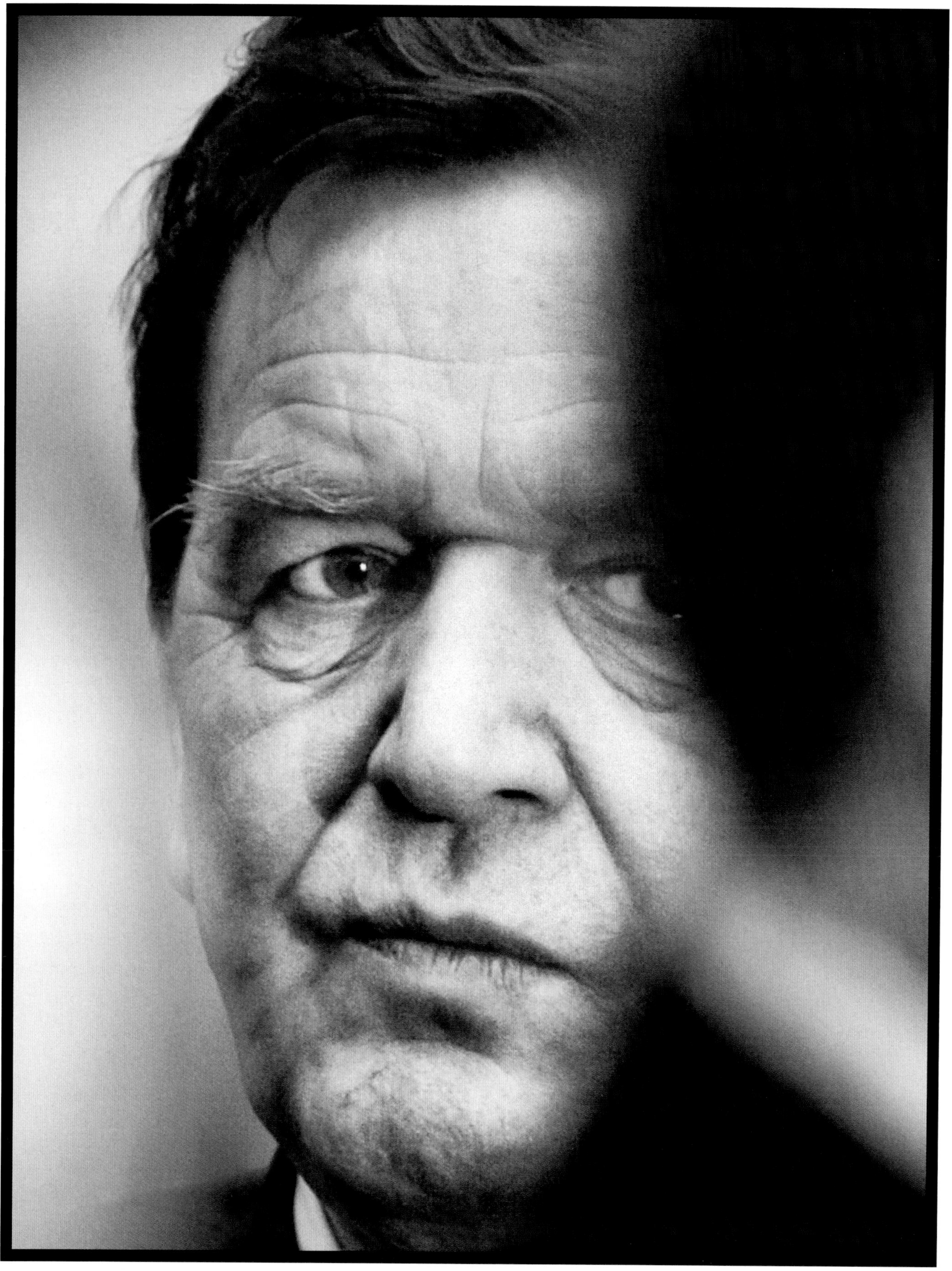

Der Februar ist ein Monat, den der Kanzler nicht vergessen wird. Schweren Herzens gibt er bekannt, daß Franz Müntefering das Amt des Parteichefs übernehmen wird. Schröder will sich künftig ganz aufs Regieren konzentrieren

Über 200 Tote! Auf dem Bahnhof von Madrid zeigt der Terror seine häßliche Fratze

Die Dächer der Waggons sind durch die Wucht der Explosionen wie Sardinenbüchsen aufgedreht. Die Fenster sind geborsten. Blutende Verletzte sitzen auf dem Bahnschotter, andere irren im Schock umher, Menschen wollen helfen, noch sind die Retter nicht vor Ort. Madrid am Donnerstag, 11. März 2004, morgens in der Rush-hour. Seit den Anschlägen von New York am 11. 9. („nine-eleven") sind genau 911 Tage vergangen. Wohl niemand glaubt an einen Zufall. Und tatsächlich: Die Terror-Organisation Al Qaida bekennt sich zu dem gemeinen Anschlag, der über 200 Todesopfer fordert. Innerhalb von acht Minuten sind in vier vollbesetzten Zügen zehn 15-Kilo-Bomben gezündet worden. Danach verschärft auch Deutschland die Grenzkontrollen. Vier Tage später gewinnen die Sozialisten und Irakkriegs-Gegner die spanischen Wahlen.

Bei der Wahl in Hamburg siegt Ole von Beust (CDU) haushoch

Montag, 1. März

Dienstag, 2. März

Mittwoch, 3. März

Erdrutsch-Wahl & Oscar-Verleihung

SPD im Abwind, Triumphe für den „Herrn der Ringe"

Für **Kanzler Schröder** beginnt er mit einem Schock und geht gar nicht gut weiter (Sonderparteitag, Rücktrittsrede, **Doris' Tränen**).

Aber der Reihe nach. Als die Stimmen der Hamburger Bürgerschaftswahl ausgezählt sind, steht fest: Mit weit über 47 Prozent hat die CDU mit ihrem Bürgermeister-Kandidaten **Ole von Beust** einen historischen Sieg errungen. In ihrer einstigen Hochburg fällt die SPD (sie stellte 44 Jahre den Bürgermeister) auf unter 31 Prozent zurück. Bundespolitisch bedeutsam ist die Hamburg-Wahl vor allem deshalb, weil die Bürger zum ersten Mal im neuen Jahr ihrem Unmut über die Reformpolitik der Regierung an der Urne Ausdruck geben können. Und dies ist nicht die letzte Wahl im Jahr 2004...

- **Chaos auf Haiti!** Voodoo-Anhänger und Staatspräsident **Jean-Bertrand Aristide** verläßt das Land nach monatelangem Bürgerkrieg, der viele hundert Todesopfer gefordert hat. Per Helikopter flieht der zwielichtige Politiker in die Dominikanische Republik.
- **Glamour in Hollywood!** Gleich 11 Oscars gibt es für „Herr der Ringe", Teil III. Deutschland kriegt dieses Jahr leider keinen Oscar ab.

Regierungschef hat allen Grund zum Lachen

Sorgenfalten bei der SPD in Berlin, denn die erste Unmuts-Wahl des Jahres beschert Hamburgs Erstem Bürgermeister Ole von Beust (CDU, links) einen unglaublichen 47-Prozent-Sieg. Dabei galt Hamburg jahrzehntelang als SPD-Hochburg! Ein schlechtes Omen für die einstige Arbeiterpartei, denn 2004 stehen noch weitere regionale Wahlen an.

Ironie des Schicksals

Hamburgs Ex-Innensenator Schill wollte seinem Bürgermeister v. Beust schaden, flog raus und war letztlich Auslöser der Neuwahlen. Bei denen aber triumphierte v. Beust, und Schill versank in der Bedeutungslosigkeit.

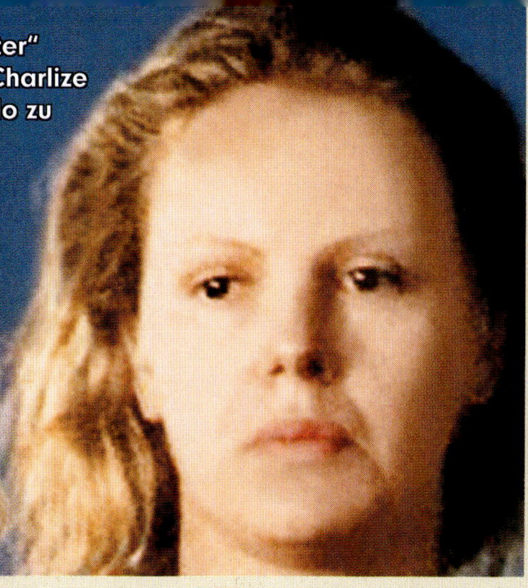

Für die Rolle in „Monster" nahm Charlize 13 Kilo zu

Scarlett Johansson („Alberta Ferretti")

Liv Tyler, „Herr der Ringe"

Sting mit Gattin und Tochter Coco

Oscar für ein Monster

Charlize Theron, Heldin der Oscar-Verleihung (links) und zur weltbesten Schauspielerin gekürt als lesbische Hure und Serienkillerin in „Monster" (Foto oben). BILD-Klatsch-Kolumnistin Christiane Hoffmann sah sie in Hollywood: „Zum Niederknien schön", schrieb sie.

Angelina Jolie, Seide mit nix drunter

◀Julia Roberts

▲Renée Zellweger, „Carolina Herrera"

▲„Herr der Ringe"-Macher Peter Jackson

Chaos, Blut und Tränen im Sonnen-Paradies

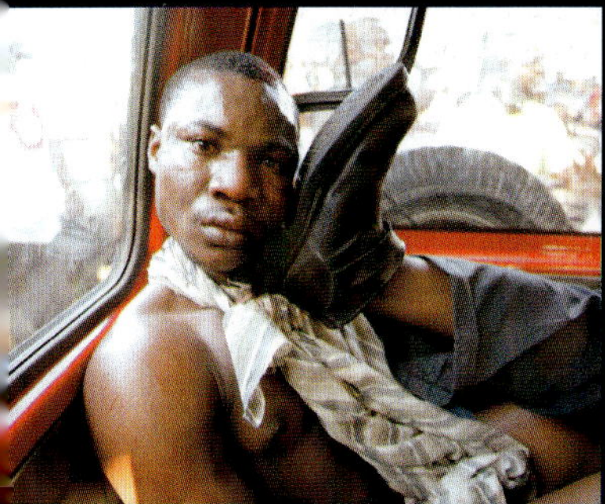

Auf den Straßen Leichen mit Stricken um den Hals, erschossen, skalpiert, zerstückelt. Süßlicher Geruch von Verwesung in der heißen Luft. Haiti brennt. Die Gegner des geflohenen Präsidenten Aristide jagen Mitglieder seiner einst gefürchteten Todesschwadronen durch die Straßen, erniedrigen, quälen und töten sie.

Chaos-Präsident auf der Flucht

Jean-Bertrand Aristide, Staatspräsident von Haiti und Voodoo-Anhänger, regierte sein Land mit blutiger Hand. Nach wochenlangem Bürgerkrieg floh er per Helikopter

So berichtete BILD über das unwürdige Gezerre um das Amt des neuen Bundespräsidenten

BILD macht sich lustig. Putzige Kinderfiguren sind am 4. März die „Titel-Jungs". Dann gibt es zwar eine Entscheidung,

BILD fragt: „Horst Wer...?". Einige Monate später kennt ihn dann aber jedes Kind.

Zurück nach Deutschland. In den März 2004 fällt das unwürdige Gezerre um die Person des neuen Bundespräsidenten. Fast täglich werden in diesen Tagen andere Namen genannt.

Erst gilt **Wolfgang Schäuble** als heißer Kandidat, aber den lehnt die FDP ab. Der Kanzler könnte sich eine Präsidentin vorstellen, hält aber auch **Töpfer** für geeignet. Die CSU wirft **Waigel** und **Seehofer** ins Gespräch, die FDP **Genscher** und **Kinkel**...

Auf dem Höhepunkt dieser unwürdigen, von persönlichen Machtinteressen geprägten Schacher-Diskussion schlägt BILD sarkastisch als weitere Kandidaten Ernie und Bert, Frosch Kermit und Käpt'n Blaubär als Bundespräsidenten vor.

Ein Name allerdings, den bisher kaum jemand im Lande kannte, wird nun brandheiß gehandelt. BILD hatte die Nachricht bereits am 10. Februar: „Weltbanker **Köhler** als Rau-Nachfolger im Gespräch". „Horst... Wer?", heißt die Schlagzeile am 5. März, als sich CDU, CSU und FDP endlich auf Köhler geeinigt haben. Schon wenige Monate später beweist „Horst Wer?", daß er nicht nur ein würdiger Kandidat ist, sondern auch ein kämpferischer Bundespräsident, der sich von keiner Partei vereinnahmen läßt. Keinesfalls ist er ein „bequemer" Präsident.

● **Grauen in Belgien!** Dort beginnt der Jahrhundert-Prozeß gegen Kinderschänder **Marc Dutroux**. Es geht um sechs entführte und vergewaltigte Mädchen, von denen nur zwei überlebten. Der Prozeß soll über drei Monate dauern. Neben Dutroux sitzt seine **Ex-Frau** auf der Anklagebank, die ihm hörig war und von allen Verbrechen wußte.

Hübsch, aber kalt – die „Herzlos-Mutter"

Um bei „Big Brother" Karriere zu machen, schob Stripperin Sandra ihren zweijährigen Sohn Leon-Luca zur Oma ab. Eine Tochter (4) hat sie auch, die bei Pflegeeltern lebt. „Ich kann meinen Beruf nicht ewig machen", rechtfertigte sie sich.

Sonnabend, 6. März

Montag, 8. März

Dienstag, 9. März

Mittwoch, 10. März

Beim Prozeß um die toten Mädchen schläft das Monster einfach ein

Name: Dutroux. Vorname: Marc. Beruf: keinen. Wohnsitz: Gefängnis von Arlon. Eiskalt, eher gelangweilt, sitzt der Kindermörder auf der Anklagebank. Einmal döst er sogar ein und wird vom Richter ermahnt. Die Gerichtsakten haben 400 000 Seiten. Darin auch Fotos vom Kellerverlies, in dem er die Mädchen quälte (unten). 472 Zeugen sollen aufgerufen werden. Mitangeklagt ist Dutroux' Ex-Frau Michelle Martin, die ihm bei den Entführungen und Vergewaltigungen geholfen haben soll. Ein Prozeß, der die menschliche Vorstellungskraft fast übersteigt.

Dutroux vor Gericht, unten die Opfer

Seine Ex-Frau sitzt mit auf der Anklagebank

DIE OPFER DES KINDERFÄNGERS

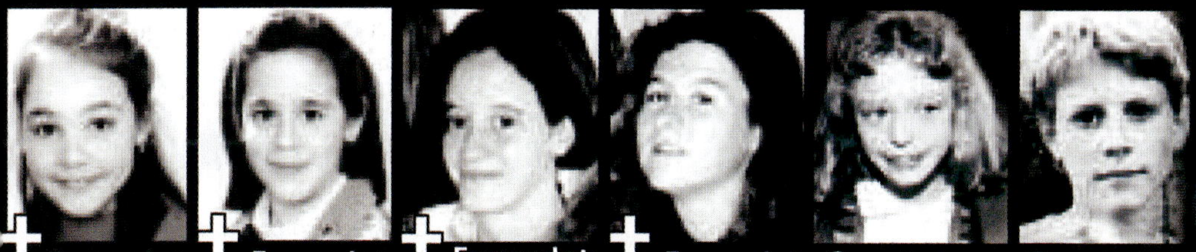

Ermordet: Mélissa, 8 Jahre

Ermordet: Julie, 8 Jahre

Ermordet: Eefje, 19 Jahre

Ermordet: An, 17 Jahre

Gerettet: Sabine (12)

Gerettet: Laetitia (14

Magazin „Stern" erhebt ungeheuerliche Vorwürfe
EU-Politiker zocken illegal Tagegeld ab
Postbank Gewinn-Sparen
Bild
Selbst schuld, Bayern!
Es ist wie ein Wunder!
Roy kann wieder sprechen

Donnerstag, 11. März

192 Tote! 1250 Verletzte!
Bild
10 Bomben! War es Bin Laden?
So feige! So sinnlos!
Ihr Mörder!

Freitag, 12. März

Angriff auf New York am 11. 9. 911 Tage später das neue Blutbad
Unheimliche Terror-Zahlen 9+11
Bild
Ingrid Steeger in der Psycho-Klinik

Sonnabend, 13. März

Terror in Madrid
Schock! Doch bin Laden?
Bild
Big Brother
Jetzt stecken sie ein Klein-kind in den TV-Container

Montag, 15. März

Am heiligen Tag explodieren Dutzende Bomben im Irak

Unter der Regentschaft von Saddam Hussein war das blutige Aschura-Fest der Schiiten verboten. Jetzt ziehen die Geißel-Pilger wieder durch die Straßen von Bagdad, Kerbela und anderen irakischen Städten. Aber ihre Andacht wird grausam zerrissen. Wahrscheinlich gehen die Anschläge auf ihre Gegner, die Sunniten, zurück. Auch unter Verdacht: die Al Qaida.

Pilger in Kerbela, sie geißeln sich

Sekunden später liegen Tote und abgerissene Gliedmaßen im Sand

Heidi Klum

Popstar Seal

Eine erstaunliche Frau, diese Heidi Klum. Flavio war sie doch gar nicht wert...

Schwanger vom Formel-1-Briatore, verlassen, aber schon wieder strahlend und sexy in schwarzer Felljacke beim Sting-Konzert in New York. Popstar Seal, schwarz und gut gebaut, darf Deutschlands derzeit schönsten Export trösten.

● **Massaker im Irak!** Am heiligen Tag der Schiiten („Aschura-Fest") pilgern in Bagdad und Kerbela Tausende durch die Straßen und geißeln sich zum Gedenken an den Märtyrer Hussein († 680 n. Chr.). Plötzlich explodieren Dutzende Bomben mitten im Gewühl. Über 140 Menschen sterben, mehr als 300 werden verletzt. **Unter Verdacht: Radikale Sunniten und die Al Qaida**.

„Silberschrott" und „BMWeichei"

Heidi Klum sieht man wieder strahlen! Das schwangere Model ist nach der rasch gescheiterten Beziehung zu **Flavio Briatore** jetzt mit dem narbigen Popstar **Seal** zusammen. Und diesmal wird es länger halten...
Am Autohimmel sinken die deutschen Sterne. Zum Saison-Auftakt der Formel 1 in Melbourne führen Ferrari und **Schumi** den Mercedes-„Silberschrott" (BILD) und das „BMWeichei" vor: **Räikkönen** fliegt in Runde 10 der Motor um die Ohren, **Coulthard** wird überrundet, die beiden BMW trödeln erst eine Minute nach Schumi ins Ziel. Dabei hatten alle seine Konkurrenten vor dem Rennen laut getönt, dass sie ihn auf jeden Fall vom Thron holen wollen!
Am Promi-Himmel gehen neue deutsche Sterne auf. Drei „Echos" (begehrtester deutscher Musikpreis) für die Kultband „Wir sind Helden"! Die überglückliche **Judith Holofernes** und ihre drei männlichen Band-Kollegen machen einen Mix aus Punk,

Kylie trägt zum zarten Schwarzen Moussaieff-Juwele

Echo-Helden „Wir sind die Helden"

Starker Auftritt: Pink

Dieter Bohlen und Estefania

Anastacia, tapfer nach Brust-OP

Glanzvolle Echo-Verleihung im Berliner ICC

5,8 Millionen Menschen sahen die „Echo"-Verleihung auf RTL. Es ist „der" deutsche Musikpreis schlechthin. Gefeiert wurde im Berliner ICC mit 2800 VIPs. Kylie Minogue (links) kam in hauchzarter Spitze von „Alexander McQueen".

Alexandra Kamp, Martin von „Star Search"

◄ Michelle (1,50 m) mit Kult-Transe Olivia Jones (2,30 m)

Yvonne ► Catterfeld, auch geehrt

Allmählich wird die Formel 1 langweilig...

Der Sieg ist mal wieder Ferrari-rot. Wie an der Schnur gezogen, düsen Schumi und Barrichello um die erste Kurve in Melbourne, und Montoya verbremst sich hinter ihnen (rechts). Der Sieger ballt lachend die Faust. Hängende Köpfe hingegen bei Räikkönen, Schumis Ralf und dem „Verbremser" Montoya (ganz rechts).

Pop und neo-deutscher Welle. Ebenfalls drei „Echos" sahnt **Dieter Bohlen** ab (zwei als Produzent, einen für den Superstar-Hit „We have a dream").

Und dunkle Wolken am Arbeitnehmer-Himmel. Die CDU will den Kündigungsschutz für ältere Arbeitslose nach einer Wiedereinstellung drastisch reduzieren. Viele Tausende fragen sich nun besorgt, was die BILD-Schlagzeile am 9. März so formuliert: „Bin ich ab 50 nichts mehr wert?"

FAZ-Herausgeber **Frank Schirrmachers** sensationeller Bestseller „Das Methusalem-Komplott" erscheint genau zur richtigen Zeit; BILD druckt das Buch im März vorab. Schirrmachers These: Europa wird ein Kontinent der Rentner, und niemand ist wirklich darauf vorbereitet.

Bald können wir 100 Jahre alt werden. Aber ist das wirklich gut?

Exklusiv in Bild

Das Methusalem-Komplott

Bald können wir 100 Jahre alt werden. Aber ist das wirklich gut?

Exklusiv in Bild

Das Methusalem-Komplott

BILD-Serie Teil 2

Diskussions-Thema Alt werden

Die große BILD-Serie über das „Methusalem-Komplott" überrascht, schockiert und fasziniert Millionen Leser

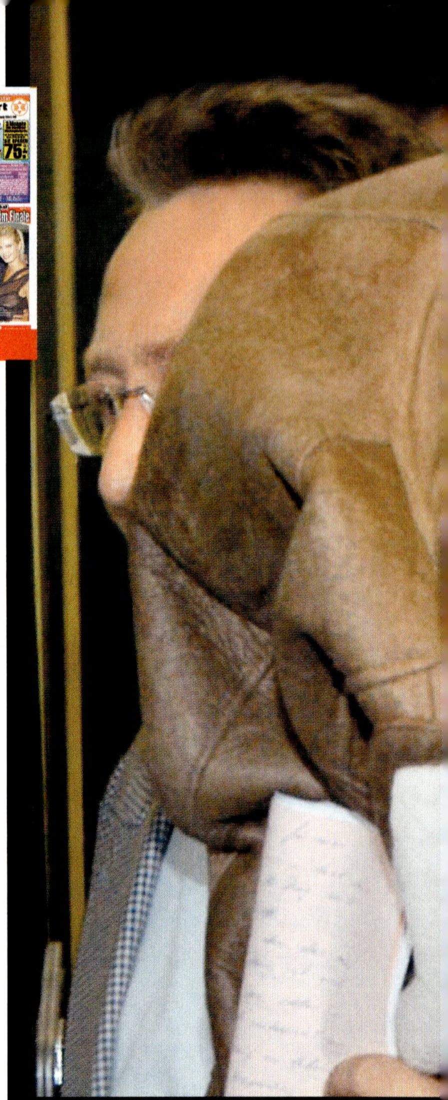

Fußball im März 2004, das bedeutet nichts Gutes.

● Schwere Vorwürfe gegen **Karl-Heinz Wildmoser**, Präsident von 1860 München, und gegen seinen Sohn! Beide werden verhaftet. Es geht um Schmiergeldzahlungen in Höhe von 2,8 Millionen Euro beim Bau des Münchner WM-Stadions „Allianz-Arena". 21 Staatsanwälte, 30 Steuerfahnder und 70 Kriminalbeamte sind an zeitgleichen Durchsuchungen an 30 Orten in Deutschland, Österreich und der Schweiz beteiligt.

● In der Champions League kann sich Bayern auch im Achtelfinal-Rückspiel nicht gegen Real Madrid durchsetzen: 0:1 – **Torschütze Zidane**. Auf der internationalen Karte des Fußballs ist Deutschland jetzt ein weißer Fleck. Zum zweiten Mal in Folge ist kein deutscher Verein im Europacup-Viertelfinale, das gab es von 1958 bis 2002 noch nie! BILD kommentiert: „Mit dem Branchenführer aus München stürzt der gesamte deutsche Fußball in die Zweitklassigkeit."

Geldgier auch bei der EU in Brüssel.

Der STERN deckt einen ungeheuerlichen Skandal auf. Mehrere Abgeordnete sollen sich durch gefälschte Unterschriften auf den Anwesenheitslisten im Europäischen Parlament Sitzungsgelder erschwindelt haben. Wohnung und Büro des Brüsseler **STERN-Korrespondenten Hans-Martin Tillack** werden durchsucht, er selbst wird vorläufig festgenommen. Noch im März (letzte Woche) wird dann der EU-Abgeordnete **Hans-Peter Martin** exklusiv in BILD enthüllen, wie die

Wie viele EU-Abgeordnete schummeln bei den Spesen?

Dr. Hans-Peter Martin ist EU-Abgeordneter aus Österreich (Bregenz). Bei uns kannte ihn eigentlich niemand. Bis dieser ungeheuerliche Spesen-Skandal ans Tageslicht kam: Martin will beweisen können, daß sich eine ganze Reihe von Abgeordneten schamlos wie Ladendiebe an der Spesenkasse bedient hat

Wildmoser-Ansehen von

Auf dem Weg zum Haftprüfungstermin. Karl-Heinz Wildmoser jr. und ein Justizbeamter, der das Gesicht des Beschuldigten mit einer Lederjacke verbirgt. Sein übermächtiger

Gegen Wolfsburg 2:0, Sebastian wie der kleine Bub aus dem „Wunder von Bern"

Und wieder gibt es nur schlechte Nachrichten vom FC Bayern

Das Aus in der Champions League nach dem 0:1 gegen Real Madrid kocht die Trainerfrage hoch. BILD enthüllt, daß Felix Magath Favorit des Vereinsvorstandes ist. Aber Hitzfelds Vertrag läuft noch bis Juni 2005! Ein Lichtblick ist Bayern-Fan Sebastian (11), dem Kahn zum Dank die Handschuhe schenkt (links).

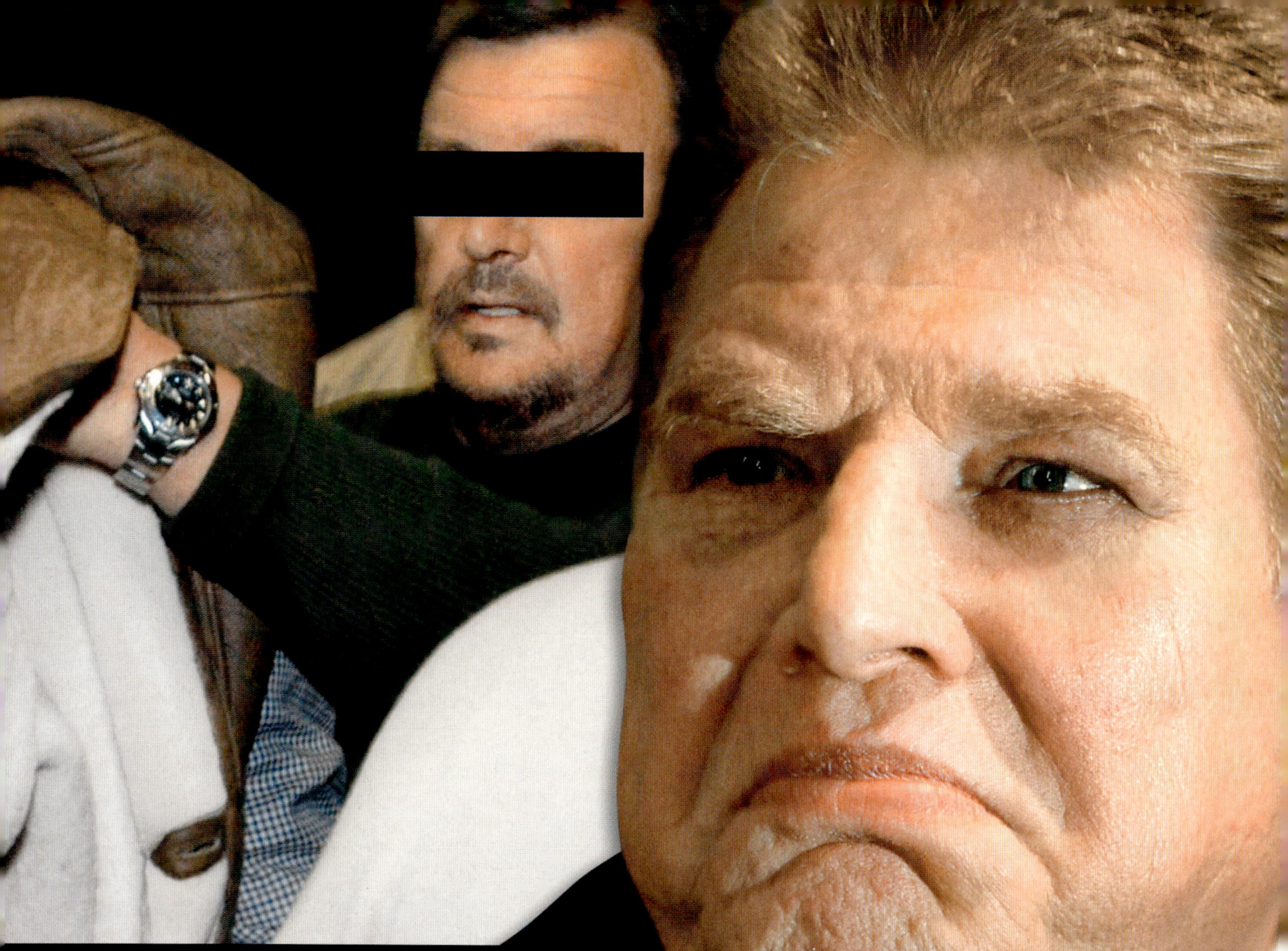

Skandal beschädigt das Fußball-Deutschland

Vater, der 1860-Boss (rechts), wird auf die Krankenstation der Justizvollzugsanstalt gebracht, kommt später aber wieder frei. Der Skandal erschüttert die ganze Bundesliga und schädigt das Ansehen Deutschlands auch in bezug auf die nächste Fußball-Weltmeisterschaft...

EU-Abzocke funktioniert und wie viele hundert Abgeordnete sich dort frech bedienen.

Zunächst aber hält die Welt angesichts eines unfaßbar brutalen Terroranschlags den Atem an:

Madrid explodiert.

Es ist Donnerstag, der 11. März 2004, morgens vor Bürobeginn, mitten in der Pendlerzeit. Seit den Anschlägen aufs New Yorker World Trade Center („**nine-eleven**") sind genau 911 Tage vergangen, als innerhalb von acht Minuten in vier vollbesetzten Nahverkehrszügen der spanischen Hauptstadt zehn in Reisetaschen versteckte Bomben hochgehen. Jede von ihnen wiegt 15 Kilo.

Die Züge brennen sofort. Riesige Löcher sind in den Waggons. Panik bricht aus. In den zerstörten Abteilen liegen Leichenteile, Verletzte stöhnen, darunter sind viele Kinder auf dem Weg zur Schule. 180 Krankenwagen rücken aus. Für 201 Menschen kommt jede Hilfe zu spät. 1500 werden verletzt.

Perfide: Die Bomben sind so gelegt, daß die Überlebenden auf der Flucht nach der ersten Detonation genau in die nächste hineinlaufen.

Europa trauert um die Opfer des Anschlags von Madrid

rümmer, Tränen, ote, Trauer. Solche otos kamen bis März 2004 von ganz veit her, zum Beispiel aus dem Irak. Plötzlich aber ist der error nah. In Spanien. In unserem Ferienland. Er tötet Kinder, Pendler, Hausfrauen, Rentner. Wir spüren: Das ist Krieg, den uns ein unsichtbarer Gegner aufzwingt. An den Bahngleisen von Madrid stirbt die naive Hoffnung, Europa sei eine weitgehend friedliche, terrorfreie Zone. Wie lange wird es dauern, bis wir auf solche Fotos aus deutschen Städten starren?

Sogar Madrids Taxen werden zu Leichenwagen umfunktioniert

Madrid, Mittwoch, 10. März 2004. Abends im Hotel, alles friedlich. Wir, das Team von BILD, sind zum Abendessen mit „Kaiser" Franz Beckenbauer verabredet. Alles freut sich auf den Champions-League-Knaller „Bayern vs. Real Madrid". Im Bernabeu-Stadion absolute Gänsehautstimmung. Der FCB verliert 0:1.

Der Morgen des 11. März, gegen viertel vor acht, durchs geöffnete Hotelfenster kreischen Martinshörner. Kranken- und Polizeiwagen rasen in Richtung Bahnhof „Atocha". Anruf der Redaktion: „Bei euch sind mehrere Bomben hochgegangen! Fahrt sofort hin!"

Am Bahnhof ein heilloses Chaos. Menschen im Schockzustand irren umher. Schreie, Blut. Den Geruch von verbranntem Fleisch werde ich niemals vergessen. Ich bin mittendrin, ich sehe den zerbombten Pendlerzug und spüre pure Verzweiflung. Ich sehe die aufflackernden Lichter, verzweifelte Helfer und taumelnde, blutende Menschen, die ihre Wut, ihre Verzweiflung und Hilflosigkeit in den Himmel schreien. In einer Seitenstraße parken schon Dutzende Leichenwagen. Als das Ausmaß offenbar wird, werden sogar einfache Lieferwagen, Taxen und Stadtbusse zum Leichen- und Krankentransport herbeigeschafft.

Am Gleis nur zerborstener Stahl, Glassplitter und Qualm. Feuerwehrleute breiten Decken über den Toten aus.

Verzweifelte Angehörige werden von Helfern zum „Hospital General Universitario Gregorio Marañón", einem der größten Krankenhäuser Madrids, geschickt. Hier hängen die Totenlisten. Ich habe nie einen Krieg erlebt. Aber das hier ist Krieg. Mütter, Väter und Geschwister der Toten und Vermißten, ja selbst Ärzte und Krankenschwestern brechen weinend zusammen.

Die ganze Stadt ist geschockt. Tausende stehen an, wollen Blut spenden für die verletzten Pendler und Schulkinder. Abends ist die ganze Stadt auf den Beinen, ruhig. Trauermärsche und Totenwachen, überall Kerzen und schwarze Schleifen. Das spanische Lächeln ist verschwunden.

Meine Gedanken schweifen ab, zu meiner eigenen Familie. Madrid kann schon morgen überall sein...

BILD-Reporter **Malte Biss**

Die Angehörige eines Opfers geht weinend vor Königin Sophia auf die Knie

Prinz Charles

Jacques Chirac

Prinz Haakon

Colin Powell

„Die Kraft der Liebe muß den blinden Haß besiegen"

Die Trauerfeier war ein Requiem voll Tränen und Schmerz, aber auch ein Zeichen: Wir werden euch nicht vergessen! Dunkle Wolken über der Almudena-Kathedrale, als König Juan Carlos die Ehrengäste empfängt. Kanzler Schröder, Chirac, Blair, US-Außenminister Powell, Prinz Charles, Albert von Monaco: Gesandte aus über 50 Nationen sind da. „Die Kraft der Liebe muß blinden Haß besiegen", ruft der Erzbischof von Madrid.

Tony Blair mit seiner Frau Cherie

Juan Carlos empfängt die Staatsgäste

Kronprinz Felipe mit Verlobter Letizia

Die spanische Infantin Cristina

Kanzler Schröder begrüßt Spaniens König

Noch-Ministerpräsident Aznar mit Gattin Ana Botella

Dieses Siegerlächeln schmeckt bitter

Spaniens neuer Präsident Zapatero (Kriegsgegner, hier mit Gattin Sonsoles Espinosa) gewann die Wahl im Terror-Schock

Freitag, 19. März

Sonnabend, 20. März

Montag, 22. März

Wenige Tage später bekennt sich die Al Qaida zu dem Terroranschlag. Überall in Europa werden die Sicherheitsmaßnahmen verstärkt. An der deutsch-französischen Grenze wird das Schengener Abkommen außer Kraft gesetzt. Autos werden durchsucht, Pässe kontrolliert. In Deutschland gibt es mehrere Bombendrohungen. Bahnhöfe und Züge werden verstärkt bewacht. Vier Tage später ist Wahltag in Spanien. Mit sensationellen 42,6 % gewinnt der Sozialist **José Luis Rodrígues Zapatero.** Ein Sieg, der bitter schmecken muß, denn viele Spanier wählen ihn als Reaktion auf den Terroranschlag.

Im Irak wird der erste Deutsche ermordet

Zapateros konservativer Vorgänger José María Aznar hatte nämlich die Irak-Politik von US-Präsident Bush unterstützt und 1300 Soldaten in den Krieg geschickt. Deshalb war Madrid das Ziel des hinterhältigen Terror-Anschlags. Eines von Zapateros Wahlversprechen lautete hingegen, daß er diese Soldaten im Falle seines Sieges sofort zurückholen werde.

Dann stirbt der erste Deutsche im Irak. Der Ingenieur aus Schleswig-Holstein soll südlich von Bagdad eine Pumpstation bauen. Auf dem Weg dorthin wird sein von Soldaten begleiteter Konvoi überfallen und beschossen. Außer ihm gibt es noch mindestens vier weitere Tote.

Doris Schröder-Köpf weint.

Auf dem Sonderparteitag der SPD hält der scheidende Vorsitzende

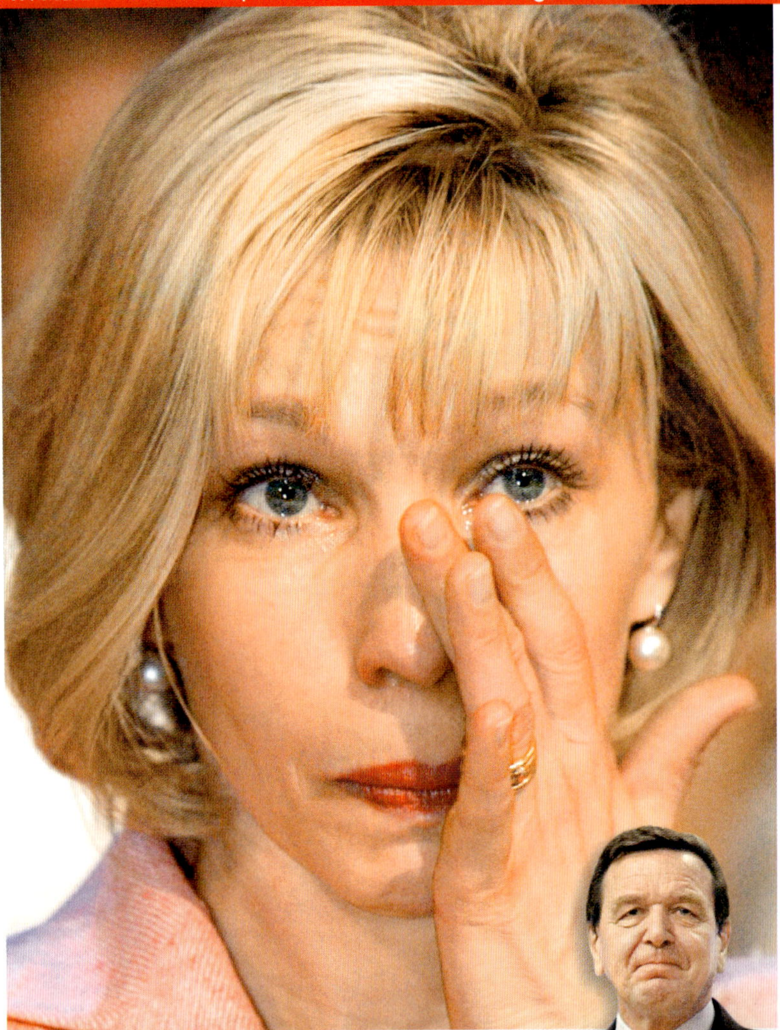

Der bewegende Auftritt unserer Kanzler-Gattin

Schröder und Müntefering mit zusammengepreßten Lippen: schwere Zeiten für die SPD. Bei des Kanzlers ergreifender Rede kommen Doris Schröder-Köpf die Tränen.

Vergewaltigung
Staatsanwalt ermittelt gegen
TV-Star Andreas Türck
Bild
Togal
Werder lacht über Hoeneß
Brustkrebs
Terror-Scheich mit Raketen getötet

Dienstag, 23. März

Vergewaltigungs-Drama
TV-Verbot für Andreas Türck
Bild
Dumm-Esser Clever-Esser?
Weniger Geld für Bayern-Stars
Angst vor Terror-Anschlag! Rau sagt Staatsbesuch ab
Brustkrebs

Mittwoch, 24. März

Vergewaltigungs-Drama Andreas Türck
Jetzt spricht das Mädchen
„Ich gehe durch die Hölle"
Bild
Autobombe!
So sollte Rau sterben
5 Kilo weg für Olympia

Donnerstag, 25. März

Ingrid Steeger
So besiegt sie die Depressionen
Neues Glück in der Psycho-Klinik
Bild
2,6 % Zinsen p.a.
Wer kriegt wie viel in Deutschland?
Terror-Angst um Schumi

Freitag, 26. März

Gerhard Schröder eine 49-minütige Abschiedsrede, an deren Ende ihm fast die Stimme versagt. „Ich habe das Amt in verdammt schwierigen Zeiten ausgeübt – gestützt auf die, die ich liebe und die mich lieben." Kein einziges Mal kommen in seiner Rede die Worte „Genossinnen und Genossen" vor.
In der ersten Reihe sitzt die Frau, die er meint mit seinem Satz über die Liebe. Seine Frau. **Doris Schröder-Köpf** laufen vor den Kameras die Tränen übers Gesicht. Münteferings Frau Ankepetra reicht ihr ein Tempo. Nun ist Schröder der „Nur-noch-Kanzler". Als nächstes spricht **Müntefering**, der neue starke Mann in der SPD und ihr 9. Parteichef seit 1946 (gewählt mit sensationellen 92,1 Prozent). Er weiß, was die Herzen der Sozialdemokraten erwärmt, und donnert in den Saal: „Gewöhnt euch wieder an die Anrede Genossinnen und Genossen!" Schröder hört mit versteinerter Miene zu.

BILD verleiht einen Preis für Menschlichkeit. Den „Osgar"

Oscar-Feeling beim 11. „Osgar". Den gibt's von BILD für außergewöhnliche Persönlichkeiten, die sich um Frieden, Freiheit und das Zusammenwachsen Deutschlands verdient gemacht haben. 350 Top-Promis kamen ins Leipziger Neue Rathaus, der MDR übertrug's im Fernsehen.

Günther Jauch

◀ Laudator Ralf Moeller

Yvonne ▶ Catterfeld

Jenny Elvers-Elbertzhagen

Lech Walesa, Friede Springer

Dr. Wolfgang Schäuble, Springer-Vorstandsvorsitzender Dr. Mathias Döpfner

Jutta Kamman, Peter Sodann

Michaela Schaffrath, Axel Schulz

Alexander Klaws, Guido Westerwelle

Stefan Mross, Stefanie Hertel

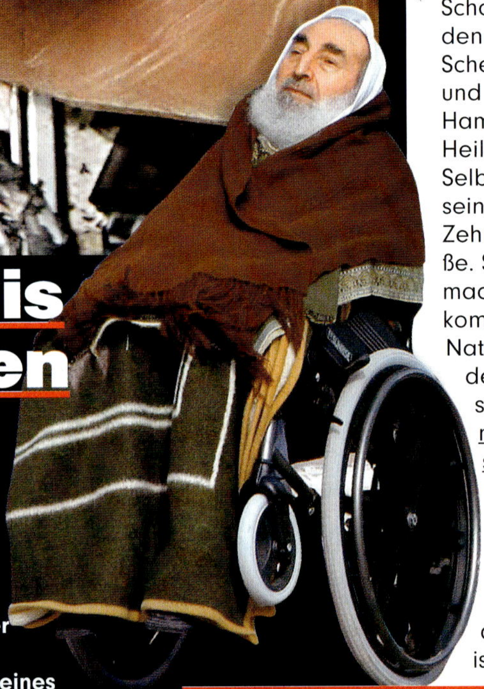

Raketen! Israelis töten gelähmten Terror-Chef

Er kann weder gehen noch sehen, gilt aber als einer der gefährlichsten Terror-Chefs im Nahen Osten: Scheich Ahmed Hassin. Hier liegt er tot vor der Moschee, daneben die Trümmer seines Rollstuhls. Noch am gleichen Tag wird er beerdigt. Schwere Unruhen im gesamten Gaza-Streifen. Ein erst 14jähriger Selbstmord-Attentäter wird wenig später von israelischen Soldaten gefaßt. Er trägt acht Kilo Sprengstoff bei sich und muß sich ausziehen, während die Gewehre auf ihn gerichtet sind.

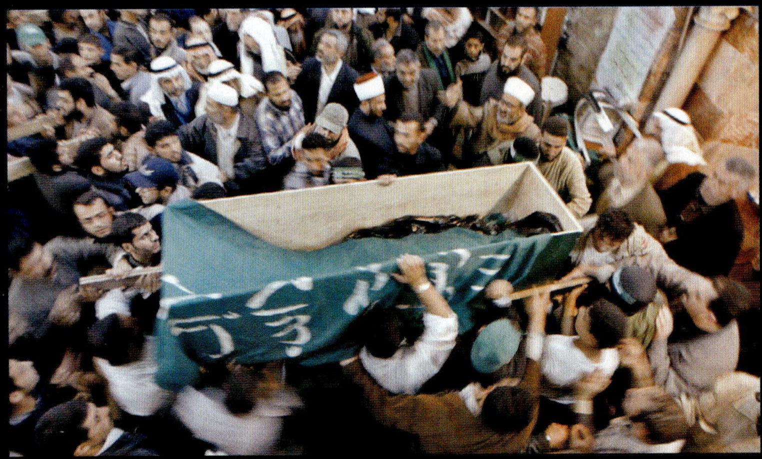

Wollte unzählige Menschen töten: Hassan (14)

Der Gaza-Streifen brodelt. Vier israelische Apache-Hubschrauber fliegen im Morgengrauen eine Moschee im Elendsviertel Sabra an. Sie feuern drei Raketen ab. Schon die erste trifft die Zielperson, den blinden und gelähmten Scheich **Ahmed Jassin**, Seele, Hirn und Ikone der Terrorgruppe Hamas. In Palästina wird er wie ein Heiliger verehrt. Hunderte von Selbstmordanschlägen gehen auf sein Konto. Jetzt gilt er als Märtyrer. Zehntausende gehen auf die Straße. Sie schreien nach Rache. Israel macht die Grenze dicht. In Kairo kommen Vertreter der Vereinten Nationen, der USA, Rußlands und der EU zu Krisengesprächen zusammen. „Eine Kette von Selbstmordattentaten wird die Folge sein", warnt Nahost-Experte Dr. Herbert Kremp in BILD.

Zum Monatsende noch einige Meldungen aus der Welt der Prominenten. Zunächst stürzt ein Publikums-Liebling vom Sockel – auch, wenn noch nichts bewiesen ist. TV-Star **Andreas Türck** („Chart-Show") soll eine junge Frau zum Oralsex gezwungen haben! Der Staatsanwalt ermittelt, PRO 7 schmeißt Türck raus. **Klausjürgen Wussow** heiratet heimlich seine strenge Scholz-Witwe, und seine Ex **Yvonne** kommentiert es bissig in BILD: „Ich hätte dir ein größeres Glück gewünscht." **Thomas Gottschalk** moderiert zum 100. Mal „Wetten, dass...". Und der Mann mit dem „klügsten Lächeln der Welt" (BILD), **Sir Peter Ustinov**, stirbt mit 82 Jahren an einer Herzschwäche.

Was für ein März.

Sein Herz war groß. Und schwach. Er starb daran

Nero, quengelnder Tyrann („Quo vadis?")

„Sein Leben war ein ewiges Spiel. Er liebte die Menschen. Er gab alles. Seine Seele war edel. Ich hör' ihn im Grab lachen" (Johannes Altincioglu über seinen im März verstorbenen Freund Sir Peter Ustinov). Der grandiose Kaiser-Nero-Darsteller (zwei Oscars) litt an Herzschwäche. Wie hat er uns mit seinem Humor erfreut! Seine Pointen – göttlich: „Die letzte Stimme, die man hört, bevor die Welt explodiert, wird die Stimme eines Experten sein, der sagt: Das ist technisch unmöglich." Sir Peter Ustinov starb mit 82 Jahren.

Mit Ehefrau Lady Hélène

Gentleman-Kommissar („Tod auf dem Nil")

Hat Andreas Türck wirklich eine Frau vergewaltigt?

Seine Fans glauben das nicht, und tatsächlich gibt es eine Reihe von Ungereimtheiten. So haben Türcks Bekannte, die 20 m vom Tatort standen, nichts bemerkt. Fraglich auch, warum das angebliche Opfer nicht zur Polizei ging (die Sache kam eher zufällig durch ein von der Polizei abgehörtes Drogen-Dealer-Telefonat heraus). Opfer-Anwältin Friederike Vilmar (unten) geht trotzdem von einer Straftat aus.

TV-Star Türck (Ex-„Chart-Show"-Moderator), Tatort, Anwältin

Wie der März unser Leben veränderte

Wir ahnen den Krieg der Generationen

Frank Schirrmacher

Bestseller-Autor („Das Methusalem-Komplott") und Mitherausgeber der „Frankfurter Allgemeinen Zeitung"

Wir stehen vor einem Krieg! An der Schwelle der größten Revolution unseres Lebens. Die Kampfzone ist unser Alltag! Werden wir 100 Jahre alt? Wer heute 40, 50 oder 60 Jahre ist, dem wird ein neues Leben geschenkt: das „Methusalem-Alter" (30 Extra-Jahre). Deutschland wird zur Republik der Alten werden.

Müssen wir Angst haben vor dem „Krieg der Generationen"? Angst vor Jugend-Wahn, Alters-Rassismus und dem Kampf ums Altersheim? Ja und nein! Deshalb habe ich „Das Methusalem-Komplott" geschrieben. Warum wurde es zum erfolgreichsten Sachbuch Deutschlands? Weil jeder von uns betroffen ist...

Sie wissen es zwar noch nicht: Aber auch Sie (!) gehören dazu! Im Krieg der Generationen sind Sie dabei. Es klingt dramatisch, und das ist es auch. Man hört noch keine Einschläge, aber...

Am Horizont der Zukunft baut sich eine der erbittertsten Streitmächte gegen die Alten auf, die es je gegeben hat. Sie marschiert auf uns zu, die wir heute 20, 30 oder 60 Jahre sind – denn wenn der Krieg beginnt, werden wir die Älteren sein.

Und die Gesellschaft, die wir geschaffen haben, nimmt uns Alternden alles: das Selbstbewußtsein, den Arbeitsplatz, die Biographie. Wir müssen jetzt handeln! Es geht um nichts weniger als eine Revolution des Alters.

In 5 bis 10 Jahren wird wie mit Zauberhand eine veränderte Gesellschaft im Gesichtskreis jedes einzelnen erschienen sein. Wie oft berichten Menschen von der Plötzlichkeit, mit der das Alter sich wachrüttelt. Ungläubig schlägt man die Augen auf – und plötzlich ist man alt! So wird es Deutschland ergehen.

Zum ersten Mal in der Menschheitsgeschichte wird die Zahl der Älteren größer sein als die der Kinder. Sammeln Sie sich und seien Sie getrost – denn Sie gehören auf unsere Seite.

Wir alle haben die große Aufgabe unseres Lebens noch vor uns. Wir werden vielleicht schwächer sein als jetzt, aber wir werden in der Überzahl sein. Es geht um unsere Seelen. Es geht um unser Selbstbewußtsein und unsere Sicherheit. Wir sind, so paradox es klingen mag, als Alternde in einer alternden Gesellschaft zugleich Anführer und Opfer! Im Kern geht es um das Bestreben jedes einzelnen Menschen auf dieser Welt, so lange leben zu können wie möglich. Aber: In manchen Ländern dieser Erde nimmt man den Älteren Haus, Hof und Nahrung; in unserer Gesellschaft beraubt man sie des Selbstbewußtseins – und der Lust am Leben. Was wir für richtig und gut halten, was wir Erfahrung nennen, was uns groß und stark gemacht hat – all das zerreiben die Walzen des Alterungsprozesses. Er ist der rücksichtslose Gleichmacher.

Denn was zählen vergangene Erfolge, Schönheit, Lebenserfahrung und selbst Reichtum im Zeichen des Alters? Uns bedroht eine Macht, die unser Leben für immer ruinieren will. Nehmen Sie es ernst! Es geht um die Hälfte Ihres gelebten Daseins, um eine Lebensspanne, die mindestens so lange dauert wie Geburt, Kindheit, Jugend und Ausbildung. Unser Altern wird nicht gemütlich sein! Es wird keine Ohrensessel, Kaminfeuer und Vorratskammern geben. Wir können nicht zu Hause bleiben. Wir müssen losziehen, solange wir noch stark und selbstbewußt sind.

Wir müssen in den nächsten 30 Jahren ganz neu lernen zu altern! Oder jeder einzelne wird finanziell, sozial und seelisch gestraft. Es geht um die Befreiung jenes unterdrückten und unglücklichen Wesens, das wir verdrängen: unser künftiges Selbst.

Pablo Picasso neben einer seiner Skulpturen. Den Alten kann die Zukunft gehören – wenn sie es richtig anpacken, sagt Bestseller-Autor Frank Schirrmacher („Das Methusalem-Komplott")

Klitschko und die Eiswürfel

Erst sieht es so aus, als wenn wir Wladimir Klitschko überschätzt hätten. Ein Jahr nach der erschütternden Pleite gegen Corrie Sanders streckt Außenseiter Lamon Brewster „Dr. Eisenfaust" im Kampf um die WBO-WM in Las Vegas in Runde 5 grausam nieder. Seine Gesichtszüge sind im wahrsten Sinne des Wortes entgleist. „Ich war platt, mir ist das völlig unbegreiflich", sagt er nach dem desolaten Fight. Später allerdings werden böse Gerüchte laut, und der „Klitschko-Krimi" wird eines der spannendsten Sport-Themen des Jahres. Waren seine Eiswürfel gedopt? Wer hatte ein Interesse daran, daß Klitschko verliert? Sogar das FBI ermittelt. Als dann noch eine Urinprobe verschwindet, ist für Klitschko-Fans klar: Das ging keinesfalls mit rechten Dingen zu. Hier hat jemand ein ganz übles Spiel gespielt ...

BOSS

Welteke & Wurst-Truppe

Rudis Kicker wursteln vor sich hin, ein Banker reist auf lau, Abgeordnete schummeln wie Ladendiebe

Auf das „Wunder von Bern" fallen Schatten. In der ersten Aprilwoche 2004 diskutiert ganz Deutschland die mysteriösen Doping-Anschuldigungen eines Platzwarts, der 1954 in der Umkleidekabine der deutschen Mannschaft leere Spritzen gefunden haben will.
Standen unsere Fußball-Jungs damals wirklich unter dem Einfluß unerlaubter Drogen? „A Schmarrn", sagt **Franz Beckenbauer**. „Eine Frechheit", so kommentiert **Horst Eckel** den bizarren Vorwurf (der 72jährige war damals der jüngste Spieler unserer siegreichen Nationalelf). Fußball-bizarr – so wird der Monat auch enden...
Aber zunächst ist die Schlammschlacht um die gierigen EU-Abgeordneten und ihre Tagegeld-Abzocke ziemlich bizarr. Sie begann ja schon im März. Jetzt aber zeigt **Günther Jauch** in „stern TV" Filmaufnahmen, die der Abgeordnete **Hans-Peter Martin** heimlich mit einer Knopfloch-Kamera (!) aufgenommen hat. Da sieht man tatsächlich Abgeordnete, die sich morgens schnell in die Listen eintragen und

Kann es sein, daß sie gedopt waren?
Juli 1954, Bern, 3:2 gegen Ungarn. Neben Fritz Walter (mit Pokal) auf den Schultern der Mannschaft: Horst Eckel (rechts ein Foto von heute). Links: Der damalige Platzwart Walter Broennimann, Auslöser der Doping-Vorwürfe.

Skandal-Bankchef Welteke
BILD schenkt ihm diesen Hotel-Gutschein
Aber nur, wenn er sofort zurücktritt!
14 Tage Mallorca
Bild
Gutes
Außerst günstig bei Kopfschmerzen.
Neuralgin
Formel 1 Steigt Mercedes aus?
Bayern wird doch noch Meister!
NACHRICHTEN

Dienstag, 6. April

Kein Kostverächter: Ernst Welteke mit Traci Bingham („Baywatch"). Unten die Hotelrechnung, über die er stolperte

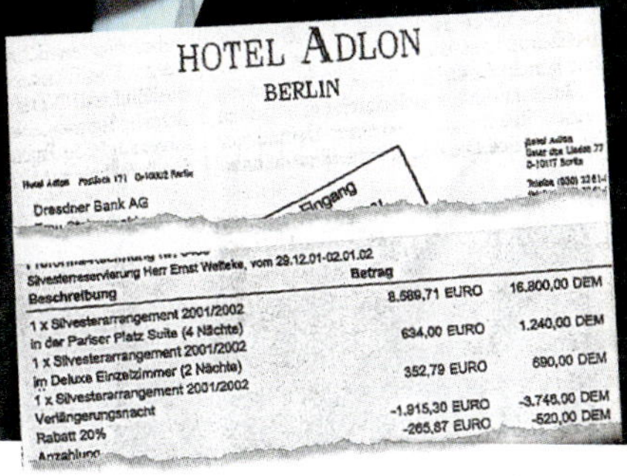
HOTEL ADLON
BERLIN

Dresdner Bank AG

Silvesterreservierung Herr Ernst Welteke, vom 29.12.01-02.01.02

Beschreibung	Betrag	
1 x Silvesterarrangement 2001/2002 in der Pariser Platz Suite (4 Nächte)	8.589,71 EURO	16.800,00 DEM
1 x Silvesterarrangement 2001/2002 im Deluxe Einzelzimmer (2 Nächte)	634,00 EURO	1.240,00 DEM
1 x Silvesterarrangement 2001/2002 Verlängerungsnacht	352,79 EURO	690,00 DEM
Rabatt 20%	-1.915,30 EURO	-3.746,00 DEM
Anzahlung	-265,87 EURO	-520,00 DEM

dann offenbar hastig zum Flughafen düsen.

Der Eindruck beim „kleinen Mann auf der Straße", daß sich die hohen Herren ihre Taschen mit Geld füllen, bekommt im April auch sonst neue Nahrung.

Zwar zeichnet sich ab, daß es im „Mannesmann-Prozeß" Freisprüche geben wird, denn Moral und Anstand stehen nicht im Strafgesetzbuch. Aber warum hat sich Bundesbankpräsident Ernst **Welteke** von der Dresdner Bank ins noble Berliner „Adlon"-Hotel einladen lassen? Es geht um 7600 Euro; seine Frau, sein Sohn und dessen Freundin waren auch auf lau dabei. Welteke (SPD) muß zurücktreten (Nachfolger: **Axel Weber**, parteilos).

Wer hatte ein Interesse daran, daß der Bundesbanker stürzt? Wer schickte die anonymen Briefe mit den Zahlungsbelegen der Dresdner Bank aus der Postfiliale im Berliner Regierungsviertel ans Finanzministerium und informierte die Presse? Sicher ist: Finanzminister **Eichel** wollte einen Teil der Goldreserven der Bundesbank für eine Bildungsoffensive in NRW flüssigmachen. Welteke war strikt dagegen. „Mit einer gezielten Attacke versuchte das Finanzministerium, den Notenbanker loszuwerden", schreibt die WELT am SONNTAG. Eichel weist solche Berichte über eine Intrige als „böswillige Unterstellung" zurück.

Seltsame Szenen aus dem Straßburger EU-Parlament

Günther Jauch zeigte in „stern TV", wie der SPD-Europaabgeordnete Martin Schulz sich an einem sitzungsfreien Freitag im Straßburger EU-Parlament in die Anwesenheitsliste (262 Euro Tagesgeld) einträgt. Angeblich reiste er sofort danach ab. Fotos aus einer Knopfloch-Kamera ...

 Mittwoch, 7. April — Donnerstag, 8. April — Sonnabend, 10. April — Dienstag, 13. April

Wussow mit seiner „Scholz-Witwe" Sabine. Auch sie bekommt vielleicht eine kleine TV-Rolle

Hier schaut er sich schon mal den Drehort für die neue „Schwarzwaldklinik" an

„Was soll nur werden?", scheint sein betrübter Gesichtsausdruck zu sagen. Die Scholz-Witwe ist es wohl leid, ihn zu ernähren

So verzweifelt bettelt Wussow um Arbeit

Armer Wussow: In einem Brief an seinen Ex-Manager Oswald Kneip stammelt er seine Verzweiflung heraus. „Ich muß wohl gehen – wohin?", fragt er traurig. Aber dann kann sich der ehemalige TV-Star doch noch über eine Chance freuen, die eine Menge Geld ins Haus spülen wird.

April-Klatsch und Tratsch! Die spannendsten Geschichten drehen sich um zwei Männer. Der eine ist faltig. Der andere ein Filou.

Klausjürgen Wussow ist zu Monatsbeginn total verzweifelt, denn die Scholz-Witwe hat kein Geld mehr, und er ist längst pleite. „Kein Drehbuch auf meinem Tisch", so stammelt er in einem verzweifelten Bettelbrief. Doch wenn du denkst, es geht nicht mehr ...

Professor Brinkmann wird wiederbelebt! In einem Special anläßlich „20 Jahre Schwarzwaldklinik" darf Wussow noch einmal den Arztkittel tragen! Die **Scholz-Witwe** spielt vielleicht auch mit, und zwar als dominante Krankenschwester.

Später im Monat verkauft die strenge Witwe ihren Wussow dann für

Zuviel Sex bei Big Brother

Arzt verbietet Wussow TV-Auftritt

Bild

Alufelge 199,-

inkl. Reifen

Politiker fordern Orden für tote GSG9-Kämpfer

Beckham machte mich am Handy heiß

Mittwoch, 14. April

5000 Euro an „Big Brother", aber sein Arzt ist dagegen: „Zuviel Sex im Container."
Und weil's nun mal ein Wussow-Monat ist, schreibt sich seine Ex Yvonne in BILD auch noch die traurige Ehegeschichte von der Seele. Der Filou des Monats: **David Beckham**. Wenn der morgens die Zeitung aufschlägt, vergeht ihm der Appetit. Gleich mehrere schöne Models enthüllen fast täglich in allen Einzelheiten, wann, wo und wie er seine Victoria mit ihnen betrog. Darunter ist auch eine Dame, die man angeblich mit Geld bezahlen kann. Ob das die Beckham-Ehe überlebt?

Beckhams scharfe Freistöße

Filou des Monats, jede Menge Enthüllungen. Stimmt auch nur die Hälfte davon, ist Beckham ein ziemlich dreister Fremdgänger! BILD erklärte den (neidvollen) Normal-Männern, was dran ist an diesem Kerl. Von den Haaren bis runter zum Inhalt der Sporthose.

Augen

Becks' Augen sind braun-grün. Er guckt treuherzig schüchtern – der Blick, dem die Frauen vertrauen. Er guckt frech – der Blick, mit dem Frauen flirten

Haare

Kahl, kurz, lang. Rasta- oder Irokesen-Look: Becks ändert seine Frisur öfter als ein Supermodel. Perfekt gestylt ist er immer. Ein Kopf, der sagt: „Ich hab' keine Angst davor, trendy zu sein"

Brust

Becks ist zu Recht stolz auf seinen durchtrainierten Sportler-Body. Glatte (unbehaarte) Haut über strammen Muskeln – perfekt!

Bauch

Sexy Hingucker. Keine Protz-Muckis, sondern ein klassischer Edel-Sixpack

Das beste Stück

„Er ist sehr gut ausgestattet", bezeugen Becks' Frauen. Man ahnt, daß sie recht haben ...

…r ist ein wunderbarer Lieb…ber", schwärmt Angeblich-…liebte Rebecca Loos (26)

Angeblich-Gespielin Sarah Marbeck (29) sagt: „Alles an Beckhams Körper ist perfekt – sogar seine Füße!"

Tattoo-freudige Beckhams: Auf seinem Arm steht „Victoria" auf Hindi, auf ihrem „I luv Becks"

Schröders Mama gratuliert dem Kanzler zum 60.

Kanzler mit Mutter Erika

Mit 650 Gästen feierte Gerhard Schröder seinen 60. Geburtstag in Hannover. Auch seine Mutter Erika Vosseler (90) war dabei, außerdem: Putin, Gottschalk, Johannes Rau, Wolfgang Thierse. BILD schenkte dem Kanzler eine ganze Seite. Endlich sollte er sich mal über eine ganze BILD nur freuen können…

Ja, ja, ja, zum 60. Geburtstag wird es wahr!

Schröder Kanzler auf Lebenszeit

Bild

Neue Serie ab heute in BILD: Joschka Fischer exklusiv – Von Gerd lernen, heißt siegen lernen

CDU löst sich auf!

Merkel: „Schröder kann es einfach besser"

„Sorry, Gerd" – Bush bittet Kanzler um Vergebung

BILD schenkt dem Kanzler zum 60. Geburtstag eine Seite 1, wie er sie sich schon immer gewunscht hat (…nicht ganz ernst gemeint)

Schumi: Ich fahre rot für Schröder

Kanzler-Golf von VW: Das erste Auto, das nur Vorwärtsgänge hat

„Wetten, dass…?" mit Mega-Wette!

Für den Kanzler muss es was Besonderes sein…

Berlusconi schenkt Schröder Sandstrand

NACHRICHTEN

Kanzlers „Ost-Cousinen" gar keine Schröders

FDP-Millionen-Spende für Schröder-Denkmal?

Wetten, daß sich Schröder diese BILD-Seite aufgehoben hat?

Weitere Klatschmeldungen: ● **Caroline Beil** gibt das Scheitern ihrer Ehe bekannt ● **Karl Moik** nennt Italiener im Musikanten-Stadl „Spaghetti-Fresser" ● **Berti Vogts' Frau** randaliert, der Sohn ruft die Polizei.

Der Kanzler wird 60! BILD macht ihm ein Schmunzel-Geschenk: Eine ganze BILD-Seite mit lauter (nicht ganz ernstgemeinten) Geschichten, die er bestimmt gerne liest. „Schröder Kanzler auf Lebenszeit", heißt eine Schlagzeile. Und noch eine gute Nachricht fürs Geburtstagskind: „CDU löst sich auf …"

Klitschko-Krimi in Las Vegas

Das sportliche Highlight im April 2004 ist der „Klitschko-Krimi". Eine sehr, sehr mysteriöse Geschichte. In Las Vegas verliert **Wladimir Klitschko** überraschend den WM-Kampf gegen „Underdog"

Hier endet das Glück der Dschungel-Natter

Caroline Beil gab im April ihre Trennung von Ehemann Hendrik te Neues bekannt, den sie erst im September 2002 geheiratet hatte

Unter diesem Metallschrott waren Mutter und Kinder verschüttet

Der Heldentod einer Mutter

Ein tragischer Unfall erschüttert Deutschland: In Mannheim wartet eine junge Mutter mit ihren Kindern auf dem Weg zur Oma an einer Fußgängerampel, als ein Laster heranrast und umkippt. Die Mutter wirft sich im letzten Moment schützend über ihre Kinder und rettet ihnen das Leben. Sie selbst kommt zwar noch ins Krankenhaus, stirbt dort aber am 39. Geburtstag ihres Mannes.

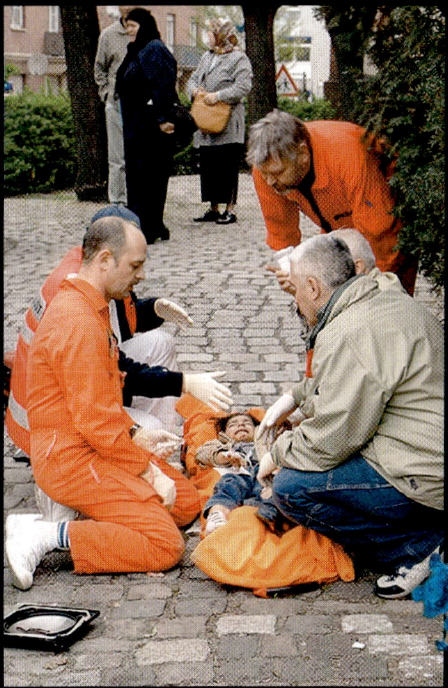

Der kleine Junge ist von den Trümmern befreit, er weint und schreit vor Schmerz

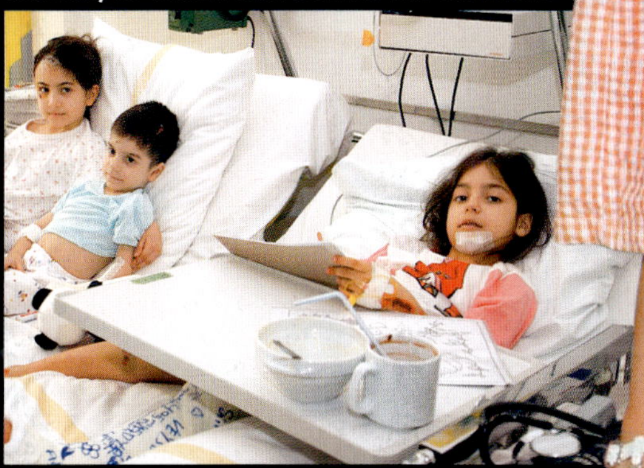

Die drei im Krankenhaus. Noch wissen sie nicht, daß ihre Mama im Himmel ist

Heldenmutter Hatun (30), links die Töchter Yesim (4) und Yagmur (9)

Wladimirs schwerer Krabbel-K.o.

„Meine Beine waren wie Gummi…“ „Ich war platt…“ „Mir ist das unbegreiflich…“ (Wladimir nach dem Krabbel-K.o. zu BILD). Dann sagte er noch: „Ich will Gewißheit, was mit mir los war. So will ich meine Karriere nicht beenden.“ Ob wohl jemals herauskommt, wer dem Boxer da was in den Tee bzw. die Eiswürfel gemixt hat?

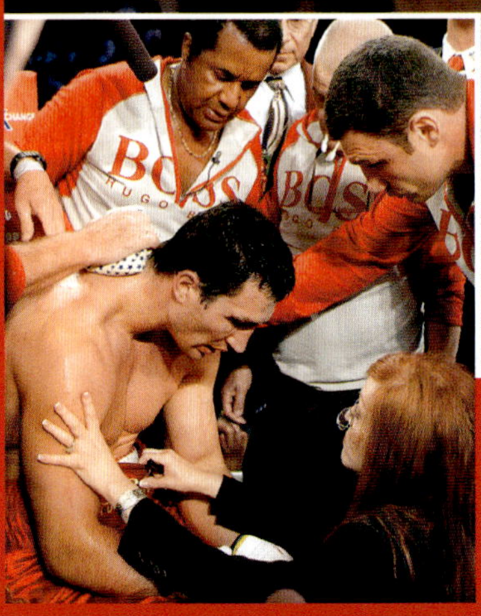

Links: Wladimir mit Ringärztin Dr. Goodman und Vitali. Am Ende kroch er auf allen Vieren in seine Ecke (r.)

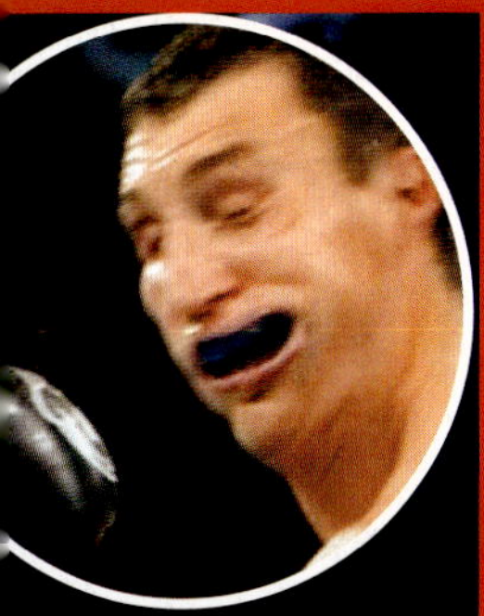

Vitali stellt die Familien-Ehre wieder her

Staples Center, Los Angeles. 17 000 Fans feiern Dr. Vitali Klitschko als neuen WBC-Champion. Gerade hat er Corrie Sanders durch technischen K.o. in Runde 8 zertrümmert. 230 Treffer landeten auf Sanders' Schädel; nur 50mal kamen seine Fäuste durch. Jetzt strahlt der Name Klitschko wieder in vollem Glanz, die Brüder liegen sich in den Armen und Vitali reckt die Faust.

Steckte die Wett-Mafia hinter dem Komplott?

Mit den Klitschkos kann ich mich „Auge in Auge" unterhalten – wir drei teilen eine Körpergröße von um die zwei Meter. Als Wladimir am 11. April, einen Tag nach seiner K.o.-Niederlage gegen den Ami Lamon Brewster, seine Sonnenbrille abnimmt, blicke ich ihm wieder in die Augen. Er sagt: „Irgendetwas stimmte nicht. Das war nicht ich, der da im Ring stand. Die Kraft flog förmlich aus meinem Körper ..."

Schon zwei Stunden nach dem desaströsen WM-Fight im Mandalay Bay Casino in Las Vegas beginnt für mich der Box-Krimi des Jahres. Während Brewster feiert, wird Wladimir mit dem Notarzt ins Desert Spring Hospital gefahren, durchgecheckt. Erhöhte Zuckerwerte! „Wir waren nie zuckerkrank", blockt Bruder Vitali solche Verdachtsmomente. Die Story läuft in eine ganz andere Richtung!

In Los Angeles (dort soll Vitali am 24. April um die WBC-Krone kämpfen) schalten die Klitschkos Doping-Papst Donald Catlin ein. Er soll Blut- und Urin-Proben aus Las Vegas auf sogenannte K.o.-Tropfen untersuchen. Catlin: „Die können durch das Trinkwasser verabreicht worden sein."

BILD-Reporter **Thomas Dierenga**

Wladimir vergiftet? Mysteriös: Alle Proben aus dem Hospital und dem Diagnose-Labor „Quest" verschwinden auf dem Weg aus der Wüste Nevadas ins sonnige Kalifornien.

Immer neue Merkwürdigkeiten: Eine Akkreditierung mit Kabinen-Zugang wurde an einen Unbekannten ausgegeben. Offensichtlich wurden auch große Summen auf Underdog Brewster, einen Boxer von Promoter-Mogul Don King, gesetzt. „Da lief was schräg", versichert Profi-Vegas-Zocker Lem Banker. Die Glücksspiel-Kommission und das FBI ermitteln.

Wladimir sucht nach Antworten. Wir treffen uns in der Cheese Cake Factory in Marina Del Rey: „Ich will wissen, was da los war. Kann ich noch boxen?" Er zweifelt. Ich weiß, daß er's kann.

Wer steckt hinter dem Komplott? Die Wett-Mafia – oder gar einer aus dem Klitschko-Clan? Die Trainer Steward, Sdunek und Cutman Souza müssen an einen Lügendetektor! Der Cutman wird gefeuert. Vitali stellt die Familien-Ehre wieder her, schlägt Corrie Sanders, ist WBC-Champ. Der stärkste Mann der Welt!

„Die Augen sind die Fenster der Seele", philosophieren die Klitschkos gern. Vitalis Blicke sprühen, Wladimir dagegen schaut skeptisch fragend in die Zukunft ...

Dienstag, 20. April

Fußball-Gott brach zusammen +++ Herzinfarkt +++ Intensivstation +++ Künstliche Beatmung +++ Hat er zu viel Kokain geschnupft?
Maradona im Todes-Kampf
Bild
Banker Welteke
Moiks Nudel-Affäre Italiener kochen vor Wut!
Wann treten Sie von Ihrem Gehalt zurück?

Mittwoch, 21. April

Wieder nur Mini-Wachstum der deutschen Wirtschaft
Wo bleibt der versprochene Aufschwung?
Bild
Skandal-Nudel Moik „Auch ich bin Spaghetti-Fresser"
Maradona Es war Kokain
Dortmund Jetzt Ausverkauf?

…nerstag, 22. April

Härter als Dschungel-Camp! Ekeligste TV-Show aller Zeiten
Klitschko Neuer Betrug?

Freitag, 23. April

Einfach glänzend
TV zeigt sterbende Diana
Bild
Sorgen, Ullrich
Politiker wollen Wehrpflicht abschaffen

Prinz Willi, der Prächtige

Als Mitglied der schottischen Universitätsmannschaft im Wasserball zeigte der künftige König von England seinen erlauchten Body. Trotz begeisterter Anfeuerung durch vorwiegend weibliche Fans auf der Tribüne verlor die Mannschaft des Lieblings von Prinzessin Di (oben mit seinem Bruder Harry) das Spiel.

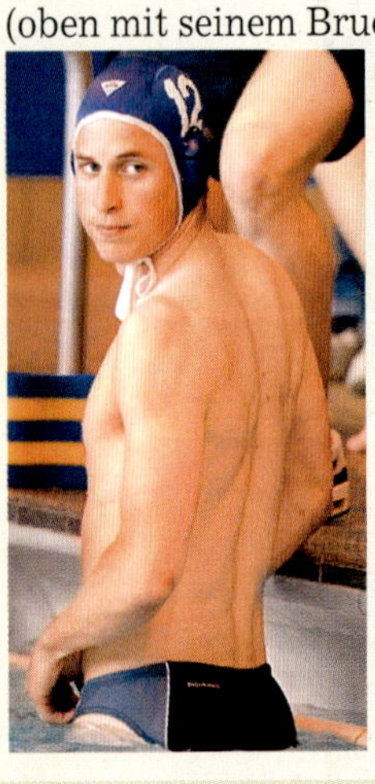

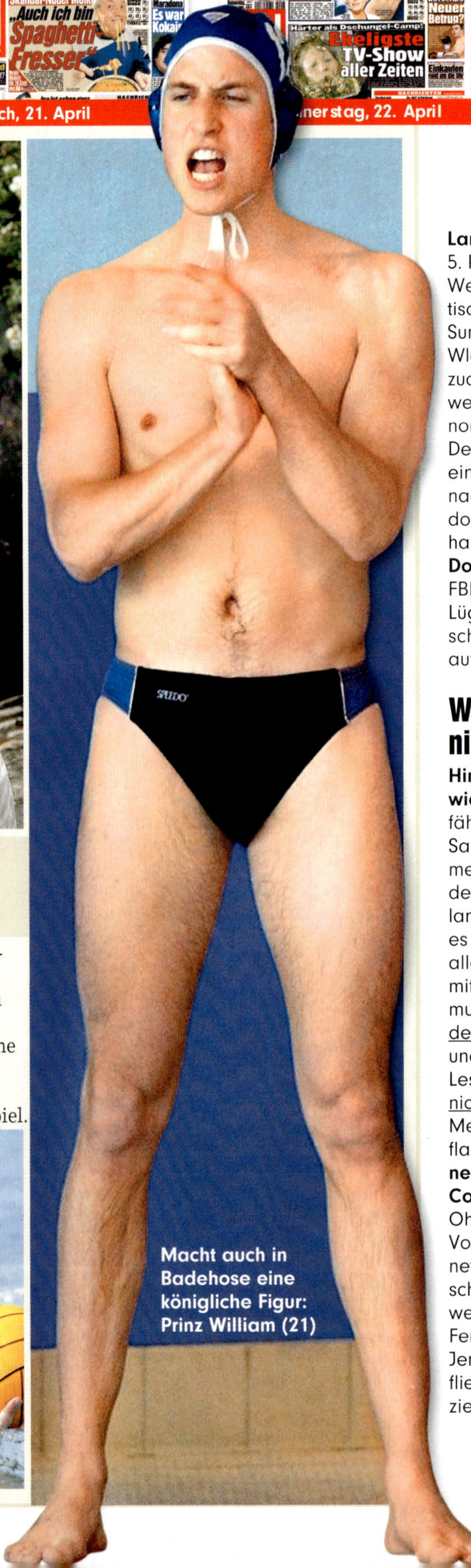

Macht auch in Badehose eine königliche Figur: Prinz William (21)

Lamon Brewster durch K.o. in der 5. Runde. Vor dem Kampf fallen die Wettquoten auf Brewster dramatisch; offenbar haben Insider hohe Summen auf ihn gesetzt.
Wladimir wirkt apathisch. Sein Blutzuckerwert hat sich verdoppelt. Es werden Blut- und Urinproben entnommen.
Der deutsche Arzt Dr. Kivi tippt auf eine Vergiftung mit dem schwer nachzuweisenden Medikament Haldol, das z. B. in Eiswürfeln gesteckt haben könnte. **Doping-Papst Prof. Don Catlin wird eingeschaltet.** Das FBI verhört die Klitschko-Crew am Lügen-Detektor. Und dann verschwindet die Klitschko-Blutprobe auf ungeklärte Weise.

Warum sind wir nicht mehr Schumi?

Hingegen ist die Formel 1 im April wieder mal wie immer: In Bahrein fährt **Schumi** seinen dritten Sieg der Saison ein. Für BILD ist das aber mehr als nur ein sportlicher Erfolg, der zu erwarten war. Ganz Deutschland jammert. Der Wirtschaft geht es schlecht. Und dieser Mann hat alle Qualitäten, die man heute vermißt: Ehrgeiz, Siegeswillen, Optimismus! „Ist Schumi der letzte Deutsche, der noch siegen kann?", fragt BILD und entfacht damit eine tagelange Leser-Diskussion. „Warum sind wir nicht mehr Schumi?"
Mercedes wird leider in der Wüste flambiert: Erst fackelt **Kimi Räikkönens** Motor ab, dann fliegt **David Coulthard** das Getriebe um die Ohren. **Terror im April**. Leganes, Vorort von Madrid. Schwer bewaffnete Elitepolizisten riegeln ein unscheinbares Wohnhaus ab. Plötzlich werden sie beschossen. Aus den Fenstern dringen arabische Lieder. Jemand ruft: „Allah ist groß!" Dann fliegt das Haus in die Luft: Die Drahtzieher des furchtbaren Anschlags

Sonnabend, 24. April

von Madrid (siehe März-Kapitel) haben sich selbst gerichtet. Auch ein Polizist kommt ums Leben. Aus dem Irak kommen am Jahrestag der Eroberung von Bagdad Bilder zu uns, die entsetzen und erschrecken. Bilder von weinenden US-Soldaten mit Leichensäcken und irakischen Kindern unter Schock. Bilder von Toten, von Verwundeten. Der Haß auf die Besatzer vereint radikale Schiiten und sunnitische Muslime. Sie tanzen vor den Leichen verbrannter Amerikaner und schlagen mit Knüppeln auf sie ein. Terroristen der irakischen Grünen Brigaden filmen die Hinrichtung ihrer italienischen Geisel **Fabricio Quattrocchi**. Der Mitarbeiter einer US-Sicherheitsfirma († 36) sagt in die laufende Kamera: „Jetzt zeige ich euch, wie ein Italiener stirbt."

Schumi wird zum Vorbild und Mercedes wird flambiert

Schumi ist mehr als nur ein Rennfahrer. Er wird im April 2004 zum Symbol für Ehrgeiz, Optimismus und zupackende Tatkraft. Der Wirtschaft würde es viel besser gehen, wenn wir alle ein bißchen mehr von Schumi hätten, meint BILD und zählt seine Tugenden auf.

Hier explodieren die Attentäter von Madrid

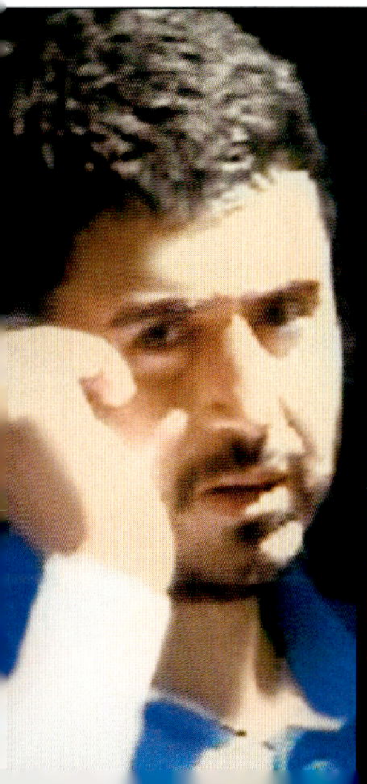

Ein Hobbyfilmer hielt die Szene fest, als sich die Terroristen selbst in die Luft jagten. Links ihr Kopf, der Tunesier Serhane Ben Abdelmajid Fakhet (35). Die Detonation zerriß die Fassade des Hauses, in der sich die Attentäter von Madrid versteckt hatten.

Einer der deutschen GSG-9-Beamten, die bei dem Terroranschlag ermordet wurden

Stolz posiert ein vermummter irakischer Terrorist vor dem Toyota Land-Cruiser, in dem die deutschen Elitesoldaten starben

Wird der Irak ein zweites Vietnam? Das ist gut möglich, sagen Experten

Der Krieg galt doch schon als gewonnen. Aber das ist er nicht. Unfaßbar traurige Bilder erreichen uns aus dem Irak. Bilder zum Weinen. Von toten Menschen, auf die in wahnsinnigem Haß eingeprügelt wird. Bilder von Kindern, die alles nicht verstehen können. Bilder

GSG-9-Beamter Tobias R. († 27)

von fassungslosen Soldaten, die sich nicht mehr beherrschen können. Wird der Irak ein zweites Vietnam? Das ist gut möglich, warnen Experten. Präsident Bush hat zu sehr auf eine militärische Lösung gesetzt und den Fanatismus der Terroristen im Lande weit unterschätzt.

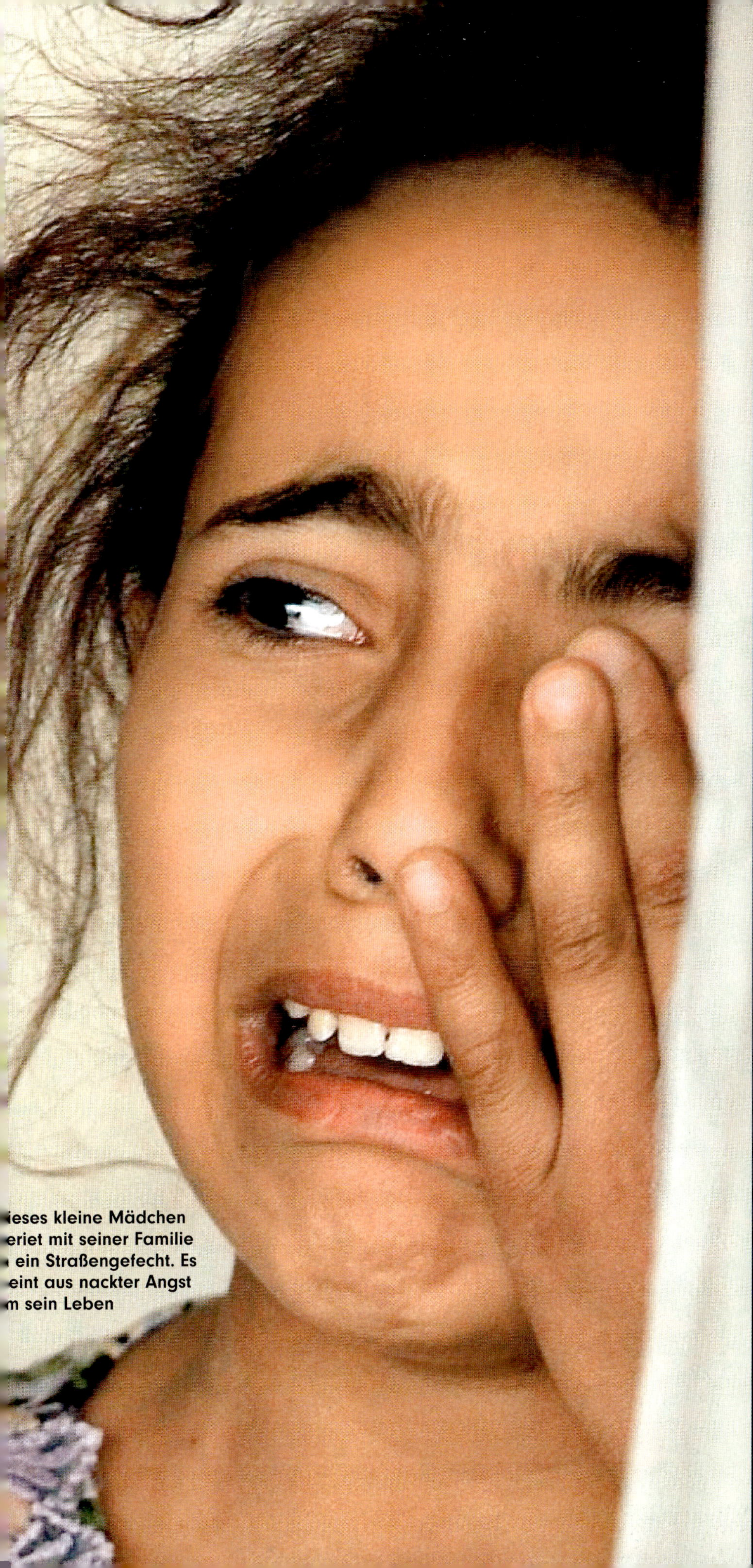

ieses kleine Mädchen
eriet mit seiner Familie
ein Straßengefecht. Es
eint aus nackter Angst
m sein Leben

Das kleine Mädchen (Kreis) ist das vom großen Foto. Es weint vor Angst, dreht sich entsetzt den Soldaten zu

Tränen der Verzweiflung. Ein Soldat des US-Marineregiments im Irak. Sein Freund wurde gerade angeschossen und lebensgefährlich verletzt

Perverse Freude über den getöteten Feind: Ein Iraker schlägt auf die verkohlte Leiche eines Amerikaners ein

Seite 10 • BILD • 30. April 2004 • DIE FUSSBALL-SCHANDE

Bild SPORT

Rudis Wurst-Truppe

1:5 abgebraten

Für jeden Gegner ein gefundenes Fressen

Arne Bratwurst Friedrich ließ sich andauernd abbraten

Olli Kochwurst Kahn kassierte 4 Stück und kochte vor Wut

Jens Jagdwurst Jeremies sollte von Rudi sofort verjagt werden

Philipp Knackwurst Lahm knackte das Rumänen-Tor, sonst auch schlecht

Carsten Weißwurst Ramelow als Abwehrchef blass und farblos

Fabian Bockwurst Ernst (als Ballack-Ersatz) verbockte jeden Pass

Bernd Thüringerwurst Schneider hätte lieber einen Grillabend machen sollen

Didi Null-Bock-Wurst Hamann wäre auf dem Platz fast eingeschlafen

Torsten Brühwurst Frings wurde von allen Gegnern abgebrüht

Kevin Grützwurst Kuranyi hatte 2 Chancen, beide jämmerlich vergrützt

Fredi Streichwurst Bobic muss die Nr. 1 auf Rudis Streichliste sein

Bild Kommentar

Lieber Rudi, umdenken und umbauen!

Von Alfred Draxler

Das 1:5-Debakel von Bukarest hat hoffentlich auch dem Letzten die Augen darüber geöffnet, wie schlimm es um unsere Nationalmannschaft steht.

Dass wir schon lange keine großen Fußballer mehr haben, wissen wir inzwischen. Deshalb gibt's gegen große Gegner wie Italien, Holland, England oder Argentinien auch seit Jahren nur noch Klatschen.

Dass unsere Herren Nationalspieler jetzt aber nicht mal mehr kämpfen, ist eine Schande. Und wenn technische Defizite nicht mehr mit Kampf und Einsatz wettgemacht werden, dann verlieren wir sogar das nächste Länderspiel gegen Malta.

Deshalb, lieber Rudi: Bitte denk um – und bau um!

Raus mit den überbezahlten, satten Stars, die uns nicht mehr weiter bringen. Und rein mit jungen Nachwuchsspielern, die wenigstens noch bereit sind, für Deutschland zu rennen.

Lieber bei der EM mit fliegenden Fahnen untergehen – als uns mit der Wurst-Truppe von Bukarest vor der ganzen Welt lächerlich zu machen!

Hohn & Spott in ganz Europa

Nach dem 1:5-Debakel fällt auch Europas Presse über die Nationalelf her.

Spanien
Marca: „Rumänien massakriert eine indisponierte deutsche Mannschaft."
El Mundo: „Deutschland zeigt Horror-Spiel."

Frankreich
Le Parisien: „Gedemütigtes Deutschland kassiert schallende Ohrfeige."

England
The Daily Telegraph: „Deutschland überrollt."
The Guardian: „Erniedrigtes Deutschland erhält 5-Sterne-Abreibung."

Holland
De Telegraaf: „Deutschland kriegt die Ohren gewaschen."
Algemeen Dagblad: „Deutschland geht unter."

Tschechien
Mlada fronta Dnes: „Deutsche Schande in Bukarest."
Pravo: „Fünf Rumänen-Tore schocken Deutschland."

Diese deutsche Elf hat Fußball-Geschichte geschrieben. Als größte Wurst-Truppe aller Zeiten.
Das fürchterliche, peinliche, schändliche 1:5 in Rumänien hat den guten Ruf des deutschen Fußball[s] schwer ramponiert. 48 Ta[ge] vor dem EM-Start lässt d[ie] Mannschaft das Schlim[mste] befürchten.
Rudi, wir haben [die] Wurst-Truppe satt!
Eine Elf, die sich ... los abschlachten ... schlug nicht ... Millionen übel auf ... DFB ... Vo...

Mertesack (Hannover)
Korzynietz (Gladbach)
Huth (Chelsea)
Schweins... (Bayern)
Hanke (Schalke)

Die Wut der Fußball-Fans

Empörte Fußball-Fans schreiben an BILD.

Bei uns laufen die Briefträger mit ihren Handpostkarren schneller als Ramelow!
Uwe Weber, Bensheim (Hessen)

Das 1:5 war nur Taktik. Rudi will damit unsere EM-Gegner in Sicherheit wiegen.
Claus J. Hoffmann, Rheine (NRW)

Unsere Schlafmützen haben sich wegen der orangenen Trikots einfach erschrocken – die dachten, es wäre schon EM ...

Rudi, schick deine Würste in die Pampa! Wir bieten dir die Dienste des TuS Altenberge (8. der Kreisliga A) an. Bei uns würden Jeremies und Ramelow nicht mal auf der Bank sitzen.
Cord Seele, Altenberge (NRW)

Ramelow gehört für die EM die Fußball-Lizenz entzogen!
Holger Wahlig, Bürstadt (Hessen)

Unsere überbezahlten, arroganten Spieler sind nur noch zum Kotzen. Wir sollten auf die EM verzichten.
Stefan Müller, ...

Spielern die K.o.-Tropfen ins Eis gemischt hat?
Jürgen Kniprath, Schramberg (Baden Württemberg)

Die Dauerversager Hamann, Jeremies, Ramelow, Bobic und Schneider sofort raus! Dafür rein: Broich, Podolski, Hitzlsperger, Schweinsteiger und Hildebrand.
Hubert Nienhaus, Bocholt (NRW)

Meldet diese Nationalelf von der EM ab. Und schickt unsere Frauen hin.
Wolfgang Brendler, Stadland (Niedersachsen)

ten sie endlich zurück. Sie haben keine Ahnung!
Jens Kluever, Preetz (Schleswig-Holstein)

Wir müssen endlich in Deutschland begreifen, dass wir im Fußball, wie auch in der Wirtschaft, in Europas Zweitklassigkeit angekommen sind.
Jürgen Berg, Minden (NRW)

Die BILD hat Oliver Kahn nur eine 5 gegeben. In Wahrheit hat er eine 7 verdient!

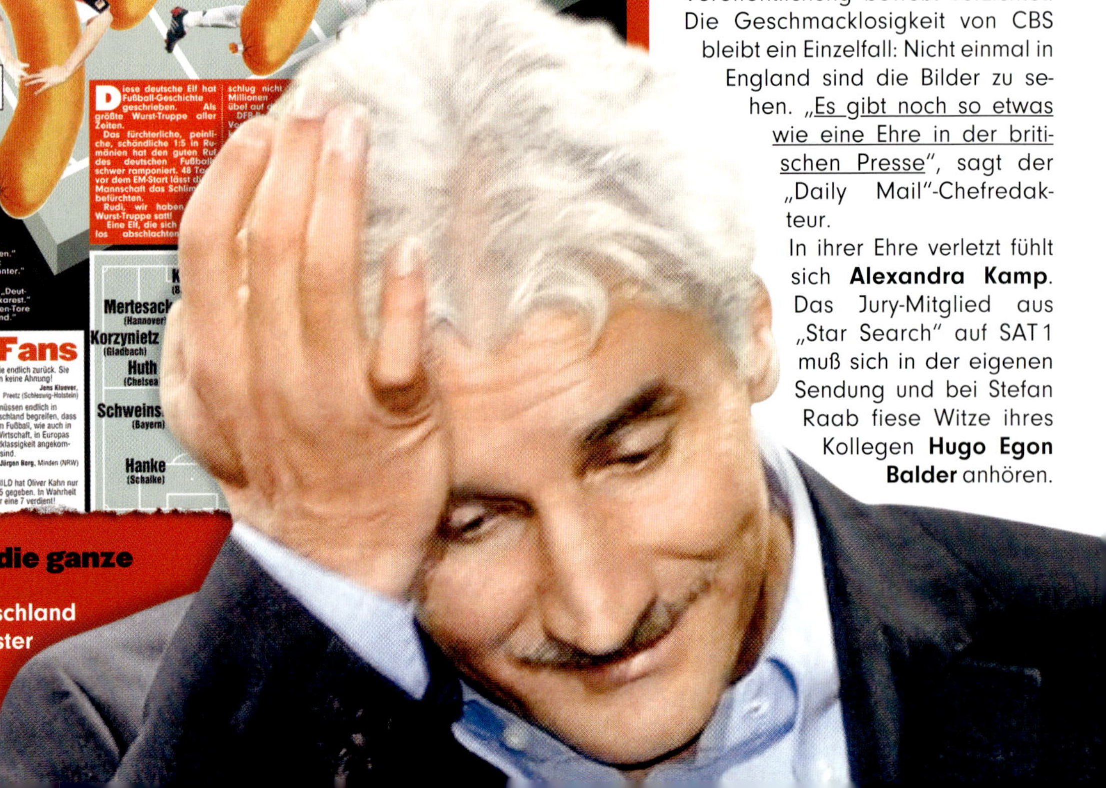

Warum nimmt Rudi die ganze Schuld auf sich?
Das fragt sich Fußball-Deutschland nach dem 1:5-Wurstel-Desaster in Rumänien. Seine Bock-, Grütz- und Bratwürste haben ihn schmählich im Stich gelassen.

Dann wird er mit einem Nackenschuß ermordet. **Auch zwei deutsche GSG-9-Beamte kommen ums Leben.** Droht im Irak ein neues Vietnam?

Sechseinhalb Jahre nach dem Tod von **Prinzessin Diana** bricht der amerikanische TV-Sender CBS ein ungeschriebenes Tabu. Er zeigt

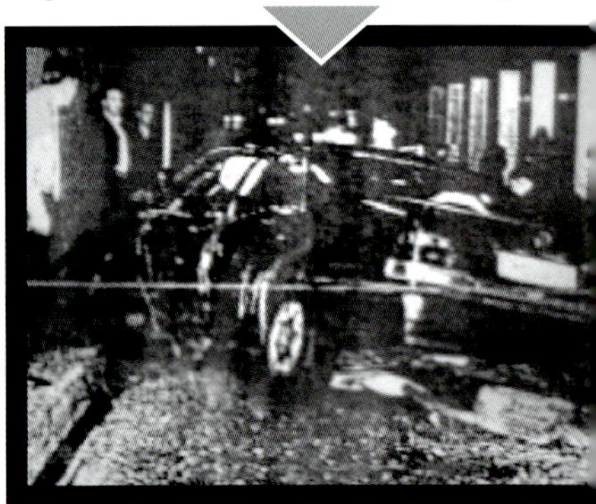

Eines der Bilder, die der US-Sender CBS zeigte: Der Mercedes von Prinzessin Diana im Tunnel

Fotos der sterbenden Prinzessin in dem Pariser Tunnel. Weltweit hatten alle Medien, auch BILD, auf die Veröffentlichung bewußt verzichtet. Die Geschmacklosigkeit von CBS bleibt ein Einzelfall: Nicht einmal in England sind die Bilder zu sehen. „Es gibt noch so etwas wie eine Ehre in der britischen Presse", sagt der „Daily Mail"-Chefredakteur.

In ihrer Ehre verletzt fühlt sich **Alexandra Kamp**. Das Jury-Mitglied aus „Star Search" auf SAT 1 muß sich in der eigenen Sendung und bei Stefan Raab fiese Witze ihres Kollegen **Hugo Egon Balder** anhören.

Bild
Die 1:5-Schande
Rudis Wurst-Truppe
Wir haben euch satt!
Rotstift-Reisen
100% urlaub bis zu 28% Rabatt!
alltours
Inge Meysel
Intensiv-Station
Lebensgefahr nach Sturz
10 neue EU-Mitglieder
Freut euch! Europa wird größer!
Deutschland ist
Beckham Po-Gefummel
NACHRICHTEN

Freitag, 30. April

Es geht um die Frage, ob sie aufgespritzte Lippen hat oder nicht. Die Kamp schaltet einen Anwalt ein, SAT 1 ist „not amused" und schmeißt sie kurzerhand raus. BILD ruft ihr nach: „Selbst mit prallen Lippen beißt man nicht in die Hand, die einen füttert!" Nachfolgerin bei „Star Search" wird Super-Model Eva Padberg („bei mir ist alles echt").
Katastrophe in Nord-Korea. Bei der Explosion zweier Güterzüge wird die halbe Stadt Ryongchong zerstört. Angeblich gibt es 3000 Tote, aber Präsident **Kim Jong Il** nimmt Hilfe nur zögerlich an und versucht, das Ausmaß zu vertuschen.
Das Monatsende? Peinlich, peinlich. Bevor am 1. Mai zehn neue Staaten in die EU kommen, kriegt Deutschland in Rumänien reichlich auf die Mütze. Fußball-bizarr! „Rudis Wurst-Truppe 1:5 abgebraten". BILD gibt jedem Spieler einen Schmäh-Titel: Grützwurst, Kochwurst, Bockwurst... In 48 Tagen beginnt die EM. BILD fordert: „Umdenken, umbauen."

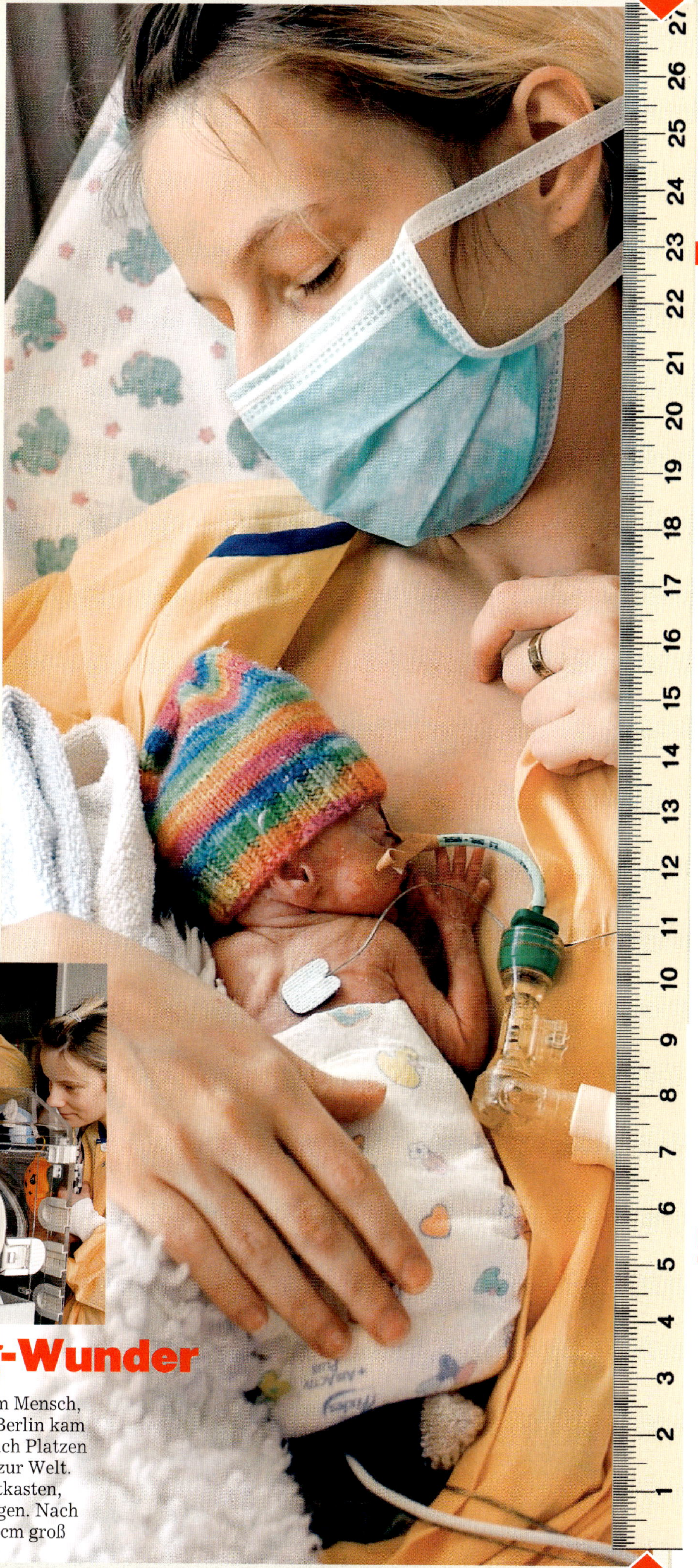

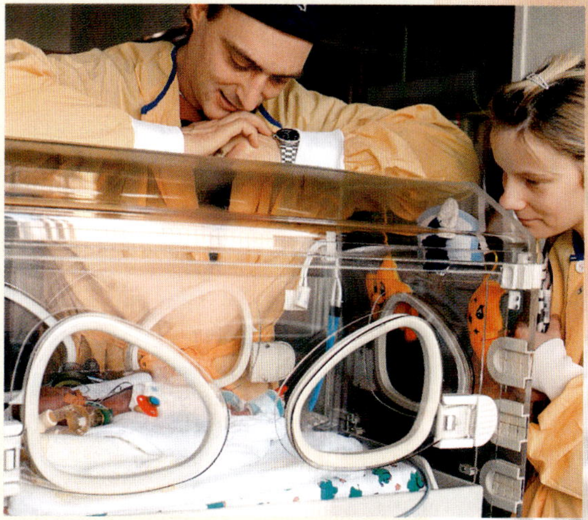

27 cm! So groß war Baby Mary-Louise bei der Geburt

Das Däumling-Wunder

Ärmchen so dünn wie Bleistifte, 27 cm Mensch, 475 Gramm leicht. Mary-Louise aus Berlin kam in der 23. Schwangerschaftswoche nach Platzen der Fruchtblase durch Kaiserschnitt zur Welt. Jetzt „wohnt" das Mini-Baby im Brutkasten, und die Eltern (oben) hoffen und bangen. Nach vier Wochen war die Kleine schon 31 cm groß und wog 625 Gramm.

Wie der April unser Leben veränderte

Das Welteke-Virus verseucht unsere Eliten

Dr. Hugo Müller-Vogg (57)
war 13 Jahre Herausgeber der „Frankfurter Allgemeinen Zeitung". Seit 2001 ist er freier Publizist u.a. für BILD, Super-Illu, B.Z. Letzte Buch-Veröffentlichung: „Horst Köhler: Offen will ich sein – und notfalls unbequem"

Der Fall Ernst Welteke war nicht der einmalige Ausrutscher eines einzelnen. Der Bundesbank-Chef litt leider nicht als einziger an jenem Virus, das schamloses Mitnehmen, Ausnutzen und Absahnen auslöst. Nein, das Welteke-Syndrom ist unter den sogenannten Eliten dieses Landes weitverbreitet. Von den Wirtschaftsbossen über die Politik bis hin zu den kleinen kommunalen Herrgöttern wie den Sparkassen-Vorständen haben sich viele Besserverdienende angesteckt. Wobei die Infizierten sich nicht einmal krank fühlen, sondern die Folgen ihrer Ansteckung – nämlich jegliches Fehlen eines schlechten Gewissens – rundum genießen.

Es ist ja nicht so, daß in Politik und Wirtschaft an allen Ecken der „Tango Corrupti" gespielt würde. Nein, wenn die Ackermänner, Schrempps und Essers dieses Landes sich gegenseitig – unabhängig vom unternehmerischen Erfolg – millionenschwere Gehälter und noch üppigere Abfindungen genehmigen, ist das nicht strafbar. Das gilt auch für die Bedenkenlosigkeit, mit der diese Halbgötter in Dunkelblau ihre privaten Vergnügungen wie Bayreuther Festspiele oder Wiener Opernball zu geschäftlichen Verpflichtungen erklären und sich das aus der Firmenkasse bezahlen lassen. Hier offenbart sich etwas anderes: Das Fehlen jeglichen Gespürs für das, was „man" tut und was „man" nicht tut, ganz gleich, ob es strafbar ist oder nicht. Und das Fehlen jeglichen Gefühls dafür, daß man an der Spitze nicht nur seinen Job zu machen hat, sondern auch Vorbild sein müßte. Es kann eben nicht glaubwürdig führen, wer von Mitarbeitern oder Aktionären ständig Opfer verlangt, sich selbst aber ständig belohnt – selbst für Mißerfolge.

Vorbild zu sein, das fällt auch manchem Politiker schwer. Was haben wir nicht alles schon erleben müssen: Dienstwagen und Dienstflugaffären von Politikern und Politikerinnen aus der ersten Reihe, gesponserte Hochzeitsreisen von Ministerpräsidenten ebenso wie die ausgeprägte Vorliebe von Regierungschefs für viel zu billige Mieten in landeseigenen Häusern. Oder denken wir an die merkwürdigen Geschäfte von Ministern und Abgeordneten mit einem dubiosen PR-Berater. Nicht zu vergessen die Freiflüge, die sich namhafte Parlamentarier bewilligten – auf Kosten der Steuerzahler. „Erst kommt das Fressen, dann kommt die Moral", heißt es in der Dreigroschenoper. Aber anders als Bert Brechts kleine Gangster scheinen immer mehr große Tiere nur noch „das Fressen" zu kennen – und überhaupt keine Moral. Die Privilegien des Amtes werden gerne genutzt, auch ausgenutzt. Aber die moralische Verantwortung, die mit jedem Spitzenamt verbunden ist, wird allenfalls in Sonntagsreden beschworen und nicht vorgelebt.

Natürlich handeln nicht alle Unternehmer, nicht alle Politiker so, aber viele, zu viele. Weil das so ist, wächst auch beim kleinen Mann die Neigung, sich zu nehmen, was er kriegen kann: durch Schummeln gegenüber dem Finanzamt, durch Ausnutzen der sozialen Systeme, durch Schwarzarbeit und Versicherungsbetrug. So wirkt das Beispiel von Top-Managern und Spitzen-Politikern fort – als schlechtes Beispiel.

Es gibt den schönen altmodischen Begriff vom ehrbaren Kaufmann. Kein Gesetz hat je festgelegt, was darunter zu verstehen ist. Aber ehrbare Kaufleute wußten es auch so – und verhielten sich entsprechend. Auch heute gibt es sie noch. Nur eben zu wenige. Und bei den ehrbaren Politikern ist es nicht anders.

Ernst Welteke, Bundesbanker. Ein harter Arbeiter, ein Experte. Letztlich war aber auch er nicht vor den vielen Verlockungen gefeit, die das Leben für die Upperclass bereit hält. Kein Einzelfall, meint Kolumnist Dr. Hugo Müller-Vogg

Ein zartes Lächeln, kein echter Kuß ...

Es war die Traumhochzeit, auf die sich Millionen Menschen in aller Welt gefreut hatten. Am Anfang sah es zwar so aus, als wenn ein Wolkenbruch über Madrid die Stimmung der schönen Letizia Ortiz getrübt hätte. Doch als die Sonne wieder schien, strahlte auch die Braut und zeigte ihr Glück – mit einem hauchzart angedeuteten Kuß für Kronprinz Felipe auf dem Balkon des Palastes. Die vielen tausend Neugierigen fanden das aber ein bißchen unterkühlt. „Küßt euch richtig", forderten sie in Sprechchören. Vergeblich. Nun begann das Rätselraten: Haben die zwei etwa eine Krise – noch bevor sie richtig verheiratet sind? Nein: Ein Lippenleser „übersetzte" Felipes geflüsterte Liebesschwüre, und die Spanier atmeten auf.

begrüßt die neuen Nachbarn und verrät, was wir über sie wissen müssen

Hallo, nEUe Nachbarn!

Alles neu macht der Mai! Zehn Länder treten morgen der Europäischen Union bei. Die EU hat dann 25 Mitglieder und 453 Millionen Einwohner. Wir freuen uns auf unsere neuen Nachbarn, auf 5000 km mehr Badestrand, rund 480 000 Kneipen mehr, auf leckere Nationalgerichte. BILD sagt: Herzlich Willkommen in Europa!

So wird das Wetter am 1. Mai in den neuen EU-Ländern

Polen
Warschau 22°
39 Mio. Einwohner
Währung: Zloty
Kfz-Kennz.: PL
Fläche: 313 000 km²

Tschechien
Prag 24°
10,2 Mio. Einwohner
Währung: Tschechische Krone
Kfz-Kennz.: CZ, Fläche: 78 866 km²

Ungarn
Budapest 22°
10,1 Mio. Einwohner
Währung: Ungarischer Forint
Kfz-Kennz.: H, Fläche: 93 030 km²

Slowakei
24° Bratislava
5,4 Mio. Einwohner
Währung: Slowakische Krone
Kfz-Kennz.: SK, Fläche: 49 034 km²

Litauen
18° Vilnius
3,5 Mio. Einwohner
Währung: Litas
Kfz-Kennzeichen: LT
Fläche: 65 300 km²

Lettland
Riga 16°
2,3 Mio. Einwohner
Währung: Lats
Kfz-Kennz.: LV, Fläche: 64 589 km²

Slowenien
Ljubljana 20°
2 Mio. Einwohner
Währung: Slowenischer Tolar
Kfz-Kennz.: SLO, Fläche: 20 273 km²

Estland
1,4 Mio. Einwohner
Währung: Estnische Krone
Kfz-Kennz.: EST,
Fläche: 45 227 km²
Tallinn 14°

Zypern
Nikosia 26°
715 000 Einwohner
Währung: Zypriotisches Pfund
Kfz-Kennzeichen: CY
Fläche: 9251 km²

Malta
23° Valletta
390 000 Einwohner
Währung: Maltesisches Pfund
Kfz-Kennzeichen: M
Fläche: 316 km²

Den Wetterbericht für Deutschland finden

So fröhlich feiern sie das neue, große Europa

Strahlendes Lachen, Feuerwerk, Musik, Fahnen. Was für ein schönes Bild. Junge Tschechen in der Nacht des EU-Beitritts auf den Straßen von Prags ehrwürdiger Altstadt. So sah es überall im Osten bis hinunter nach Zypern aus, wo der griechische Teil der Insel seinen EU-Beitritt feierte.

▲ Oderbrücke, 1. Mai, zwischen Frankfurt und Slubice

Vater der Einheit: Helmut Kohl bei den EU-Feiern am Drei-Länder-Eck bei Zittau

Slowenin ► Vanessa, im EU-Ganzkörper-Look

Steckt mich nicht ins Heim!
Wer verdient wie viel?
BILD bricht das große Tabu Deutschlands
Hamburger Schummel-Verein
Bild

Montag, 3. Mai

Tiger Michalczewski beichtet
Ich betrog meine Frau in der Hochzeits-Nacht
Wer verdient wie viel? Die Serie, über die Deutschland spricht
BILD enthüllt noch mehr Gehälter!
Bild

Dienstag, 4. Mai

Der nächste Steuer-Hammer
Jetzt wollen sie an unser Sparbuch ran!
Moppel-Verona 70 Kilo Ganz schön dick im Geschäft
Pappnasen! Werder beleidigt Bayern
Bild

Mittwoch, 5. Mai

Blut! Schreie! Tränen!
Nena prügelt sich für ihre Tochter
Heidi Klum Baby da!
Gehälter, Gehälter, Gehälter!
Eichel will Puff-Steuer!
Bild

Donnerstag, 6. Mai

Neue EU-Mitglieder & US-Folter-Skandal

Europa wird stärker. Aber Amerika schämt sich

Europa wird größer, stärker, schöner. Der 1. Mai ist EU-Beitrittstag für 10 neue Staaten: Estland, Lettland, Litauen, Malta, Polen, die Slowakei, Slowenien, die Tschechische Republik, Ungarn und den griechischen Teil von Zypern.
Ein wahrhaft historisches Datum! Zwischen Riga (Lettland) und Nikosia (Zypern) wird in allen 25 EU-Staaten ausgelassen gefeiert. **Bundeskanzler Schröder** nennt die Erweiterung eine „Sternstunde" und überschreitet auf einem symbolischen Spaziergang im Drei-Länder-Eck bei Zittau die Grenzen nach Polen und Tschechien.
Auf der Oderbrücke in Frankfurt reicht **Außenminister Fischer** seinem polnischen Amtskollegen **Cimoszewicz** um Mitternacht die Hand. Chöre singen die „Ode an die Freude".
Auf Usedom schweben deutsche und polnische Fallschirmspringer mit den Landesflaggen zu Boden. 30 000 Menschen vor der Kathedrale von Vilnius machen Litauen mit Lasern, Taschenlampen und Kerzen zum „hellsten Staat im neuen Europa".
Um Mitternacht passiert ein Tscheche im Schlafanzug die Grenze nach Polen: „Ich war noch nie im Ausland", erklärt er den verdutzten Zöllnern. Nach wenigen Schritten

Symbolisch fällt der letzte Grenzzaun bei Bayrisch Eisenstein

Das erste EU-Baby (unten): Mini-Ungar Oliver (geb. 1.5., 00.02 Uhr)

Wer erzählte welchen EU-Witz? Kanzler Schröder, Polen-Premier Miller und sein Tschechen-Kollege Spidla (li.) in Zittau

Niemand hätte vor dem Mai gedacht, daß solche Szenen möglich sind. Wie einen Hund zerrt die US-Soldatin den wehrlosen Iraker über den nackten Boden

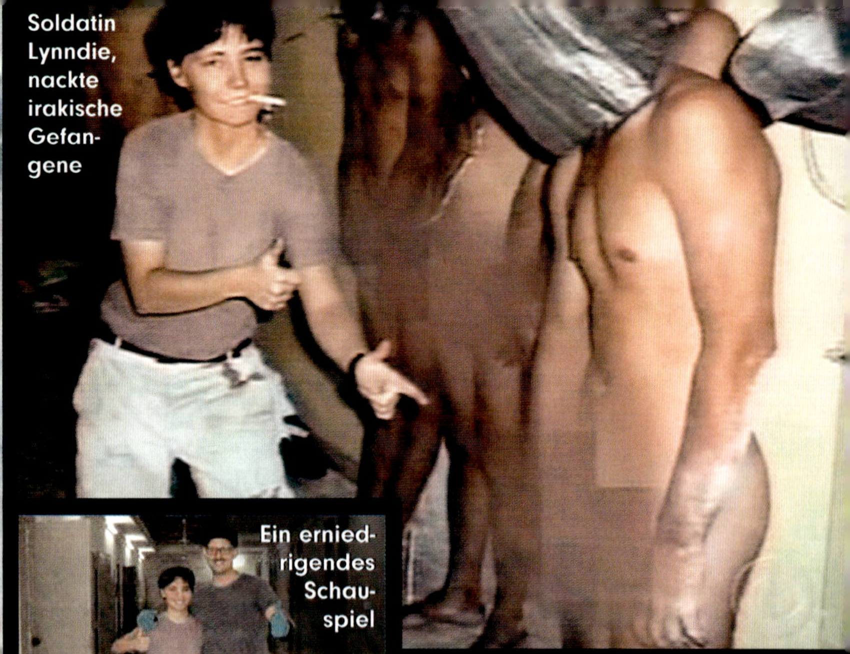

Soldatin Lynndie, nackte irakische Gefangene

Ein erniedrigendes Schauspiel

Diese Fotos schockieren die ganze Welt

Sie zeigen gefolterte Iraker in amerikanischer Haft. Die Frau mit der Zigarette im Mund ist „Folter-Hexe" Lynndie England, der Brutalo neben ihr auf dem linken Foto ist ihr Freund, späterer Vater ihres Babys.

Iraker wurden gezwungen, stundenlang mit Kapuze in solchen Positionen auszuharren; es gab auch Schein-Hinrichtungen

Freitag, 7. Mai

Sonnabend, 8. Mai

Montag, 10. Mai

auf polnischem Boden dreht er zufrieden um und geht wieder schlafen. **So groß die Freude über das neue Europa auch ist, so traurig und fassungslos machen uns die Ereignisse im Irak.** Von dort erreichen uns Bilder, die menschenverachtend und bizarr sind. Amerikanische Soldaten haben irakische Gefangene auf unmenschliche Weise gequält. Nackte Häftlinge mußten sich zu Pyramiden übereinandertürmen. Andere wurden dazu gezwungen, vor weiblichen Soldaten zu onanieren. Eine junge Frau aus West Virginia, die in ihrer Heimatstadt wegen ihres Irak-Einsatzes bis dahin als „Lokalheldin" gefeiert wurde, wird zur Symbolfigur für Amerikas Schande: **Lynndie England**, eine 21jährige Soldatin, die auf mehreren Folterfotos irakische Häftlinge wie Hunde an einer Leine führt. „Stellt euch auf Ärger ein", hatte sie ihre Familie bereits im Januar telefonisch vorgewarnt. „Ich war zur falschen Zeit am falschen Ort", sagt sie jetzt.

Al-Qaida-Terroristen enthaupten US-Geisel

Wenige Tage später stellen Al-Qaida-Terroristen ein Video ins Internet, auf dem die Enthauptung der amerikanischen Geisel **Nick Berg** (26) gezeigt wird. Sie kündigen weitere Morde an.

Ein Foto mit Symbolkraft

Finanzminister Eichel allein im Bundestag. Das mag Zufall sein. Aber im Mai steht der Mann wirklich allein und mit dem Rücken zur Wand

Innenpolitisch steuert die Bundesregierung im Mai einen unverständlichen Zick-Zack-Kurs. Zu Monatsbeginn heißt es: Der Kanzler will die Reformen stoppen. „Die Zumutungen haben ein Ende", wird er zitiert. Unmittelbar danach fordert **Superminister Clement**, den Sparer-Freibetrag zu streichen, rudert aber nach einem Kanzler-Machtwort zurück. Dafür verlangt **Finanzminister Eichel** nun erst eine Rotlicht- und dann eine um 5 Prozent höhere Mehrwertsteuer. Die CDU triumphiert: Sie legt in Umfragen ständig zu, liegt schon bei 53 Prozent

„Abu Mussab schlachtet einen Amerikaner"

Das war der makabre Titel des Mord-Videos, das die Henker der US-Geisel Nick Berg (links seine Eltern) ins Internet stellten. Offenbar gab es bis heute nicht ganz geklärte Verbindungen zwischen dem Toten und seinen Mördern.

Dienstag, 11. Mai

Mittwoch, 12. Mai

Donnerstag, 13. Mai

Freitag, 14. Mai

Die schöne Heidi ist wieder richtig glücklich

Schau mal, Flavio: So glücklich ist deine Ex mit eurem Baby! Deutschlands schönstes Model Heidi Klum bringt Baby Leni zur Welt und zeigt sich glücklich mit ihrem sympathischen Lover, dem Popstar Seal. Dem ist völlig egal, daß er nicht der leibliche Vater von Leni ist: Er wickelt Windeln und kauft einen Kinderwagen.

Sind das nicht schöne Fotos? Man gönnt's ihr, daß die Tränen der Trennung so schnell versiegten

Diane aus Algermissen – Hollywoods Shooting-Star

Der Kino-Kassenknüller im Mai heißt „Troja". An der Seite von Brad Pitt als Achilles ein Tausendschönchen aus dem Dörfchen Algermissen bei Hildesheim (Niedersachsen): Diane Heidkrüger, die jetzt in Hollywood als Diane Kruger Karriere macht. Entdeckt wurde sie mit acht Jahren als eins der Sternchen in „Peterchens Mondfahrt".

(SPD: 21 Prozent, niedrigster Wert für eine Volkspartei seit Beginn der Befragungen im Jahre 1977).

In der „High-Society" ist im Mai eine ganze Menge los. Topmodel **Heidi Klum** (30) bekommt ihr Baby! **Leni** wiegt bei der Geburt 3750 Gramm. Opa Günther ist selig: „Leni ist wunder-wunderhübsch."

Der flatterhafte Erzeuger, Formel-1-Millionär **Flavio Briatore,** ist nicht im Kreißsaal anwesend. Aber in Heidis Appartement wartet der sympathische Popstar **Seal** auf Mutter und Kind. Eine deutsche Schönheit namens

Diane Kruger macht als Helena im Kino-Epos „Troja" neben **Brad Pitt** Karriere. Sie stammt aus Algermissen bei Hildesheim; entdeckt wurde sie als „Sternchen" in „Peterchens Mondfahrt".

Der Mai als Hochzeits- und Wonnemonat! Ex-Luder **Jenny Elvers** heiratet in der Lüneburger Heide den Medien-Manager

Märchenhochzeit rührt die Welt
Beim Ja-Wort weinte der Prinz
Bild
Bayern Millionen-Poker um Magath
BILD verschenkt 100 Goldbarren
21% SPD sackt weiter ab

Sonnabend, 15. Mai

Bild
Ökosteuer! Benzinpreis! Pkw-Maut?
Wir haben die Schnauze voll!

Montag, 17. Mai

Brust-Krebs!
Steffi Graf in Sorge um ihre Mutter
Bild
Hitzfeld geht!
Fürstin Gloria Drogen-Geständnis im TV

Dienstag, 18. Mai

228 Tage nach dem Tiger-Biss
Das Roy-Wunder
Er spricht! Er lacht!
Bild
Das erste Foto
Mann ohrfeigt Kanzler!

Mittwoch, 19. Mai

Ist wirklich Schluß?

Oliver Kahn und Verena sind nicht mehr zusammen. Sagen sie jedenfalls. So ganz aus scheint es aber doch nicht zu sein, denn später im Jahr sieht man die beiden durchaus noch gemeinsam ...

Goetz Elbertzhagen, Verona Feldbusch (unten im Kreis) gibt in San Diego heimlich ihrem **Franjo** das Jawort und in Dänemark tritt **Prinz Frederik** mit seiner schönen Braut **Mary Donaldson** vor den Traualtar. Aber die „Traumhochzeit des Monats" feiern Spaniens **Prinz Felipe** und die wunderhübsche **Letizia** (siehe Fotos nächste Doppelseite).

Werder Bremen wird Deutscher Meister

Olli Kahn und seine **Verena** geben ihre Trennung bekannt. Damit sind wir beim Fußball. In nur 17 Minuten holt sich Werder Bremen im Gipfeltreffen bei den Bayern die 3:0-Führung und ist Deutscher Meister (Endstand: 3:1)! **Ailton** tanzt nackt im Entmüdungsbecken des Olympiastadions und schwenkt mit Piratentuch um den Kopf vor 15 000 Fans auf dem Bremer Flughafen die Meisterschale.

Selten sah man so sympathische Sieger. BILD kommentiert: „Der SV Werder hat nicht nur den schönsten, offensivsten und erfolgreichsten Fußball gespielt – die Bremer haben auch mit ihrem bescheidenen und fairen Auftreten viele neue Freunde gewonnen."

Die küssen sich wenigstens richtig!

Wir sehen Dänemarks Prinz Frederik beim Hochzeitskuß. Was sein spanischer Kollege (nächste Seite) nicht schaffte! Frederik zeigte sowieso gaaaanz viel Herz, als er seiner wunderschönen australischen Braut Mary das Jawort gab: Er weinte vor Glück, und das kann man man nicht spielen. Toll war auch Marys Brautkleid mit der Riesenschleppe (unten).

Tränen verschleiern den Blick des Märchenprinzen

So wollen wir unsere Royals sehen, wenn sie heiraten!

Ein brutales S-Bahn-Attentat

Als „S-Bahn-Schubser" machte Ugur I. (19, ganz links) im Mai 2004 Schlagzeilen, die uns hilf- und ratlos zurückließen. Wo kommt diese unglaubliche Brutalität nur her? Die Video-Überwachungskamera zeigte das Attentat auf eine junge Hamburgerin, die er nicht kannte und die ihm nichts getan hatte. Von links: Er schubst sie grundlos vor die fahrende Bahn. Sie stolpert, er dreht sich noch mal um. Ihre Cousine reißt sie im letzten Moment zurück, der Täter (er stellte sich später) geht eiskalt davon.

„Was soll denn das für ein Kuß sein?" rufen die Spanier

Madrid. Vor der Almudena-Kathedrale drängen sich die Massen. Viele sind mit Schlafsäcken und Camping-Stühlen gekommen! Trotz sintflutartiger Regenfälle harren die Leute aus, bringen sich mit Rufen wie „Es lebe der Prinz, es lebe die Braut" in Stimmung. Nelson Mandela, Japans Thronfolger Naruhito, Kyril von Bulgarien, der Prinz von Preußen, der Herzog von Bayern, der Landgraf von Hessen, über 20 Staats- und Regierungschefs, darunter auch Bundespräsident Johannes Rau – die gesamte Crème de la

BILD-Reporter **Andreas Klinger**

Crème ist gekommen. Aber halt: Caroline von Monaco läuft allein durch den Regen. Wo ist ihr Mann Ernst August von Hannover? Wie unter den spanischen Kollegen gemunkelt wird, soll er nach dem Gala-Dinner am Vorabend bis spät in die Nacht mit Prinz Charles gefeiert haben. Erst nachmittags erscheint er zum Familienfoto kurz vor dem Hochzeitsbankett.

Dann der große Moment: Letizia wird im Rolls Royce vorgefahren. Die Hochzeitsmesse beginnt. Als sich die beiden endlich das Jawort geben, bricht grenzenloser Jubel aus! Fast so laut, als hätte Spanien im Endspiel der Fußball-WM das Siegtor geschossen!

Dann folgt aber die Enttäuschung des Tages: Die beiden küssen sich nicht auf den Mund, sondern nur auf die Wange. „Aber was soll denn das für ein Kuß sein?", rufen ein paar Schulmädchen entgeistert. Eine Frau meint: „Die haben bestimmt gestritten!" Ein Rentner: „Unsinn, in einer Kirche gehört sich das so."

Durch die mit bunter Beleuchtung, Hunderttausenden von Blumen und hausgroßen Gemäldedrucken geschmückte Innenstadt dreht das Paar eine Ehrenrunde. Gegen alle Erwartungen hält die Limousine aber nicht am Ehrenmal für die Opfer der Terroranschläge vom 11. März, sondern nur an der Basilika, in der Letizia traditionsgemäß ihren Brautstrauß niederlegt.

Es folgt der Gruß vom Palastbalkon. Aber wieder küssen sich die beiden nur auf die Wange. Die Leute rufen in Sprechchören: „Küßt euch! Küßt euch!" Ohne Erfolg ...

Ein Lippenleser beendet dann diese herrliche kleine Irritation. Er verrät, was sich die beiden in der Kirche zuflüsterten. „Ich bin so erschöpft", raunte Letizia. „Wie geht es dir? Bist du glücklich?" Er antwortete mit einem verschmitzten Lächeln: „Wie hübsch du bist. Ich liebe dich. Ich liebe dich, mein Schatz." Ein Aufatmen geht durch Spanien. Die kalte, verregnete Vermählung war am Ende doch noch eine Märchenhochzeit aus 1001 Nacht.

Der ganze geflüsterte Liebes-Dialog von Felipe und Letizia

Vor Lippenlesern ist auch ein königliches Paar nicht gefeit. Und so kommt es, daß einige innige Dialoge dieser spanischen Prinzenhochzeit für alle Zeiten dokumentiert sind. **Er:** „Ich liebe dich, ich liebe dich, mein Schatz." **Sie:** „Alles ist wunderschön. Was für ein Wetter." **Er:** „Welches ist das nächste Lied?" **Sie:** „Mann, als ob ich das Programm hätte! Bist du glücklich? Ich bin sooo müde." (Später:) „Warte, da drüben sind die Kameras." **Er:** „Nimm den Strauß in die andere Hand. Winke. Wie hübsch du bist!" **Sie:** „Und wo lege ich den Strauß ab?" **Er:** „Leg ihn dahin." Beim Bankett mit all den Ehrengästen hielt Felipe dann eine rührende Rede, in der er sagte: „Ich bin ein glücklicher Mann ... Ich habe die Frau geheiratet, die ich liebe ..."

Willem-Alexander, Máxima (Holland)

Begum Inaara Khan

Carl Philip, Madeleine (Schweden)

Victoria (Schweden), Charles (England)

Juan Carlos (Spanien), Schwester Pilar

Haakon, Mette-Marit (Norwegen)

Ganz Europa diskutiert am 22. Mai diesen Kuß. Allein in Deutschland sahen 7 Mio. am Bildschirm zu ...

Ist es nicht ein schönes ld? Die ganze erlauchte ochzeitsgesellschaft osiert im Königspalast

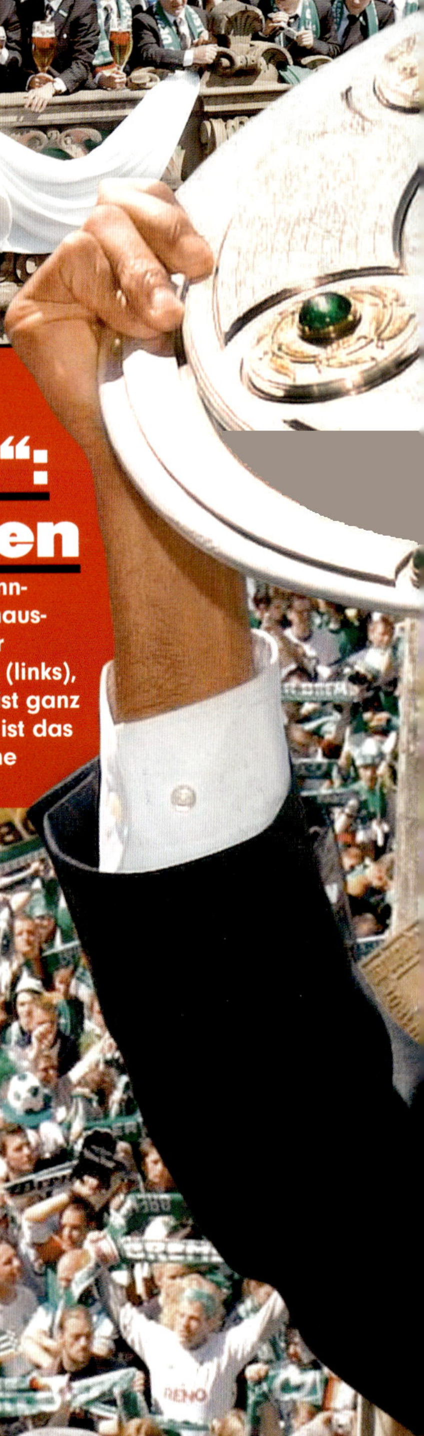

Von wegen „sturer Norden“: So feiert Bremen

„So ein Tag, so wunderschön wie heute …“ 100 000 grün-weiße Werder-Fans feiern den Meister-Titel auf dem Rathausmarkt. Sogar der ehrwürdige Roland trägt das W-Emblem überm Schild. Die Mannschaft jubelt vom Rathaus-Balkon (oben), Trainer Schaaf ballt die Faust (links), Ailton mit der Schale ist ganz von Sinnen. Dagegen ist das Oktoberfest eine lahme Veranstaltung!

Ob Kahns private Probleme mit im Tor gestanden haben, weiß natürlich niemand. Aber auch diesmal unterläuft dem „Titan" ein schwerer, fast unverständlicher Patzer.

Es passiert in der 19. Minute. Ein bereits gefangener(!) Ball rutscht **Kahn** irgendwie aus der Hand. Er krabbelt hinterher. Bremens **Klasnic** spielt den Ball lässig weg. Und schießt mit links das 0:1 ins Bayern-Tor. Wer dachte da nicht unwillkürlich an das WM-Finale 2002, an die Pokal-Blamage in Aachen und an den legendären „Flutsche-Freistoß" von Real Madrids **Roberto Carlos**?

Als nächstes verliert Bayern in Stuttgart. **Ottmar Hitzfeld** muß gehen, und neuer Bayern-Trainer wird **Felix Magath.**

Außer über Fußball wird im Lande über immer neue Steuerschrauben diskutiert. Ökosteuer, Benzinpreis – und jetzt fordert der glücklose Verkehrsminister Stolpe auch noch eine Pkw-Maut!

„Wir haben die Schnauze voll": Diese BILD-Schlagzeile vom 17. Mai (mit 45 Normalbürgern, die den Politikern auf Seite 1

Im Entmüdungsbecken (zu sehen war's auf „Premiere") zeigte Ailton den „Meister-Zipfel"

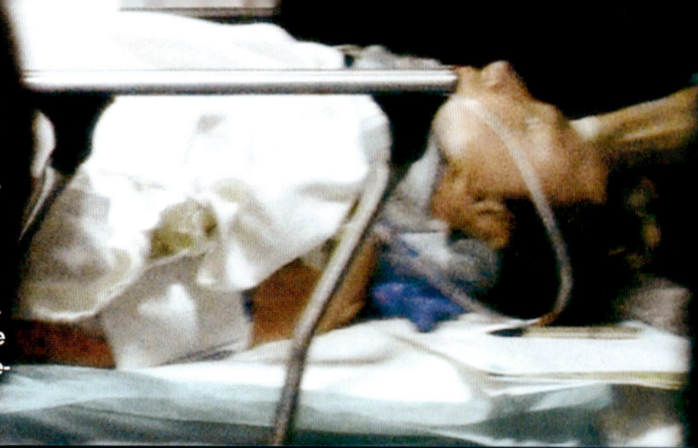

Roy und die Tiger. Ein inniges, angstfreies Verhältnis. Bis der Magier angefallen und schwer verletzt wurde. Er schwebte in akuter Lebensgefahr

228 Tage nach dem Tiger-Biß – Roy wieder da

Es ist das Wunder von Las Vegas. 228 Tage nach der Tiger-Attacke gibt Magier-Legende Roy (auf dem Foto neben Siegfried) sein erstes TV-Interview! Er spricht, er lacht. „Ich bin Roy. Es freut mich sehr, wieder bei euch zu sein." Sein rechtes Augenlid hängt etwas, sein linker Arm ruht reglos auf dem Oberschenkel. Trotzdem ein Wunder. Niemand hätte das noch Wochen vorher für möglich gehalten.

Dieter Bohlen tröstet seinen tapfersten Fan

Rania (9) ist unheilbar krank. Sie lebt im Körper einer alten Frau. Ihr größter Wunsch: Einmal mit Dieter Bohlen singen. Der Wunsch geht im Mai in Erfüllung, die beiden treffen sich in Köln. Ranias Krankheit haben weltweit nur 168 Kinder. In Deutschland sind drei betroffen. Das Kind kennt sich trotz seiner Behinderung gut aus und fragt Bohlen, wann er Estefania heiraten will.

Oberschenkel-Trümmerbruch
Inge Meysel
So retteten mich die Ärzte
SIEMENS-Handy
Bild
Märchenhochzeit in Spanien
Heute haucht Letizia Si!
Verspielt Bayern jetzt alles?

Sonnabend, 22. Mai

Wie damals mit Dieter Bohlen
Verona heimlich geheiratet
Risiko Entzündung
Wobenzym®N
Bild
Magath als Bayern-Sau beschimpft!
Schumi „abgeschossen"
Warum hat er sie nicht geküsst?
Horst Köhler
Neuer Bundespräsident: „Ich liebe unser Land!"
NACHRICHTEN

Montag, 24. Mai

Florida-Rolf wieder da!
Als erstes holte er sich Stütze ab
Günter Netzer
Was war da mit Elke Sommer?
Bild
Köhler kritisiert Bosse
Diese 22 sollen die EM gewinnen
RTL zeigt Bohlen
NACHRICHTEN

Dienstag 25. Mai

die Meinung sagen dürfen) trifft die Stimmung im Lande genau. Noch heute kann man den Satz als BILD-Aufkleber auf Millionen Heckscheiben sehen.

Ebenfalls am 17. Mai hat **Anke Engelke** ihren ersten Auftritt als Late-Night-Talkerin und **Harald-Schmidt**-Nachfolgerin. Rückblickend wissen wir, was sie mit Stolpe gemeinsam hatte: Die Glücklosigkeit.

Kein Olympia in Leipzig

Zwei weitere Pleiten für Deutschland in diesem milden Mai 2004: ● Der Schlager-Grand-Prix! **Max Mutzke** („Can't wait until tonight") bekommt von 16 Ländern 0 Punkte und landet auf Platz 8, „Mr. Grand Prix" **Ralph Siegel** (hatte für Malta produziert) findet sein Pop-Duo auf dem 12. Platz wieder (Siegerin: Ruslana, 26, Ukraine).
● Und die Olympia-Bewerbung! Leipzig schafft es nicht in die letzte Runde; wir scheiden aus gegen Paris, Madrid, London, New York und Moskau.

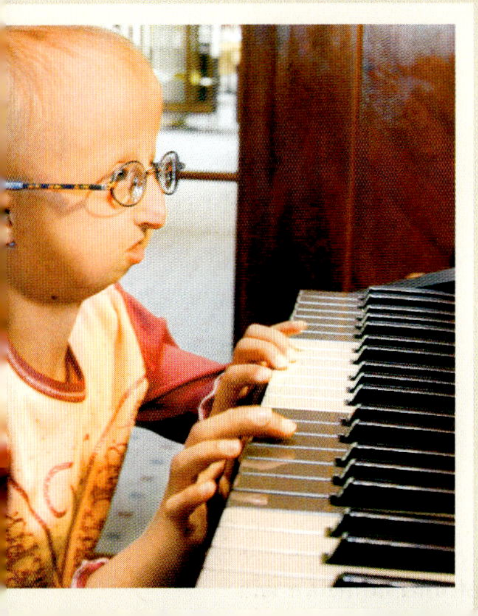

Grand-Prix-Max nur noch mini

Ruslana freut sich, Max guckt so wie immer – hat diesmal aber Grund dazu. Beim Singen saß er schüchtern auf einem Barhocker und machte nur fünfmal die Augen auf. Das fanden die Zuschauer (über 11 Mio. allein in Deutschland) wohl nicht so prickelnd (Platz 8). Aber der ukrainische Grand-Prix-Sieg paßte ja gut zur EU-Erweiterung.

Schon heute neu!
Bild
Die Krönung ihrer Liebe
Sensations-Comeback
BMW will Häkkinen
Bild
Zuwanderung wird neu geregelt
Wird Gesine Schwan SPD-Kanzlerkandidatin?
Sie kämpfen um das Leben ihres Kameraden
Vivi will auch
NACHRICHTEN

TV-Star Andreas Türck
Vergewaltigungs-Anklage
● Alle Ermittlungen offiziell abgeschlossen ● Schürfwunden, Schwellungen, Blutergüsse ● Zwang er sein Opfer zum Oral-Verkehr?
expert
49,-
Immer heißer
Ballack zu Barcelona
Bild
Dieter Bohlen tröstet Veronas Mutter
Häkkinen
10 Kilo weg
Comeback
NACHRICHTEN

Kindermädchen fand Schlager-Star bewusstlos im Wohnzimmer
Michelle auf Intensiv-Station!
Was lese ich heute?
Frau von Heute!
Bild
„Kalif von Köln" untergetaucht
Wer ließ Hass-Prediger laufen?
7:0 Rudis Jungs ganz locker!
Durchbruch bei der Stammzellenforschung
NACHRICHTEN

Kahn greift Bayern-Bosse an
Schlager-Star Michelle
Hass-Prediger verspottet uns alle
Bild
Steffi hat Heimweh
Koma nach Schönheits-OP?
BILD-Aufkleber!
Mallorca bei Deutschen wieder beliebt
NACHRICHTEN

 Mittwoch, 26. Mai | Donnerstag, 27. Mai | Freitag, 28. Mai | Sonnabend, 29. Mai

Papa, beschütze mich, ich will nicht sterben

Ein Vater und seine Tochter im Heiligen Land. Palästinensische Heckenschützen greifen sie an. Die angsterfüllten Gesichter der Bedrohten zeigen, was der Terror ist: das Böse auf Erden. Das Foto rechts zeigt einen jüdischen Siedler, der im Kugelhagel der gnadenlosen Mörder sein Baby in Sicherheit zu bringen versucht.

Deutschland hat einen neuen Bundespräsidenten

Er heißt Horst Köhler, und hier sehen wir seine Frau beim Gratulieren nach der Wahl. Mit seiner Rede („Ich liebe unser Land“) entfachte er eine hochinteressante Deutschland-Debatte.

100 Gründe, warum wir Deutschland so lieben

SPD- und Grüne-Kandidatin Gesine Schwan, Angela Merkel, Köhler

Bei seiner Wahl zum neuen Bundespräsidenten bekennt **Horst Köhler:** „Deutschland hat mir viel gegeben. Davon möchte ich etwas zurückgeben. **Ich liebe unser Land.“** BILD greift das auf: Die ganze letzte Seite gehört am nächsten Tag „100 Gründen, warum wir Deutschland so lieben“ – und viele tausend BILD-Leser schicken ihre ganz persönlichen Gründe ein.

Die Wahl zum Bundespräsidenten war übrigens knapp; 18 Wahlmänner und/oder -frauen aus CDU/CSU und FDP hatten **Angela Merkels** Kandidaten nicht unterstützt. Ein Warnsignal an die CDU-Chefin?

Der Sommer 2004 wird eher kühl. Aber in Sachen Merkel folgt ihm ein ziemlich heißer Herbst.

Peter Alexander trauert um seine Freundin

„Die Fledermaus“ war ihr bekanntester gemeinsamer Auftritt (rechts). Jetzt weint der große Peter Alexander um seine Freundin Marika Rökk, die mit 90 Jahren einem Herzversagen erlag. „Sie war eine unvergeßliche Kollegin und Persönlichkeit, in der Show und im Film.“

Europas Gestalt zerfließt zu einem Brei

Herbert Kremp
war Chef der „Rheinischen Post" und der „Welt" und Chefkorrespondent für die Axel Springer AG (u.a. in Peking). Kremp wurde mit dem Theodor-Wolff-Preis und dem Bundesverdienstkreuz I. Klasse geehrt

Ein großer Tag, der 1. Mai 2004. Die Europäische Union wächst auf 25 Staaten an, auf 450 Millionen Menschen. Von den zehn Neuankömmlingen lebten sieben im sowjetischen Machtbereich. Helmut Kohl erklärt, in Europa werde es keine frischen Soldatengräber mehr geben. Der Kontinent sei wiedervereinigt, Deutschland zum ersten Mal von Freunden umgeben. Eine stolze Bilanz. Oder ein babylonischer Turm? Die Zehner-Erweiterung auf einen Schlag läuft dem Ziel der engen politischen Integration, der sogenannten Vertiefung, zuwider. Der frühere Kommissionspräsident Jacques Delors befürchtet, mit mehr als 25 Mitgliedern entferne man sich unweigerlich von dem Europa, „wie es die Gründer gewollt hatten".

In der Tat: Seine Gestalt zerfließt zu einem Brei. Kann die europäische Verfassung die „Agonie der Masse" beheben? Was mit 950 Seiten auf dem Schreibtisch lastet, regelt Beschlußverfahren und stärkt die Rolle des Europäischen Parlaments. Es soll auch einen europäischen Außenminister geben. Aber alles ist davon abhängig, ob die Verfassung in den 25 Staaten angenommen wird. In elf entscheidet neben dem Parlament das Volk. Sagt nur ein Land nein, bleibt der Zug vor dem Bahnhof liegen. Was dann? Wenn Polen und Tschechen dagegen stimmen, wird die Prozedur, wie in früheren Fällen, so lange wiederholt, bis die Mehrheit gefunden ist. Die Briten – sie werden die Verfassung höchstwahrscheinlich nicht billigen – lassen sich auf eine solche entwürdigende Prozedur gewiß nicht ein. Wird man sie dann aus der EU hinauskomplimentieren, damit die anderen in den Genuß der konstitutionellen Regeln kommen?

Das ist schwer vorstellbar. Man kann nicht die Briten rausschmeißen und die Türken reinholen. Man kann auch nicht, wie es oft vorgeschlagen wurde und formalrechtlich zulässig wäre, ein Kernstaaten-Gebilde schaffen, das enger zusammenwachsen will, und den Rest zurücklassen – in der Hoffnung, er werde schon folgen.

Die Vorstellung von den „zwei Geschwindigkeiten" ist unproduktiv. Die Architekten wissen: Damit würde das europäische Haus erneut zweigeteilt. Die Lösung hätte in der knappen Auswahl der Staaten gelegen. Aber darüber haben sich die EU, ihre im „Rat" vereinigten Regierungen und die Brüsseler Kommission nie ernsthaft Gedanken gemacht. Sie handelten wie wildgewordene Großkonzerne in der Zeit der „Fusionitis"; sie haben, was sicher schwierig ist, nie die Grenzen Europas markiert. Wer und was gehört eigentlich dazu? Und wer paßt dazu?

Im Jahr 2007 treten Bulgarien und Rumänien bei (27), dann folgt Kroatien (28). Die Türkei fordert durchaus aggressiv, mit geradezu drohender Geste, die Aufnahme (29). In der Schlange stehen die Ukraine, Armenien, Aserbaidschan, Moldawien, Albanien, Mazedonien und auch Serbien, wenn es sich demokratisch mausert (36). Und das ist noch nicht das Ende. Riesige Summen Geldes müssen transferiert werden. Alle drängen in den Binnenmarkt – mit billigen Produkten und Preisen. Als Nachbar Syriens, des Iran und Irak trägt die EU gewaltige, auch militärische Sicherheits-Risiken. Innerhalb der EU treten kulturelle Bruchlinien auf. Europa wird zum spätrömischen Reich. Die Überwanderung aus den menschenreichen Neugebieten ist – nach den Regeln der Gemeinschaft – nicht zu verhindern.

Was Europa statt dessen bräuchte, wäre innerer Zusammenhang, Konzentration aufs „Kerngeschäft", die Fähigkeit, auf äußere Gefahren rasch und gezielt zu reagieren. Das war die Gründungs-Idee. Wo sind die Staatsmänner, die heute noch daran denken? Wenn der Himmel sie uns nicht beschert, wird aus dem hoffnungsvollen Anfang ein mit sich selbst konkurrierendes Monster voll von bedrohlichen Finanzstreitigkeiten, politischen Konflikten und Kulturkämpfen.

1. Mai 2004. Diese Landkarte werden wir später unseren Enkeln zeigen. Schaut mal: Europa ist über Nacht noch stärker geworden. Zehn neue Staaten von Estland bis runter zum griechischen Teil Zyperns gehören jetzt zur EU

„Wir werden die Opfer nicht vergessen“

Genau 60 Jahre nach der Landung der Alliierten am Ufer der Normandie gedenkt die Welt der Opfer dieser blutigen Schlacht, die im Kampf gegen Hitler-Deutschland die entscheidende Wende brachte. Zum ersten Mal nimmt der amtierende deutsche Bundeskanzler an den Gedenkfeiern zum „D-Day“ teil. In sich gekehrt schreitet Gerhard Schröder über das Gräberfeld des britischen Soldatenfriedhofs Ranville. Über die Toten auf allen Seiten sagt er in seiner Ansprache: „Ihr Tod war nicht vergeblich. Wir leben in Freiheit und Frieden. Dafür danken wir ihnen. Unser Versprechen ist: Wir werden die Opfer nicht vergessen.“

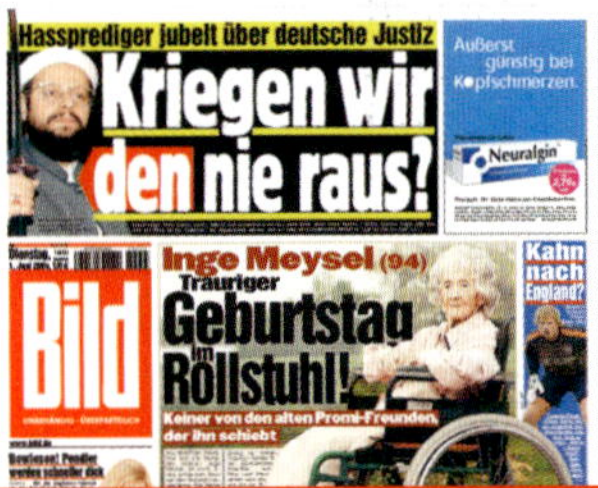
Hassprediger jubelt über deutsche Justiz
Kriegen wir den nie raus?
Äußerst günstig bei Kopfschmerzen.
Neuralgin
Bild
Inge Meysel (94)
Trauriger Geburtstag im Rollstuhl!
Keiner von den alten Promi-Freunden, der ihn schiebt
Kahn nach England?

Grausiges Geständnis: 30 Mal stach er auf sie ein
Ich bin der Mädchen-Killer
GRATIS!
Bild
Das 1. Foto!
Veronas heimliche Hochzeit
EM-Test Schweiz – Deutschland
Rudi, heute Torli Torli!
Hassprediger Kaplan wird immer frecher

Drama um legendären Tatort-Star
Hansjörg Felmy wiegt nur noch 45 Kilo
expert
59,-
Bild
2:0
Zwei Torli ...aber noch viel Käse
Schrumpf-Hirn!
Äußerst günstig!

Ölkrise! Droht uns Fahrverbot?
McMorning: Frühstück mit BILD und BamS!
Bild
Das ist unsere EM-Elf
Felmy leidet Höllen-Qualen
Jette Joop hatte was mit Kennedy Jr.
Äußerst günstig!

 Dienstag, 1. Juni | Mittwoch, 2. Juni | Donnerstag, 3. Juni | Freitag, 4. Juni

Fußball-EM & Rücktritt

Wir sind raus! Rudi Völler nimmt seinen Abschied, und in der Formel 1 bleiben die Silberpfeile auf der Strecke

Der kürzeste Witz der Formel 1 ging Anfang Juni so: „Silberpfeil schlägt Schumi."
Auf dem Nürburgring fuhr **Michael Schumacher** zum 6. Mal in dieser Saison allen davon. Die Silberpfeile (BILD: „Deutschlands schnellste Feuerzeuge") blieben qualmend mit Motorschaden liegen. „Meine Enttäuschung auf der Skala 1–10? Die 11", ätzte **Hans-Joachim Stuck** in BILD über Mercedes und warnte:

Das schnellste Feuerzeug der Welt

Immerhin hat der Silberpfeil diesmal 26 Runden geschafft. Coulthard zieht sich die Handschuhe aus und denkt: „Immer diese blöden Kolben." Silber-Boss Norbert Haug kratzt sich verzweifelt am Kopf: „Wir kommen wieder ..." Schön. Aber wann?

Sie ehren die Toten aus der Normandie

Die Queen (links in hellblau), das Ehepaar Chirac, US-Präsident Bush und seine Frau saßen bei der Gedenkfeier nebeneinander. Zwischen den Bushs in Reihe 2: Kanzler Schröder. Sie gedenken der 60 000 alliierten, 75 000 deutschen Soldaten sowie der 20 000 Zivilisten, die bei der Invasion 1944 ums Leben kamen.

„So darf der Stern nicht untergehen!"
Starke Worte. Und wissen Sie noch, wer diese Worte sprach: „Das muß krachen! Das muß Bautz machen! Da muß der Blitz einschlagen!"? Das sagte kein Mercedes-Rennleiter und kein Nationaltrainer, obwohl das im Monat der Silberpfeil-Pleite und der Fußball-EM durchaus gepaßt hätte. Sondern das sagte **Peter Harry Carstensen.**
Der CDU-Bundestagsabgeordnete aus Schleswig-Holstein (im Fall eines Wahlsieges seiner Partei Kandidat für das Amt des Ministerpräsidenten) suchte Anfang Juni via BILD eine Frau und bekam ganze Schuhkartons voll Post. Mit „Krachen, Bautz, Blitz" hatte er offenbar die richtigen Worte gefunden.

Mohnblüten färben das Meer rot

Ein ernsteres Juni-Thema: 60 Jahre nach dem „D-Day" (Einmarsch der Alliierten in der Normandie) gedachte die Welt der Toten. Eine Million Mohnblüten färbten die See vor Frankreichs Küste zur Erinnerung blutrot. US-Präsident **Bush,** Englands **Königin Elizabeth II.,** ihr Premier **Tony Blair,** Rußlands Staatschef **Wladimir Putin** und Frankreichs Präsident **Jacques Chirac** waren gekommen.
Erstmals nahm auch der deutsche Kanzler an den Feierlichkeiten teil. **Gerhard Schröder** schritt in sich versunken über das Gräberfeld des britischen Soldatenfriedhofs Ranville, legte Kränze für Gefallene aller Nationen nieder und hielt eine ergreifende Rede. Kritisiert wurde allerdings seine Entscheidung, den deutschen Hauptfriedhof La Cambe mit 21 000 Gefallenen nicht zu besuchen (dort sind auch Angehörige der Waffen-SS beerdigt).
Das Weiße Haus flaggte halbmast im Gedenken an einen ganz besonderen Mann. Er war Teil des „American dream", schaffte es vom Schauspieler zum Präsidenten und durfte Hollywoods schönste Love-

First Lady gesucht

Er möchte Ministerpräsident von Schleswig-Holstein werden, aber die First Lady fehlt ihm noch zum Glück. Peter Harry Carstensen von der Nord-CDU hat Humor und schaltet BILD ein. Er zeigt schon mal: Mein Haus, meine Gans, meine Kuh, mein Grill ...

Vor einem Jahr starb der FDP-Politiker
Möllemann
Selbstmord aus Liebeskummer?
DVD Hot Seller
Bild
Hier verlässt Michelle die Klinik
Rudi lässt Prinz Poldi los
5-Mio-Werbevertrag für Günther Jauch

Sonnabend, 5. Juni

Schock-Beichte von Schlager-Star Nino de Angelo
Kokain, Spielsucht, Sexorgien
Bild
0:2 Ungarn machten Gulasch aus uns
Busen-Attacke auf Cora

Montag, 7. Juni

Story erleben: 56 glückliche Jahre war er mit seiner **Nancy** verheiratet. Seine letzten Jahre wurden dann von Alzheimer überschattet. „Ich gehe dem Sonnenuntergang entgegen", sagte er einmal über seine Krankheit. Seinen Sarg schmückte die US-Flagge: **Ronald Reagan starb mit 93 Jahren in seiner Villa in Kalifornien.** Nancy und die Kinder waren bei ihm. Das letzte Spiel vor der Fußball-Europameisterschaft vergeigen wir gegen Ungarn 0:2. BILD druckt auf Seite 1 ein Stoßgebet an den Fußball-Gott (siehe links, die Titelseite vom 8. Juni). **Reiner Calmund** verläßt Bayer Leverkusen, Grund: persönliche Querelen und Angst um die Gesundheit. „In etwa vier Monaten werde ich

0:2 gegen Ungarn! Nur der Fußballgott kann uns retten
Das BILD-Stoßgebet
Bild
Rudi, jetzt hilft nur noch beten!

Calli geht und findet bei seiner Sylvia Trost

8. Juni, 17.09 Uhr. Die Calli-Ära geht mit den Worten zu Ende: „In diesem Sinne – tschüs." Zum Glück hat der alte Profi ja seine junge Sylvia, die ihn trösten kann!

Gefaßt: Nancy Reagan pflegte ihren alzheimerkranken Mann zehn lange Jahre

1990 stemmte er Beton aus der gefallenen Berliner Mauer

Hier fährt der Sarg mit US-Flagge. Im Trauerzug ein Pferd ohne Reiter, mit leerem, nach hinten gedrehtem Stiefel im Steigbügel:

ttentats-Opfer: 1981 wurde Ronald Reagan durch
chüsse eines Wahnsinnigen schwer verletzt.
aneben: Axel Springer († 1985) mit
attin Friede Springer zu Gast im
Veißen Haus. Ganz rechts Reagan
nit Marilyn Monroe: Das war 1959

Ronald Reagan – der Cowboy auf seinem letzten Ritt

Vashington im Juni.
taatschefs und Könige
ehmen Abschied von
onald Reagan, Ex-Holly-
vood-Star, Ex-US-Präsi-
lent. Eine Lungenentzün-
lung hatte dem 93jähri-
jen am Schluß die Le-
enskraft genommen. Der
eichnam wurde im Capitol
ufgebahrt. Die Beerdigung
and dann in Reagans Heimat-
taat Kalifornien in aller Stille statt.

mbol für den
heidenden Feldherrn, der ein
tztes Mal auf seine Truppe
rückschaut

Jennifer Nitsch springt in den Tod

„Ich könnte innerlich zittern, und man würde es nicht bemerken. Weil man es nicht von mir erwartet." Das sagte Jennifer Nitsch einmal in bezug auf ihre angebliche innere Festigkeit und Stärke. Sie war eine zerrissene Frau. Sie wollte alles, „aber man kann nicht alles auf einmal, das habe ich lernen müssen." Sie wollte Liebe, aber sie hatte nur Pech mit den Männern. „Es gibt nichts Schlimmeres, als Erfolg mit sich allein zu feiern." Sie trank, sie nahm Drogen, sie tanzte auf Scherben. „Ich weiß nicht genau, wo ich stehe." Sie fiel zu tief. 12 Meter waren es genau.

Jennifer Nitsch mit einem nach ihr benannten Nachbarskind. Ihr selbst blieb der Wunsch nach eigenen Kindern verwehrt

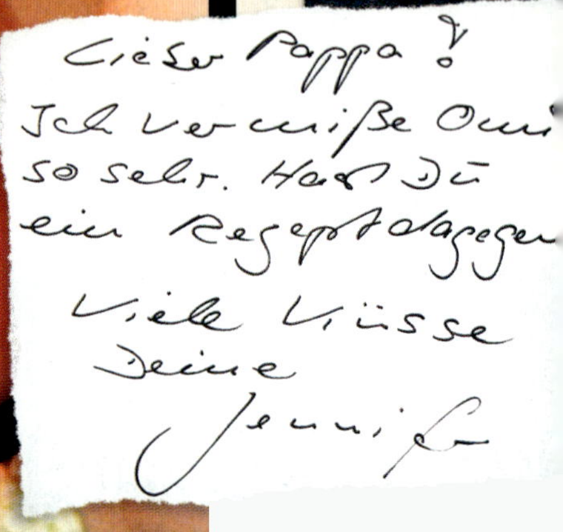

0:2 gegen Ungarn! Nur der Fußballgott kann uns retten
Das BILD-Stoßgebet
Bild
Rudi, jetzt hilft nur noch beten!
Scharping rechnet mit Schröder ab
TV-Star Christina Plate
Auf Seite 5 zeig ich mich nackt

Dienstag, 8. Juni

Die besten Ärzte der Welt versprechen
Wir stoppen Krebs!
Mahlzeit!
Bild
Calmund Rücktritt!
Das größte EM-Gewinnspiel aller Zeiten

Mittwoch, 9. Juni

Juhnke heute 75!
Geburtstags-Drama!
Bild
Nagelbombe beim Frisör
Calmund will jetzt ein Baby!

Donnerstag, 10. Juni

wieder mit Volldampf im Fußball arbeiten", verspricht er im BILD-Exklusiv-Interview, aber später im Jahr kriegt er dann als „Big Boss" erst mal eine eigene Fernseh-Show. In München stürzt TV-Star **Jennifer Nitsch** (37, „Der Schattenmann") aus dem Fenster ihrer Wohnung 12 Meter tief in den Tod (siehe links). Zu Lebzeiten schwer depressiv, hat sie beim Zeitpunkt ihres Todes 3,1 Promille im Blut. **Donald Duck** wird 70 und **Harald Juhnke** wird 75. **Thomas Gottschalk** weint um seine Mutter. Deutschland ist vollkommen „Portu-geil" (BILD), denn nun beginnt sie wirklich: **Die Fußball-Europameisterschaft.**

Bis heute ist nicht endgültig geklärt, ob Jennifers Todessturz geplanter Selbstmord, eine Verzweiflungstat im Affekt oder ein Unfall war.

Die trauernden Eltern und ein Liebesgruß der Tochter: Auf die Rückseite eines Fotos schrieb sie an ihren Vater, wie sehr sie ihre Oma vermißt

Unter diesem kargen Wüstenboden lagern unendliche Öl-Reserven

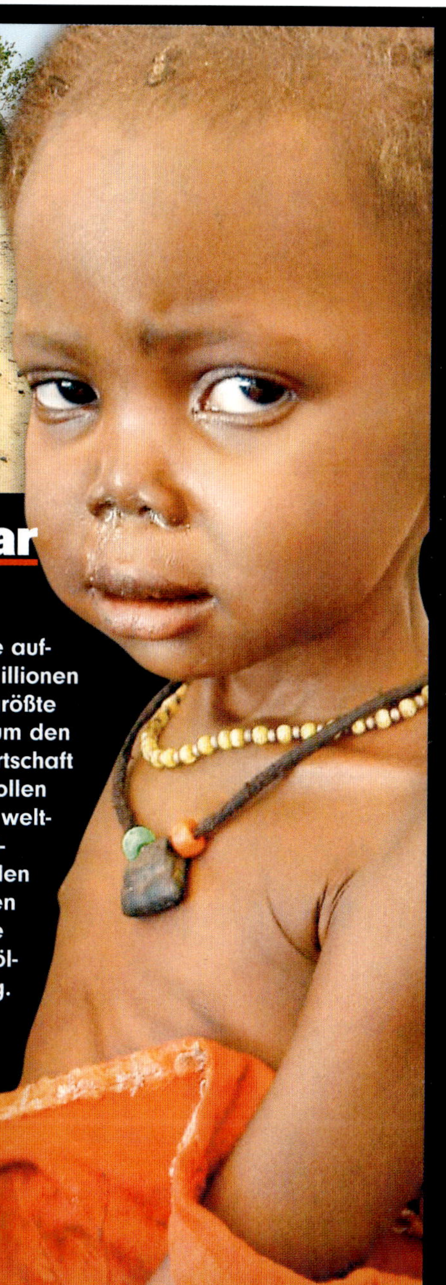

Den Kindern fehlt sogar die Kraft zum Weinen

Die Brüste ihrer Mütter sind leer, die kleinen Bäuche aufgequollen, und gnadenlos knallt die Sonne. Zwei Millionen Tote, vier Millionen Vertriebene. Der Sudan ist die größte klaffende Wunde der Welt. Es geht um den klebrigen Saft, der die Weltwirtschaft schmiert: um Öl. Rebellen wollen sich die Herrschaft über die weltweit drittgrößten Reserven sichern und führen einen brutalen Krieg gegen die hilflose Zivilbevölkerung.

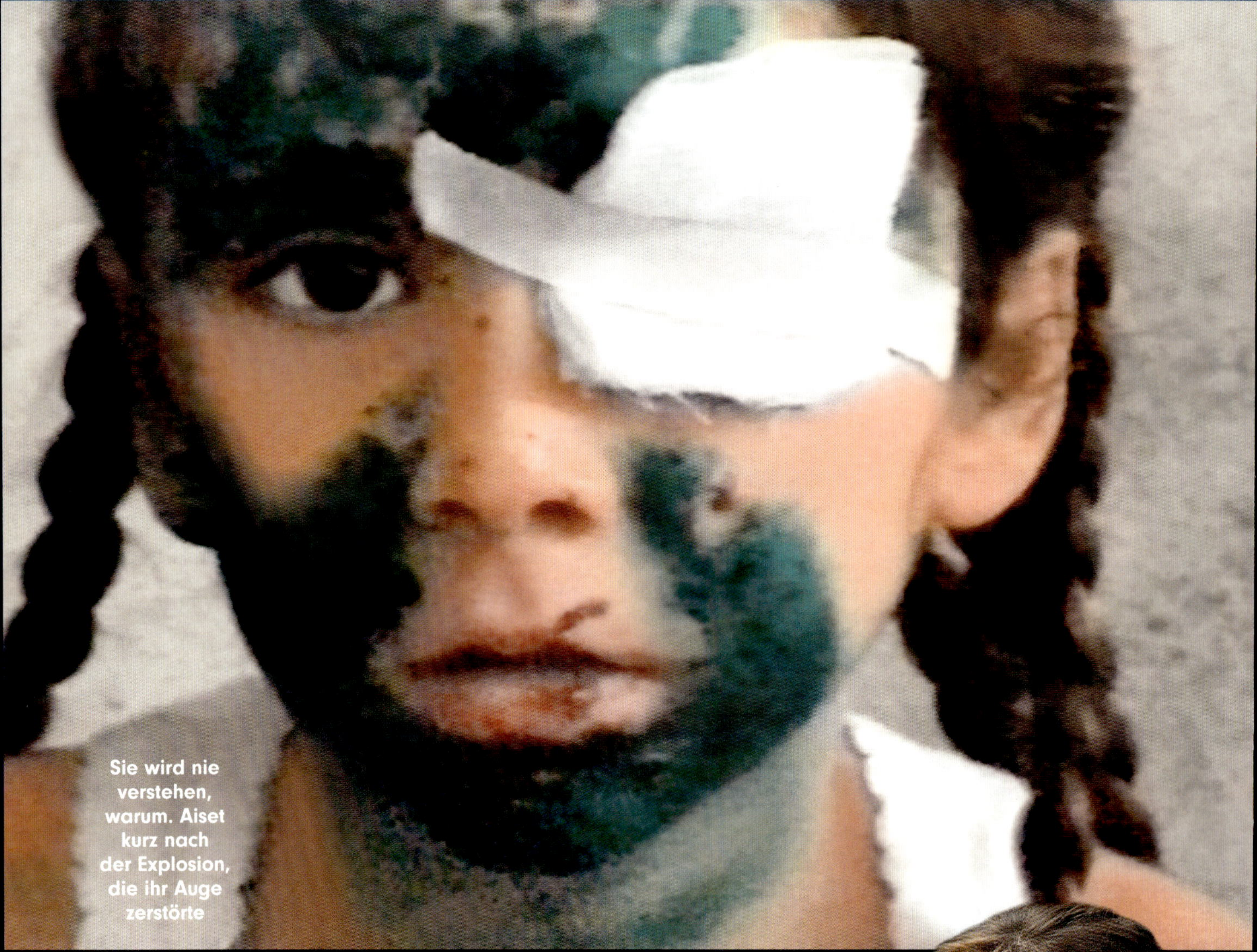

Sie wird nie verstehen, warum. Aiset kurz nach der Explosion, die ihr Auge zerstörte

Spielzeug-Mine machte sie zum Krüppel

EIN HERZ FÜR KINDER

Das ist Aiset. Sie ist acht Jahre alt. Sie war ein glückliches Mädchen aus Tschetschenien. Bis sie ein Stück Plastik fand und mit nach Hause nahm. Es war eine Bombe. Schon über 10 000 Kinder sind durch solche „Spielzeug-Minen" im Kaukasus verstümmelt worden. In einem Krieg, den niemand versteht. „Ein Herz für Kinder" ruft im Juni zu Spenden auf. Ergebnis: Aiset bekommt deutsche Hand-Prothesen, die sie im September 2004 erstmals trägt!

September 2004: Aiset probiert ihre neuen Hände aus

Juni 2004. Aiset, die beide Hände verlor, mit ihrer Mutter Yakha in Grosny. Ein Fall für „Ein Herz für Kinder"

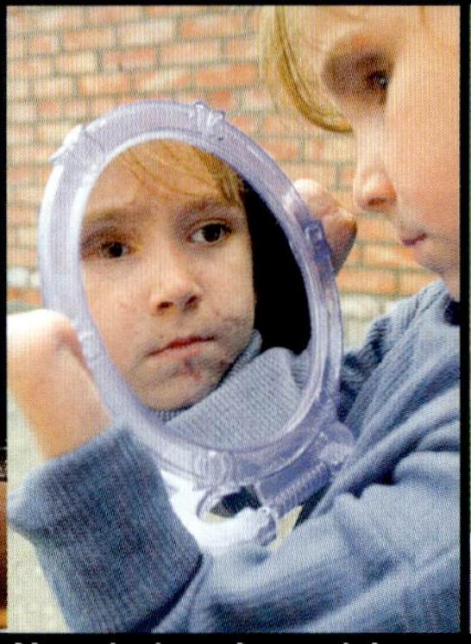

Neugierig schaut sich Aiset das Ergebnis der Operation im Spiegel an

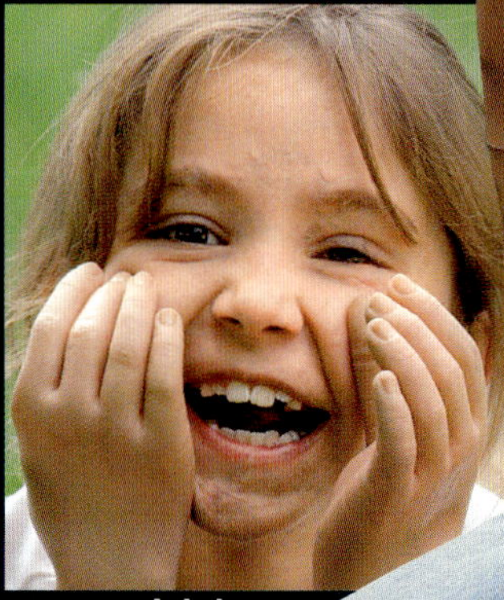

„Ich kann wieder greifen!"

Holland erklärt uns den Fußball-Krieg
Heute 10 Seiten extra zur EM
Nena Erste Hochzeit mit 44
Bild
Schlaganfall-Verdacht Minister Struck Intensivstation!

Freitag, 11. Juni

Todes-Schock für Susanne Juhnke
Renten-Steuer beschlossen!
Hautnah dabei
Frauen, seid tapfer! Ab heute EM!
Männer sind jetzt Portugeil
Sonnabend, 12. Juni 2004
Bild
UNABHÄNGIG · ÜBERPARTEILICH
...und Kahn zurück zur Ehefrau?
NACHRICHTEN
Gift im Tierfutter
Am Montag endlich BINGO!
Grillen 2004
Heiß! Heiß! Heiß!
Enthüllt! Arafat versteckt 200 Mio. Euro in der Schweiz

TV-Star Jennifer Nitsch († 37)
Todessprung aus dem vierten Stock
Bild
SPD am Boden!
Frankreich - England 2:1 1. Giganten-Spiel! Beckham weint
Endlich! Heute startet BINGO!
Gottschalk trauert um seine liebe Mutter

Vor dem ersten Spiel verhöhnen uns die Holländer aufs übelste. So verteilen sie zum Beispiel Rudi-Völler-Bildchen, die man in die Toilettenschüssel kleben kann, mit Voodoo-Pfeilen durchbohrte DFB-Figuren zum Ausschneiden und andere Geschmacklosigkeiten.
Bevor wir uns auf dem Rasen rächen können, kommen noch die Ergebnisse der Europa-Wahl: **Eine Runde weiter** ist die CDU (über 45 Prozent). **Rote Karte** für die SPD (21 Prozent). Nach zehn Jahren erstmals ins Parlament „**eingewechselt**" wird die FDP. Jubel in der **Fankurve** der Grünen, die ihr Wahlergebnis fast verdoppeln (11 Prozent).
Gleichzeitig ist Landtagswahl in Thüringen, wo die PDS mit sagenhaften 25 Prozent der Stimmen den **Heimvorteil** voll nutzen kann.

Reporter Schäfer vergräbt den Glückspfennig im Rasen

Warum seid ihr Holländer so gemein?

Wir sind „portu-geil", unser Mann vor Ort buddelt den BILD-Glückspfennig ein (Reporter Hans-Jürgen Schäfer, oben rechts), aber die fiesen Holländer verteilen Kloschlüssel-Rudis und heimtückische Voodoo-Puppen im deutschen Trikot, die man mit Nadeln durchpieksen soll. Rudi lacht trotzdem. Noch, muß man rückblickend sagen.

Deutschland singt „Rudi, Rudi, ralala!"

Dann ist es endlich soweit. Im Rasen von Porto ist wieder der legendäre „BILD-Glückspfennig" vergraben, der uns schon bei der WM in Japan und Korea bis ins Finale führte. Wird er auch gegen die Holländer Zauberwirkung zeigen?
Bis weit in die zweite Halbzeit hinein spricht alles

Mit solchen miesen Psycho-Tricks wollen uns die Holländer ärgern

Bild
Die letzten Stunden von TV-Star Jennifer Nitsch (†37)
Das Todes-Protokoll
Heute EM-Schlacht gegen Holland
11 Zidanes müsst ihr sein!

Wir waren doch viel besser
1:1 Dieses dumme Käse-Tor!
Bild
„Es war niemals Selbstmord"
Genossen kritisieren Kanzler Schröder

Ganz Deutschland Rudi-Rallala
Jetzt plätten wir die Letten!
Bild
Kanzler-Dämmerung
Kommt jetzt Henning Scherf für Schröder?
Mahlzeit!

Die Polizei-Akte Jennifer Nitsch
2 Promille beim Todes-Sturz
Bild
Grenzen offen für Zuwanderer!
Kahn
Lettischer Bären-Töter gibt ihm die Kraft

So feiert China den Weltkindertag

Eine Mini-Militärparade. Chinas Beitrag zum Weltkindertag im Juni 2004. Pfui Teufel. Mit den echten Ausführungen dieser Plastik-Waffen werden in China Delinquenten hingerichtet. Ein wahrhaft „kindliches" Vergnügen.

dafür (1:0 durch Frings), aber dann fällt (nach Fehler von Fabian Ernst) in der 81. Minute das blöde *„Käse-Tor"* (BILD). Trotzdem ein tolles Spiel: *„Rudi, dieser Start war riesig"* (BILD). Nun gilt es, in Portugal die Letten zu plätten. *„Rudi, Rudi, ralala!"*

Der Versuch mißlingt (0:0), und BILD prägt ein neues Schlagwort: *„Fehler-Flüsterer"*. Ist er an dem Debakel schuld? Gemeint ist Rudis rechte Hand **Michael Skibbe.** Warum durfte **„Prinz Poldi"** (Kölns Lukas Podolski) nicht ran? Warum wurde ausgerechnet Konterstürmer **Brdaric** in so einem „leichten" Einbahnstraßenspiel eingewechselt? Hat Rudi den falschen Berater?

Gegen die Tschechen, unseren nächsten Gegner, werden wir uns warm anziehen müssen. Aber das sind wir gewohnt: **Es ist ein Fröstel-Juni**. In vielen Städten schließen die Freibäder wieder, kurz nachdem sie geöffnet wurden. Open-air-Strandbars mit Palmen, Sand und Liegestühlen, in Hamburg und Berlin ganz groß in Mode, bleiben leer. Wo ist der Sommer nur hin? Das Thermometer rutscht auf 14 Grad und die Schneegrenze in den Alpen auf 1600 Meter.

Schumi rast zum Sieg, Ralf liegt auf der Trage

Noch einmal wird die Formel 1 hochdramatisch. Wie **Schumi** nach dem Tod seiner Mutter in Imola tapfer den Ferrari bestieg und siegte, wissen seine Fans noch ganz genau. Jetzt muß er wieder seinen privaten Kummer hintenanstellen und einfach nur Gas geben. In Indianapolis rast er am Wrack seines Bruders vorbei zum Sieg!

An **Ralfs** BMW-Williams ist in einer Steilkurve mit neun Grad Neigungswinkel bei 324 km/h der linke

„Ralf saß reglos im Auto, ich konnte die Bilder nicht ertragen"

„Das war der reinste Horror. Niemand kann sich vorstellen, wie es mir ergangen ist. Als der Kommentator meinte „Er bewegt sich nicht, er bewegt sich nicht", da bin ich rausgelaufen. Alles dauerte so lange, ich konnte die Bilder nicht mehr ertragen. Ich fühlte mich so hilflos, das war wie ein Schock ..."

(Ralfs Frau Cora nach dem Crash zu BILD)

Sonnabend, 19. Juni

Montag, 21. Juni

Dienstag, 22. Juni

Wann kann Michelle Liebe wieder leben?

Schlager-Prinzessin Michelle („Wer Liebe lebt") geht's im Juni gar nicht gut. Sie muß in die Klinik (Neurologie), ist ausgebrannt („Burn-out-Syndrom") und innerlich leer. Seit zwei Jahren hat sie keine Songs mehr aufgenommen. So eine schöne Frau und so unglücklich!

Hinterreifen geplatzt, weil sich messerscharfe Karbonteile von **Alonsos** Crash (drei Runden vorher) ins Gummi gebohrt hatten. Der BMW dreht sich und kracht zweimal voll in die Mauer neben der Rennstrecke! Mit schwerer Gehirnerschütterung, Verlust des Kurzzeitgedächtnisses und irren Schmerzen kommt Ralf ins Krankenhaus. Schumi läßt sich über Funk informieren, daß sein Bruder lebt. Er rast aber unbeirrt weiter, und 70 Minuten nach dem furchtbaren Crash läßt er den Sieger-Champagner spritzen.

Reglos kauert Ralf Schumacher im Wrack seines völlig zerstörten BMW-Williams

Wieder Geisel geköpft

„Ein verabscheuungswürdiger Mord", sagt Außenminister Fischer zum Tod der Geisel Kim Sun Il. Kurz vor der Hinrichtung wurde er mit seinen Mördern gefilmt. In Korea bricht seine Schwester (Foto r.) weinend zusammen: „Gebt mir meinen Bruder zurück!"

Krisenherd Irak. Immer wieder erreichen uns schreckliche Meldungen von der Terrorfront. Zwar wird in Saudi-Arabien die geheime Internet-Zentrale von Al Qaida entdeckt und ausgehoben. Aber zeitgleich köpfen Osama bin Ladens Terroristen die südkoreanische Geisel **Kim Sun Il (33).** Südkorea hatte sich geweigert, seine ca. 3000 im Irak stationierten Soldaten abzuziehen.

Da wirkt es wie ein Symbol der Hoffnung, ja wie ein Mahnmal für den Frieden, was zur gleichen Zeit in Dresden geschieht. Die 1945 total zerstörte Frauenkirche ist nicht nur komplett wieder aufgebaut, wobei über 3000 Fundstücke aus dem 20 000 Kubikmeter großen Trümmerhaufen verwendet werden konnten. Jetzt, im Juni 2004, wird dem Gotteshaus die 28 Tonnen schwere Turmhaube aufgesetzt. Sie wird von einem sieben Meter hohen goldenen Kreuz gekrönt, das ein britischer Schmied angefertigt hat. Und dessen Vater war einer der britischen Bomberpiloten, die am 13. Februar 1945 Dresden in Schutt und Asche legten.

Frauenkirche auferstanden aus Ruinen

131 Millionen Euro Spendengelder kostete der Wiederaufbau der Dresdner Frauenkirche, die Mitte des 18. Jahrhunderts erbaut und 1945 zerstört wurde. Jetzt krönt sie das goldene Kreuz als Zeichen der Versöhnung.

Tschechen singen „Auf Wiedersehen"

Wieder sind die Straßen leer. Jetzt gilt es, gegen die Tschechen alles zu geben. Die sind schon eine Runde weiter und schicken ihre B-Elf auf den Platz: Neun (!) Ball-Zauberer vom Giganten-Sieg gegen Holland bleiben draußen, wie peinlich!

Gut geht es los, sehr gut sogar (21., **Ballack** trifft zum 1:0 unter die Tschechen-Latte). Aber das war's. Von nun an sind wir Weltmeister – im Chancenvergeben! 30. Minute: 1:1 durch **Heinz** (Ex-HSV), in der 77. der Führungstreffer durch **Baros,** „Auf Wiedersehen" singen die Tschechen-Fans, und Deutschland ist raus. Assauer: „Eine Katastrophe." Sammer: „Ich bin traurig." Völler: „Ich klebe nicht an meinem Stuhl."

Die Nacht der Entscheidung. In einem Fernseh-Interview gibt DFB-Präsident **Mayer-Vorfelder** dem Teamchef keinerlei Rückendeckung. Um 1.45 Uhr bittet **Rudi Völler** ihn um ein Gespräch. Um 3.15 Uhr spricht er mit seinen engsten Vertrauten. Um 8.32 Uhr gibt BILD die Rücktrittsmeldung exklusiv an die wichtigsten Nachrichtenagenturen. Kurz danach geht sie um die Welt: „Rudi Völler ist nach Informationen der

Heute Deutschland gegen Tschechien

Rudi, ihr müsst siegen,

sonst...

Weiter letzte Seite!

ttwoch, 144/26 Juni 2004, 0,90 €

Bild

Teamchef Rudi Völler (44)

Italien 2:1! Aber Trapattoni hat fertig

EM-Berichte Seiten 8-12

Michelle Hunziker

Super Bingo 2. Spiel 318

Löst Olaf Scholz

..sonst könnt ihr uns mal!

Die Mädchen von Seite 1 - ganz nackt zeigen sie Rudis Elf die kalte Schulter

Anzeige

Aus!

Rudi, wir sind die Deppen Europas

Bild

Hier liegt Jennifer Nitsch

Rudi, das war's! Auch für dich...

BILD gab wirklich alles, damit unsere Jungs gegen die Tschechen motiviert aufliefen. Auf der Titelseite gab's 22 „Bälle" für den Fall des Sieges und 11 ebenso hübsche Rückansichten auf der letzten Seite. Genutzt hat das alles herzlich wenig. Obwohl unsere Gegner mit einer Art Ersatzmannschaft antraten, putzten sie uns 2:1 vom Platz. Kahn schaute sich die Welt von unten an, Rudi und sein „Fehler-Flüsterer" guckten so ratlos, wie sie tatsächlich waren. BILD: „Wir sind die Deppen Europas." Ach, was war das für eine Schande.

Völler legt tröstend den Arm um „Fehler-Flüsterer" Michael Skibbe. Die beiden hielten zu lange an Alt-Stars fest und verzichteten auf einen Radikal-Neuanfang

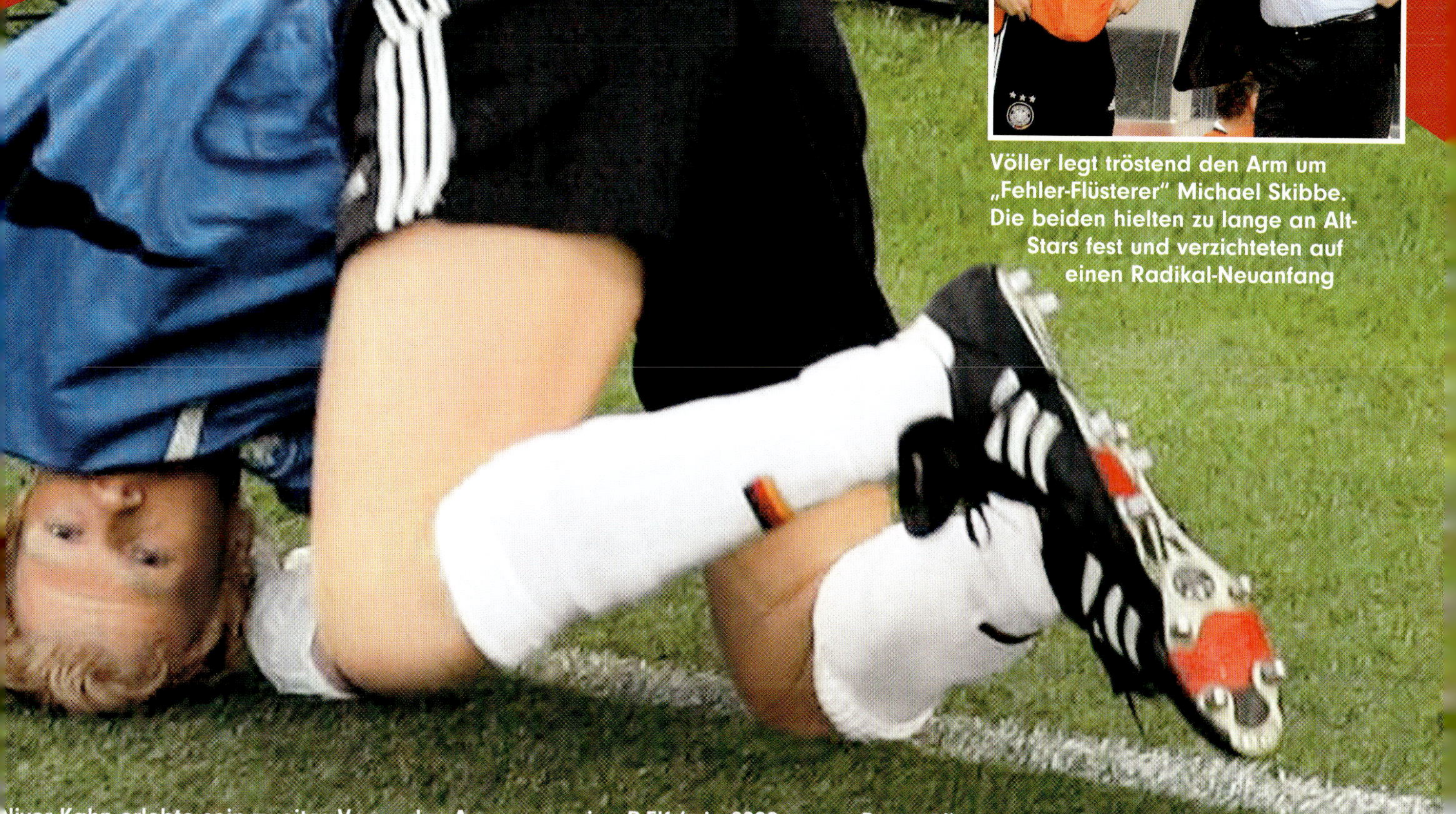
Oliver Kahn erlebte sein zweites Vorrunden-Aus gegen eine B-Elf (wie 2000 gegen Portugal)

Wenigstens unsere Fans waren richtig klasse

Die Wärme seiner Lieben gab Rudi die Gelassenheit zurück

Schon 24 Stunden nach seinem Rücktritt düst Rudi mit seinem Freund Reiner Calmund zu seiner Familie in die USA. Als letzter Passagier steigt er in Frankfurt in den Jet. Lufthansa Flug LH 462 nach Miami. Ich, der BILD-Reporter, fliege mit. Neun Stunden über den Wolken. Auf Platz 83 C döst Rudi eine Stunde, ißt Spargel und spricht offen über Fehler, mögliche Nachfolger und den dunkelsten Moment als Teamchef: „WM-Quali in München. Erst die 1:5-Pleite gegen England. Dann die Schocknachricht von meinem Vater – Herzinfarkt auf der Tribüne. Vater überlebte. Wir schafften noch die WM. Doch von einer Sekunde auf die andere merkt man, wie unwichtig Fußball ist.“ Rudi plaudert in fast 10 000 Metern Höhe mit Italiens Stürmer-Star Del Pierro – Balsam für seine geschundene Trainer-Seele. Noch besser geht es ihm, als er nach einer Autofahrt durch den tropischen Regen von Florida in Naples seine Familie in die Arme schließt. Ich kann sie fast hören, die Steine, die so nach und nach von seinen Schultern plumpsen. Jeder Tag in Florida, den Rudi länger weg ist vom bitteren EM-Aus und seinem Tränen-Rücktritt, ist ein befreiender Tag. Erst kann sich Völler Bilder von anderen EM-Spielen nur wenige Minuten anschauen. Trotz Sonne, Strand, Freunden, Grillfest – es tut noch zu weh. Doch Stunde um Stunde geht es ihm besser. 8800 Flugkilometer weg von Deutschland läßt er die EM-Schmach hinter sich. Fünf Tage nach seinem Abgang kann Rudi im Kreis seiner Familie mit Ehefrau Sabrina und den drei Kindern Greta, Bryan, Kevin wieder lachen. Unter der Sonne Floridas ist der Ex-Teamchef wieder der lockere Rudi und liebevolle Vater. Ehefrau Sabrina verrät BILD: „Lange wird es Rudolf nicht als Privatier aushalten. Und gelitten haben wir als Familie unter seinem Job auch nicht. Leid, das hat nichts mit Leid zu tun, wenn der Mann oder der Papa Teamchef der Nationalelf ist. Ich habe immer versucht, eine Mauer zwischen Job und Familie zu ziehen.“ Ich spüre es ganz deutlich: Die Wärme seiner Lieben gab Rudi Völler die Gelassenheit zurück.

Rudi Völler, BILD-Reporter Vomland: Interview unter Palmen

BILD-Reporter **Vim Vomland**

Herzinfarkt!
Heino bangt um seine Hannelore
Bild
Jetzt spricht Jette Joop
Pannen & Skandale
DFB-Boss vor dem Sturz
Riesen-Streit um neue
Zwangs-Versicherung für die Zähne
8,50 Euro jeden Monat
NACHRICHTEN

Mittwoch, 30. Juni

BILD-Zeitung als Teamchef der deutschen Fußball-Nationalmannschaft zurückgetreten ..." (dpa)
Enttäuscht, wie wir sind, drücken wir jetzt unserem „Vorzeige-Deutschen" die Daumen. Stichwort „Rehakles". **Otto Rehhagel** hat die Griechen furchtlos in die EM geführt (2:0 gegen Portugal) und siegt im Viertelfinale gegen Frankreich (1:0). Jetzt sind wir alle Griechen.
Aber wer soll Völlers Nachfolger werden? Ende Juni spricht alles für **Hitzfeld** oder **Daum,** aber noch ist nichts in trockenen Tüchern. **Mayer-Vorfelder** will die Entscheidung nach Gutsherrenart alleine treffen. Er hört offenbar nur noch auf seine Frau **Margit,** die als Daum-Fan gilt. Der will eine „Anfrage" auf dem Tisch haben, was „MV" umgehend dementiert. **Hitzfeld** will Bedenkzeit. Es wird langsam peinlich. Fußball-Deutschland schüttelt den Kopf.

Heino sorgte sich Ende Juni um seine Hannelore, die einen Herzinfarkt erlitt

Zum Monatsende ...

- ... übergibt US-Präsident **Bush** die Herrschaft im Irak an eine Übergangsregierung unter Ministerpräsident **Allawi** ...
- ... erlebt Bundespräsident **Rau** seinen letzten Arbeitstag ...
- ... erleidet **Heinos** Frau **Hannelore** einen Herzinfarkt ...
- ... bringt im Iran nach Berichten der britischen BBC eine Frau einen gesunden Frosch zur Welt. Nur einen neuen Fußball-Teamchef, den haben wir immer noch nicht.

Was bleibt von Rau?

„Er gab den Menschen das Gefühl, ihre Sorgen und Nöte ernstzunehmen, mit ihnen zu fühlen. Er verdammte kalte Profitgier, rief nach mehr Mitmenschlichkeit. Das machte ihn sympathisch"
(BILD-Analyst Hugo Müller-Vogg zu Raus Amtszeit)

Bilder voller Symbolkraft vor und auf der Terrasse von Schloß Bellevue

Wie der Juni unser Leben veränderte

Bei Klinsmann ist eine klare Linie zu erkennen

Franz Beckenbauer

wurde Fußballweltmeister als Spieler (1974) und Trainer (1990). Seit 1994 ist er der Präsident des FC Bayern München. Er holte die Fußball-WM 2006 nach Deutschland und ist BILD-Kolumnist.

Die Europameisterschaft in Portugal sollte der Höhepunkt des Fußballjahres werden. Leider kam alles anders – und mit dem Ausscheiden der deutschen Elf gingen die Turbulenzen erst richtig los. Auch für mich. Sie wissen, die sogenannte „Trainerfindungs-Kommission", die es hoffentlich nie wieder geben wird. Mit mir auf jeden Fall nicht ...

Daß wir in einer starken Gruppe mit Tschechien und Holland nur den dritten Platz erreichen und rausfliegen könnten, lag ja schon vorher im Bereich des Möglichen. Deshalb empfand ich das entscheidende 1:2 gegen die Tschechen auch nicht als tiefe Blamage – wie zum Beispiel unser wesentlich kläglicheres EM-Aus 4 Jahre vorher.

Um so mehr hat's mich umgehauen, als mich am nächsten Morgen ein BILD-Reporter in meinem Hotel in Lissabon, rund 200 Kilometer vom DFB-Quartier entfernt, anrief: Rudi Völler ist heute nacht zurückgetreten. Ich war fassungslos: Das kann nicht sein. Der BILD-Reporter: Doch, Rudi gibt es nachher in einer Pressekonferenz bekannt. Ich sah Rudis Erklärung zwar dann im Fernsehen, aber verstehen kann ich seine Entscheidung auch heute mit einem halben Jahr Abstand noch nicht ganz. Rudis Rücktritt war überflüssig, in meinen Augen eine regelrechte Überreaktion. Man darf nicht vergessen, daß er gerade zwei Jahre vorher noch Vizeweltmeister geworden war. Vielleicht hat er dann zu sehr an Spielern wie Nowotny und Hamann festgehalten, die nach ihren langen Verletzungen nicht wieder die alte Form erreichen konnten. Du hast als Trainer immer die Hoffnung, daß es die Burschen noch packen. Mir ging es bei der WM 1986 in Mexiko ähnlich, als ich auf zwei angeschlagene Stürmer setzte – Kalle Rummenigge und Rudi Völler ...

Zurück nach Portugal: War Rudi Völlers Teamchef-Abschied zu verhindern? Ich weiß es nicht. Ich bleibe allerdings bei meiner Meinung: Entscheidungen, die morgens um 3 Uhr getroffen werden, sind selten gute Entscheidungen. Ein bissel Zeit hätte man sich lassen sollen, wenigstens eine Nacht.

Der Enttäuschung über den Rücktritt folgte die nächste. Ich muß zugeben: Die Absage von Ottmar Hitzfeld ist mir immer noch ein Rätsel. Ich weiß nicht, was ihn zum Nein getrieben hat, nachdem er doch vorher die klaren Signale ausgesendet hat: Ich würde es machen. Erst durch Ottmar ging der Wirbel richtig los. Die berühmte „Kommission" wurde geboren, in der ich auch mitwirken – wie soll ich sagen –„durfte" ...

Otto Rehhagel war die natürliche Alternative. Ich habe in den hektischen Tagen mit Otto mehrfach telefoniert. Letzlich hat er sich von der griechischen Begeisterung über den unerwarteten EM-Triumph anstecken lassen und entschied sich, seinen Vertrag dort zu erfüllen. Ehrenwert, aber auch aus sportlicher Sicht richtig? Mit den Griechen wird er kaum einen solchen Erfolg wiederholen können, während es die größte Herausforderung für einen Trainer ist, eine Nationalmannschaft auf die WM im eigenen Land vorzubereiten. Jürgen Klinsmann hat sie übernommen. Auch für mich war es eine Überraschungs-Lösung, als es plötzlich aus Amerika hieß: Hey, ich würde es tun!

Und er tut es gut. Schon nach den ersten Spielen ist bei Klinsmann eine klare Linie zu erkennen – gegenüber der Mannschaft und dem DFB. Daß er den WM-Sieg als Ziel ausgegeben hat, gefällt mir. Mut, Optimismus und Selbstvertrauen brauchen wir. Nicht nur für die WM, sondern für das ganze Land.

Verzweifelt schlägt Rudi Völler im Mannschafts-Bus die Hände vors Gesicht. Die Entscheidung zum Rücktritt traf er nachts: Ein Fehler, analysiert Franz Beckenbauer. Man sollte immer noch mindestens eine Nacht über so was schlafen ...

Die Katastrophen kommen näher

Im Jahre 2002 wurden Städte und Dörfer im Osten von der gigantischen Flutwelle überspült, 2003 dann die unerträgliche Wüstenhitze, und 2004 wird das Jahr der Tornados. Erst trifft es den Norden, dann den Westen. Mit bis zu 330 km/h fegt der Wirbelsturm in der Nacht zum 18. Juli über Gießen hinweg. Seine Kraft entspricht der von 20 000 Tonnen TNT. An seiner schmalsten Stelle beträgt sein Durchmesser 100 m, an der breitesten 1000 m. Oberleitungen werden durchtrennt, 1000 Häuser abgedeckt, hunderte Autos fliegen durch die Luft, ein 200-Tonnen-Kran knickt ab wie ein Streichholz. Innerhalb von 60 Minuten kippen allein im Raum Haltern 400 Bäume. „The day after tomorrow" mitten in Deutschland – keine Frage: Die Katastrophen rücken näher von Jahr zu Jahr ...

Jetzt kommt die ganze Wahrheit raus! 2 Wirbel bei Horror-Crash gebrochen!
Ralf
Angst vor Lähmung
Losdackeln!
Jennifer Nitsch Hässlicher Streit bei Trauerfeier
Widerstand in der SPD
Neue Zwangs-Versicherung wackelt

Griechenland im Finale
1:0 Jetzt muss Rehakles Deutschland retten
200 Euro weniger für Arbeitslose
Hier lacht Saddam

Ooh... Oooh...
Ottogasmus!
• Morgen Europameister!
• Übermorgen Bundestrainer!
• Und 2006 Weltmeister!
Der Pate ist tot
Jetzt spricht Heinos Hannelore

1:0 gegen Portugal! Griechen Europameister
REHAKLES I. König von Europa
Aber jetzt komm bitte nach Hause!
Politiker fordern Zahn-Gipfel
DVD Hot Seller
Gottschalk verhöhnt Eichel

Zwei für Deutschland: Köhler & Klinsi

Neuer Bundespräsident, neuer Fußball-Bundestrainer

Der Juli beginnt als **„Klartext-Monat"!** Deutschland macht Urlaub, unser Bundespräsident nicht. Der tritt seinen neuen Job an und spricht gleich – **Klartext.**

„Er redet nicht drumherum" (Wirtschaftsminister **Clement,** SPD). „Der richtige Mann zur richtigen Zeit" (Bundesratspräsident **Althaus,** CDU). Am Ende dieses Monatskapitels werden Sie zu diesem Thema ein interessantes Essay aus der Feder von BILD-Autor Claus Jacobi lesen. Die Antrittsrede von **Horst Köhler** dauert 36 Minuten. Kernsätze: „Der Sozialstaat heutiger Prägung hat sich übernommen!" „Wir können uns kein einziges verlorenes Jahr für die Erneuerung Deutschlands mehr leisten!" „Wir klammern uns zu sehr an dem fest, was wir haben!"

Hier bergen sie das Katastrophen-Schiff von Hamburg aus den Fluten der Elbe

Nach der Kollision mit einem Container-Schiff trieb der Schwefelsäure-Tanker „Ena II" eine Woche lang kieloben im Hamburger Hafen. Der Käpt'n hatte 2,1 Promille

Zwei Kräne richten den Havaristen langsam auf, er kippt gemächlich und ...

... schwimmt wieder richtig herum, Gefahr gebannt!

Sommerfest von BILD und BamS

Ein Sandstrand vorm Verlagshaus mitten in Berlin, riesige Monitore fürs EM-Viertelfinale, zwischendurch wurde „human soccer" gespielt (eine Art Tischfußball mit lebenden Figuren): 1500 hochkarätige Gäste kamen zum Sommerfest von BILD und BILD am SONNTAG. Oben: Frau Merkel scherzt mit BDI-Präsident Rogowski

Alexandra Oetker, Hans-Olaf Henkel, Freundin Bettina

Otto muss unseren Fußball retten

Rehakles, Deutschland braucht dich!

Bild

Losdackel!

Hannelore heimlich in Spezial-Klinik verlegt

Dienstag, 6. Juli

Donnernder Applaus im Bundestag, die Abgeordneten erheben sich. Dann verteilt Köhler Suppe an Arbeitslose.

Klartext spricht auch der **Kanzler**, und zwar ziemlich laut beim Krisentreffen des SPD-Gewerkschaftsrates hinter verschlossenen Türen. Wie BILD erfährt, haut er auf den Tisch und brüllt die Gewerkschaftsbosse an. Es geht bei dem Streit um die Agenda 2010 und um die mangelnde Unterstützung der geplanten Sozialreformen durch die Arbeitnehmervertreter.

Eher wirr als Klartext spricht **Saddam Hussein.** Der Ex-Diktator steht in Bagdad erstmals seit seiner Verhaftung vor Gericht. Es ist aber noch lange nicht der Prozeß, sondern eine Anhörung. Saddam gibt sich spöttisch, arrogant, streitlustig: „Das hier ist doch alles Theater. Der wahre Verbrecher ist Bush."

aurenz Meyer CDU) mit reundin Sonja

Guido Westerwelle mit BamS-Chef Klaus Strunz

Klaus Wowereit, SPD-General Benneter

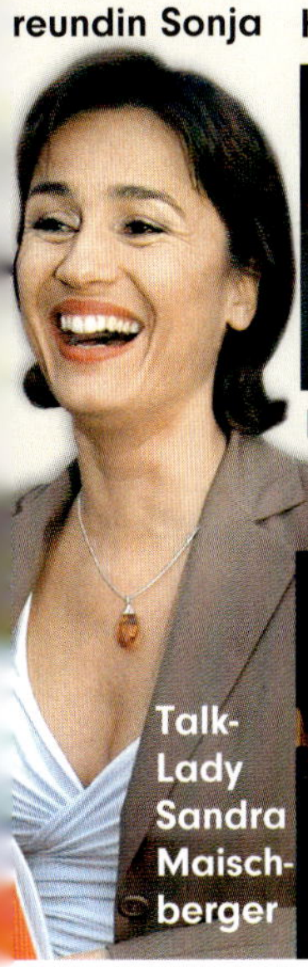

Talk-Lady Sandra Maischberger

„Hürriyet"-Chef Ertugrul Özkök, BILD-Chef Kai Diekmann

Die bizarre Show des Saddam Hussein

„Niemand hat die Autorität, mir meinen Titel wegzunehmen ..." „Ich bin vom irakischen Volk gewählt ..." „Kuwait ist irakisches Gebiet. Kuwait hat versucht, die Iraker zu Bettlern und die Frauen zu Prostituierten zu machen ... Wie können Sie diese Hunde verteidigen?" Bei der ersten Anhörung nach seiner Verhaftung im Dezember tritt Saddam Hussein arrogant und unbelehrbar auf. Anklage: Völkermord, Verbrechen gegen die Menschlichkeit.

Der Richter ermahnt Saddam, sich in seiner Ausdrucksweise zu mäßigen, da er sich vor einem Gericht befinde. Über die Vergasung von Tausenden Kurden sagt der Häftling: „Ich hörte im Fernsehen davon ..."

Rehakles Meister! Jetzt sind alle Deutschen ein bißchen Otto

Mit Griechenlands Triumph bei der EM ist Otto Rehhagel unsterblich geworden. „Alle Menschen werden Brüder", fällt dem sympathischen Teamchef spontan dazu ein. „Der Fußball hat es geschafft, alle Griechen zu vereinen." Wie glücklich er den Pokal hochhält, und wieviel Energie der 65jährige ausstrahlt! Deutschland will ihn natürlich zurück, denn bei uns ist ein Job frei. Aber „Rehakles" sagt: „Nein danke ..."

Die Griechen laufen ihre Ehrenrunde mit dem Pott, Rehakles himmelt ihn an

Mit Frau Beate kann sich „Rehakles" auf jedem Parkett sehen lassen

MV wird entmachtet, jetzt hat der Zwanziger das Sagen

Zwei Gesichter, die Bände sprechen: Einer verliert Macht, einer kriegt sie

Klartext wiederum beim DFB. Hinter verschlossenen Türen wird **Gerhard Mayer-Vorfelder** entmachtet. Die Vorwürfe: Selbstherrlichkeit, zu viele Alleingänge. Der neue starke Mann ist eher ein Blasser. Er heißt **Theo Zwanziger** und ist Jurist.
Die Trainersuche geht unterdessen weiter und wird immer peinlicher. **Ottmar Hitzfeld** will nun doch nicht. **Otto Rehhagels** Griechen holen auf den Tag genau 50 Jahre nach dem „Wunder von Bern" gegen Portugal den EM-Titel (1:0, siehe Bericht oben), nun könnte er doch als Bundestrainer nach Hause kommen! Aber auch **„Rehakles"** will nicht ran. Er ruft Beckenbauer an: „Die Griechen lieben mich."
Klartext schreibt wieder einmal BILD: „Willkommen in der Fußball-Bananenrepublik

Nach der Rehakles-Absage

Bundestrainer gesucht!

Bewerben Sie sich hier!

Rehhagel will nicht. Hitzfeld auch nicht. Wollen SIE Bundestrainer werden, liebe BILD-Leser? Füllen SIE das Bewerbungsschreiben auf dieser Seite aus und schicken SIE es an den DFB. Weitere Berichte zum Bundestrainer-Chaos – Seiten 10 und 11.

An die
Trainer-Findungskommission
des DFB
Otto-Fleck-Schneise 6
60528 Frankfurt/Main

Betr.: Bewerbung als Bundestrainer

Sehr geehrte Trainer-Findungskommission,

hiermit möchte ich mich um das Amt des Bundestrainers bewerben.

Ich habe alles mit meiner Frau abgesprochen. Mein Akku ist voll aufgeladen und ich stehe bei keinem anderen Verein unter Vertrag. Außerdem bin ich noch nie mit Drogen in Kontakt gekommen.

Meine Gehaltsvorstellung:

Für ein Vorstellungsgespräch stehe ich Ihnen gerne zur Verfügung. Meine WM-Taktik bespreche ich allerdings ausschließlich mit Herrn Beckenbauer.

Mit sportlichen Grüßen

PS: Ich kann die Nationalhymne auswendig singen!

(Straße, Hausnummer)

(PLZ, Ort)

Ausschneiden und abschicken!

Das Protokoll der dramatischen Nacht-Sitzung
Schröder brüllt Gewerkschafts-Bosse an!
Bild
Michelle wieder glücklich und gesund
Beate, rück den Otto raus!

Mittwoch, 7. Juli

Schwerer Rückfall 6 Stunden Not-Operation am offenen Herzen 3 Bypässe gelegt
Heino betet um das Leben seiner Hannelore
Bild
Deutsch-Prüfung für Ausländer

Donnerstag, 8. Juli

Griechen-Boss gibt Rehakles frei
Friedens-Gipfel nach Spottlied
Bild
BILD versöhnt Eichel & Gottschalk
David Bowie heimlich deutscher Klinik

Freitag, 9. Juli

Rehakles weiß gar nicht, wo er mit seiner Freude hin soll und ballt die Siegerfaust

Deutschland ... Wir haben keinen Bundestrainer, wir haben keine Mannschaft. Aber dafür haben wir jetzt zwei DFB-Präsidenten ..."
Marlon Brando überlebt die erste Juliwoche nicht. Der Meuterer von der „Bounty" stirbt in Los Angeles. Er hatte am Schluß von Alzheimer bis Krebs alles, was man sich nicht fürs Alter wünscht († 80). Österreichs Bundespräsident **Thomas Klestil** († 71) erleidet einen Herzinfarkt und stirbt ebenfalls – genau zu dem Zeitpunkt, an dem er aus dem Amt scheiden wollte. Nun findet zwei Tage nach der geplanten feierlichen Entlassung tragischerweise seine Trauerfeier statt.

Thomas Klestil, die trauernde Witwe Margot

Danke und goodbye, Jahrhundert-Legende

„Er war ein Rebell. Ein Besessener. Ein Einzelgänger. Ein Gieriger. Ein Liebender. Ein Jahrhundert-Star ... Die Tragödie seines Lebens war vielleicht, daß er immer zu jung war, zu gut, zu genial. Die Welt wird ihn nicht vergessen." (BILD-Kolumnist Blieswood über den Tod von Marlon Brando, des Teenager-Idols der 50er Jahre). Als „Pate" wurde Marlon Brando berühmt. Ganz rechts ein Jugendbild.

1972, mit Maria Schneider im Skandal-Film „Der letzte Tango in Paris"

30er Jahre: Inge Meysel mit Zigarette und kessem Blick

1951 mit Heinz Rühmann („Mein Freund Harvey")

1965 mit Joseph Offenbach („Die Unverbesserlichen"

1999 mit der „Goldenen Kamera" von „Hörzu"

Auch der Tod der großen Volksschauspielerin **Inge Meysel** fällt in den Juli. Sie wurde 94 und trug stets eine Todespille bei sich, nahm sie aber nicht. Die Adoptivtochter kündigt an, daß ihr gesamter Nachlaß versteigert werden soll – was dann im Herbst auch geschieht.

„Eichel, Eichel, wo ist unser Geld?"

Noch mal Klartext. Im Finanzministerium treffen sich Minister **Eichel** und Entertainer **Thomas Gottschalk.** Letzterer hatte den Minister in seiner „Wetten, dass..."-Show verhöhnt und mit **Mike Krüger** ein Spottlied auf ihn gesungen: „Ich glaub, da gibt es einen in Berlin, der kriegt das mit der Kohle nicht hin ... Eichel, Eichel, wo ist unser Geld? Schon wieder verzählt, wirst nicht wieder gewählt!"

BILD bringt die beiden zusammen: Bei Mosel-Riesling-Wein und O-Saft diskutieren sie Deutschlands Lage. Gottschalk kommentiert: „Es war eines dieser seltenen Treffen, wo ich fast nicht zu Wort gekommen bin." Und der Minister sagt: „Es war ein erfrischendes Gespräch. Und ich denke, wir haben auch einiges voneinander lernen können."

Öko-Steuer und Praxisgebühr,
man muß immer nur zahlen
und kriegt nichts dafür.
Ich glaub, da gibt es einen, hier
in Berlin, der kriegt das mit der
Kohle überhaupt nicht hin.
Der klaut uns unsere Rente,
das schafft er ganz leicht.
Deshalb rufen wir jetzt alle:
Hans Eichel, es reicht!

Refrain:

Eichel, Eichel, wo ist unser Geld?
Eichel, Eichel, schon wieder
verzählt, wirst nicht
wiedergewählt.

Schuldenmacher & Spaßmacher

So ist ein Minister noch nie auf den Arm genommen worden. Aber Eichel hat Humor, trifft sich mit Gottschalk zum Privat-Talk, zeigt ihm sein Spar-Ministerium und bietet ihm sogar noch was zu trinken an. „Uns' Thomas" beweist, daß er Grips unterm Blondhaar hat ...

Mike Krüger, Eichel-Song

Da treffen zwei Welten aufeinander: Eichel meets Gottschalk

Einer der größten Polit-Krimis in der Geschichte der Bundesrepublik endet mit einer Festnahme in Paris. Fünf Jahre wurde Ex-Rüstungsstaatssekretär Ludwig **Holger Pfahls** (Foto) von Zielfahndern des Bundeskriminalamtes auf der ganzen Welt gejagt. Er hatte 1991 im zweiten Golfkrieg einen Panzer-

Dienstag, 13. Juli

Mittwoch, 14. Juli

„Inge Meysel war eine Frau aus dem Volk …“

„… und das Volk liebte sie dafür. Ihr Werk hat eine Leuchtspur hinterlassen, die noch nicht verglüht ist“ (Dieter Wedel in seiner Trauerrede über Inge Meysel). Sogar der Kanzler schickte einen Kranz (unten). Mit einer orangefarbenen Rose saß Adoptiv-Tochter Christiane in der ersten Reihe. Am Schluß spielte ein Klarinettist Inge Meysels Lieblingslied: „Junge, komm bald wieder …“

Deal mit den Saudis eingefädelt. Als Gegenleistung soll er von Waffenhändler Karlheinz Schreiber rund zwei Millionen Euro Schmiergeld bekommen haben.

Acht Jahre später fliegt das korrupte Geschäft auf, die Staatsanwaltschaft erläßt Haftbefehl. Aber Pfahls, der inzwischen als Asien-Repräsentant von Daimler-Chrysler arbeitet, setzt sich in Geheimdienst-Manier über Taipeh nach Hongkong ab, wo sich seine Spur verliert. Jetzt wollte er die Bedingungen für seine Rückkehr aushandeln – und sitzt erst mal. **Seltsame Bilder** erreichen uns aus einer österreichischen Priesterschule. Da gibt ein Lehrer seinem Nachwuchspriester einen Zungenkuß, ein anderer faßt einem Schüler keck in den Schritt. Der Bischof hat's wohl gewußt, aber als „Bubendummheit“ abgetan – jetzt schickt der Heilige Vater einen Sonderbeauftragten.

Zungenküsse! So wild treiben's die frommen Zöglinge der Priesterschule von St. Pölten

Zungenkuß im ehemaligen Franziskanerkloster. Als bekannt wird, was die frommen Brüder trieben, treten Priester-Schuldirektor und Vertreter beschämt zurück. Bischof Kurt Krenn (rechts) vergeht das Lachen, denn er kriegt Besuch aus Rom.

Zwischen Knochen blitzen Eheringe der toten Soldaten

Fast 60 Jahre hat der Wald von Grizane sein Geheimnis bewahrt. Kurz vor Kriegsende nahmen Titos Partisanen einen Trupp deutscher Soldaten auf dem Rückzug gefangen. Sie wurden lebend in einen senkrechten Felsschacht geworfen. Dann kamen italienische Handgranaten zum Einsatz. Keiner hatte eine Chance. Ein schlichtes Holzkreuz erinnerte an das Grab – bis es jetzt von einem Höhlenforscher entdeckt wurde. BILD hilft, Angehörige zu finden ...

Soldat Wilhelm Neumann wurde 1900 geboren und starb mit 45 bei Rijeka

Die „Hundemarke" des Obergefreiten, Nummer 114, 1. Kompanie Landesschützen-Bataillon 576

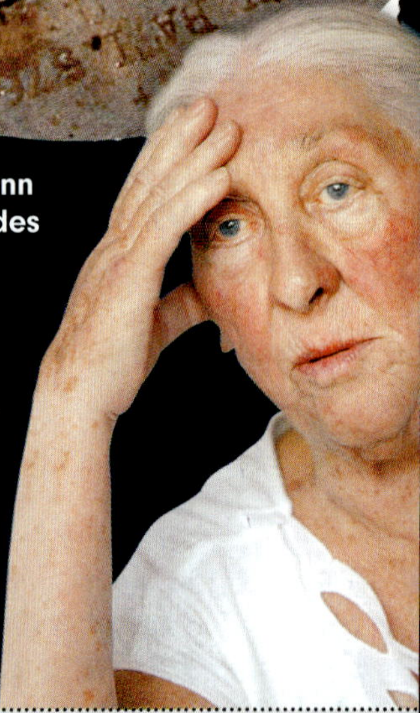

Waltraud Nemann ist die Tochter des Soldaten. Als er das letzte Mal von ihr Abschied genommen hatte, träumte sie seinen Tod. Es gab kein Grab. Bis BILD anrief: „Ihr Vater wurde gefunden ..." (unten)

„Wir wollen den Toten ihre Namen zurückgeben"

„Frau Neumann, ich habe Ihren Vater gefunden. Wilhelm Neumann, vermißt in Kroatien ..." Waltraud Neumann ist 76. Ihr Vater Wilhelm war einer der Toten aus der Höhle in Kroatien. Ein Höhlenforscher erzählte uns, wie er das Grab der Männer entdeckte. Wie er sich abseilte und mit den Stollen seiner Kletterschuhe auf Knochen, Brillen, Ringe und Gürtelschnallen trat. Ein Gerichtsmediziner erklärte uns, daß Partisanen die Männer lebend in den 17 Meter tiefen Felsenschacht stießen, bevor sie Handgranaten hinterherwarfen.

BILD-Reporter **Julian Reichelt**

Er zeigte uns die Erkennungsmarken und sagte: „Jeder Mensch verdient es, mit seinem Namen zu sterben. Vielleicht können wir diesen Toten gemeinsam ihre Namen zurückgeben." Eine der verrosteten Marken trug die Nummer 114. Zurück in Deutschland fanden wir heraus, wer sie im Krieg um den Hals getragen hatte: Der Obergefreite Wilhelm Neumann, in Schlesien geboren. Er war 45 Jahre alt, als er starb. Ein Vater, der seine Familie zum letzten Mal im Heimaturlaub 1944 sah. Da war seine Tochter Waltraud 16 Jahre alt. Monate nach Kriegsende ließ sie Karten drucken, auf denen sie Freunden vom Tod ihres Vaters schrieb. „Aber ohne den schwarzen Trauerrand", erzählte sie mir. „Ich habe ja immer gehofft, daß er doch zurückkommt." Ich weiß nicht, ob Wilhelm Neumann für diesen Krieg war oder dagegen. Für die Nazis oder gegen sie. Es ist mir auch egal. Denn ich denke, er wird wie alle Soldaten auf allen Seiten in diesem Frühjahr 1945 gespürt

Der Eingang zur Höhle, die für 44 deutsche Soldaten zum Grab wurde

Schauriger Fund: Die ersten Knochen werden aus der Höhle geborgen

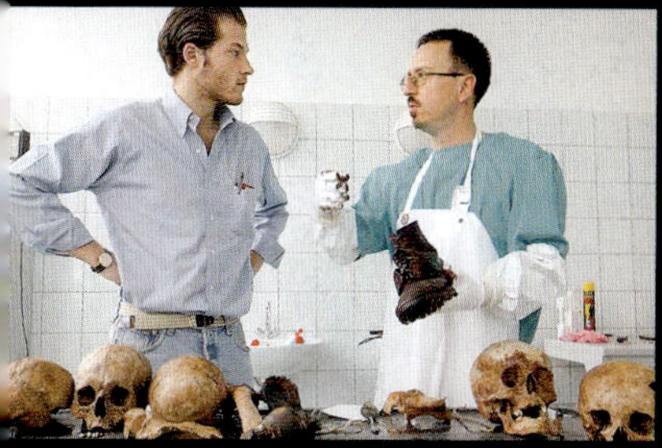

BILD-Reporter Julian Reichelt (links) mit Gerichtsmediziner Dr. Stemberga

haben, daß der Frieden nahe ist. Daß das Leben nahe ist. Und er wird gedacht haben: Nicht jetzt noch, bloß nicht im letzten Moment!
Dann starb er in der Höhle bei Rijeka. Er sah seine Tochter Waltraud nicht mehr wieder. Doch in den Minuten vor seinem Tod, auf dem Marsch zur Höhle, hatte er noch Zeit, an sie zu denken. Das habe ich ihr erzählt. Sie weiß jetzt, wo er ist.

DFB setzt auf Käse-Taktik Kann ein Holländer unser Bundestrainer werden?
Schmiergeld-Politiker Pfahls 3 Schlaganfälle stark abgemagert!
Michelle Hunziker Rätsel um neue Liebe
Bild

Donnerstag, 15. Juli

Vom Dienst suspendiert! Staatsanwalt ermittelt!
Lehrerin (31, Chemie, Religion) verführte Schüler (15)
Jens Riewa jetzt völlig durchgeknallt?
Bild

Freitag, 16. Juli

Bärbel Schäfer & Michel Friedman
Heimliche Hochzeit
Drama am Höllen-Berg Ullrich Alles aus!
Immer mehr Firmen wollen 40-Stunden-Woche
Bild

Sonnabend, 17. Juli

Unheimliche Bilder erreichen uns aus einer Höhle in Kroatien. Etwa 10 Meter unter der Erde liegen Knochen, Uniformreste und Erkennungsmarken von deutschen Soldaten aus dem Zweiten Weltkrieg. Gerichtsmediziner seilen sich ab, sammeln die Überreste ein und versuchen, sie mit Hilfe des Roten Kreuzes vermißten Deutschen zuzuordnen. Für den jungen BILD-Reporter Julian Reichelt (24) ist diese Vor-Ort-Recherche ein Geschichtsunterricht der ganz besonderen Art (lesen Sie dazu seinen Bericht links).

Hochzeit im Hause Friedman-Schäfer

Liebevolle Bilder erreichen uns aus Frankfurt. Sie zeugen von einem Happy-End und vom endgültigen Ende einer Beziehungskrise, an der Deutschland ungewollt teilnahm: **Bärbel Schäfer** und **Michel Friedman** heiraten standesamtlich. Sie im knielangen, champagnerfarbenen Spitzenrock und passendem Seidenjäckchen, er in einem dunkelblauen Anzug mit rosa Krawatte. Zum Hochzeitsessen sind nur etwa 30 Angehörige und engste Freunde eingeladen.

Das schönste Tennis-Märchen seit Boris

17 Jahr, blondes Haar, wunderbar: dieses Mädchen ist das Beste, was dem kränkelnden Tennis passieren konnte! Maria Sharapova ist die Sensationssiegerin von Wimbledon. In 73 Minuten schoß die langbeinige Russin Top-Favoritin Serena Williams (USA) 6:1, 6:4 vom heiligen Rasen.

Jubelt auf Knien wie einst Björn Borg, fällt dem Vater um den Hals: Maria Sharapova

Stolz: Boris 1985

Teuerste Scheidung des Jahres?
Jetzt muss Olli Kahn bluten
Bild
Warum?
DARUM!
Max Merkel ledert los
Schüler (15) verführt?
Sex-Lehrerin spricht in BILD
Tierquäl-TV
Widerliche Spiele auf Pro7-Alm

Montag, 19. Juli

Gestern, 9.20 Uhr
Zerbricht Olli Kahn?
Bild
Von seiner Ehefrau gedemütigt
Scheidung kostet ihn Millionen
Sogar das 1. Training verschläft er
Er trägt immer noch den Ehering
Winni Schäfer Bundes-Trainer
SIEMENS-Handy
Neues Arbeitslosengeld
BILD erklärt den Fragebogen
Michel Friedman und

Dienstag, 20. Juli

FDP-Chef Westerwelle liebt diesen Mann
Bild
Hola-di-hoo
Arbeitslosengeld
BILD erklärt das neue Formular
Schäfer Bundestrainer
Winnis Frau sagt schon JA!

Mittwoch, 21. Juli

Immer mehr prominente Männer bekennen sich zu ihrer Homosexualität
Wie schwul ist Deutschland?
Bild
Warum?
DARUM!
DFB holt Klinsi
Arbeitslose empört über Clement

Donnerstag, 22. Juli

Massenmord im Sudan, die Welt schaut weg

Tausende verenden elendig in der sudanesischen Provinz Darfur im Westen des afrikanischen Landes. Sie sind Opfer im brutalsten Bürgerkrieg, der z.Zt. auf dem Kontinent wütet. Mordende Moslem-Milizen richten unter der Zivilbevölkerung ein Massaker an. Aber außer einer „Rüge" durch die UN passiert nichts Nennenswertes, um zu helfen.

Furchtbare Bilder erreichen uns aus dem Sudan. Dort ziehen mordende **Moslem-Milizen** durch die Steppe und machen Jagd auf Christen. Sie brechen die Beine der Frauen, damit sie nicht weglaufen können – und vergewaltigen sie tagelang. Sie schneiden Babys vor den Augen ihrer Mütter die Kehle durch. Sie werfen Menschen gefesselt ins Feuer. UN-Generalsekretär **Kofi Annan** „rügt" die Regierung in Khartum. Ansonsten schaut die Welt weg.

Hagelkörner so groß wie Tennisbälle

Und dann die Bilder vom Katastrophen-Wetter! Im Südwesten knallen Hagelkörner so groß wie Tennisbälle vom Himmel. Beispiel Freiburg: 27 Liter Regen pro Quadratmeter in nur 30 Minuten! Beispiel Suhl (Thüringen): Der Blitz schlägt in eine Gasleitung, 12 Minuten später explodiert das Haus – ein Rentner tot. Regenschirm-Hersteller melden ein Umsatzplus von 42 Prozent; Forscher halten einen gigantischen Sonnensturm für eine mögliche Ursache des „Bibber-Sommers 2004". Auf der Zugspitze schneit's. Dann explodiert Deutschlands Westen: Tornados mit Spitzengeschwindigkeiten von bis zu 300 km/h fegen übers Ruhrgebiet, durch-

Alle bemitleiden den armen „Hungerhund" von Nürnberg

Frauchen wollte Mischling „Leonie" gern als Handgepäck mit ins Flugzeug nehmen. Deshalb bekam das 25-kg-Tier kaum was zu fressen. Bei 12 kg (immer noch 7 zuviel) sah's die Polizei: Hund beschlagnahmt! Im Tierheim (rechts) wurde der arme Hund wieder aufgepäppelt.

Neuer Bundestrainer
Klinsi
Erlöse uns!
Bild
BILD enthüllt seinen Geheim-Plan für den deutschen Fußball
Die klügste Diät der Welt
Freispruch für Bosse

Mehr Geld für Politiker!
Minister kriegen bis zu 630 Euro mehr
Bild
Tod nach Operation
Klinsi
Seine Frau bleibt in USA

Exklusiv in BILD!
Die größte Gehalts-Tabelle Deutschlands
Bild
Prost Schumi
Ekel-Alm
Hier rührt Tatjana Gsell in der Sch...

Mehr Geld für Politiker!
Diese Schlagzeile alarmierte den Kanzler
BILD stoppt Gehaltserhöhung für Politiker
Bild
Sex-Krieg auf der Ekel-Alm
Klinsi
EM-Versager zittern schon

trennen Oberleitungen, decken über 1000 Hausdächer ab und werfen einen 200-Tonnen-Kran um.
Am Niederrhein ruht der Bahnverkehr. Ein Pferdeanhänger fliegt 400 Meter durch die Luft. Das Stadttheater Duisburg ist vorübergehend eine Freiluftbühne, denn der Sturm hat das Dach weggefegt.
Nicht so stürmisch wie seinerzeit bei Berlins Regierendem Bürgermeister Wowereit, sondern eher wie ein zarter Windhauch geht das „Outing" von **FDP-Chef Guido Westerwelle** vor sich. Er bringt (anläßlich der Feier von Angela Merkels 50. Geburtstag) einfach seinen Lebensgefährten mit und setzt ihn neben sich. Auch sonst saß bei dem Empfang zusammen, was zusammengehört: **Neben Frau Merkel sah man ausnahmsweise ihren Mann Prof. Joachim Sauer**. Den zeigt sie ja sonst nicht so oft.
Westerwelles Lebensgefährte **Michael Mronz** ist Geschäftsführer des weltbekannten Aachener Reitturniers CHIO und galt unter Nicht-Eingeweihten bisher als einer der begehrtesten Junggesellen Kölns. Das können sich die Damen jetzt wohl abschminken.
„Wie schwul ist Deutschland?", fragt BILD am Tag danach, denn fast gleichzeitig startet das „(T)Raumschiff Surprise" in den deutschen Kinos. Und das hat soviel schwulen Humor im Tank wie richtige Raumschiffe Treibstoff haben!

FDP-Chef (links), Lebensgefährte beim Merkel-Geburtstag

Selten dabei: Angela Merkels Mann, Prof. Sauer. Er gilt als öffentlichkeitsscheu

Mensch, Petrus: Was ist denn das für ein Juli-Wetter?

eisal (rechts) stammt aus Kuwait nd freut sich auf der Zugspitze ber Juli-Schnee. Wahrscheinlich laubt er, das sei in Germany anz normal. Ist es aber nicht. /irbelstürme und riesige Überchwemmungen sind die ersten orboten einer gigantischen Klia-Katastrophe, fürchten viele /issenschaftler.

Hier wohnte Rentner Willi S. (63). Ein Blitz traf seine Gasleitung: tot

Und so fährt ie Freiburger Polizei im „Land-unter-ommer 2004" zum Einsatz. Der Beamte ninten behält wenigstens trockene Füße ...

Klinsi und Bierhoff machen den Job

Explosiv ist, was BILD am 22. Juli bringt. An diesem Tag fällt erstmals der Name **Klinsmann** im Zusammenhang mit der Fußballfrage. „Es ist eine Selbstverständlichkeit, daß ich dem DFB helfe", sagt er. Aber kann der Neue das Stoßgebet von BILD („Klinsi erlöse uns") wahrmachen? Schließlich hat er noch nie eine Mannschaft trainiert und lebt seit Jahren fernab vom deutschen Fußball in Kalifornien! Klinsi ist also Deutschlands neuer Team-Chef, und **Oliver Bierhoff** kriegt den Manager-Job.

Krebs! Klinsi bangt um seinen Vater

Mehr Nutzen für Windows-Nutzer

HANNI Alles aus mit Suska!

Die große Gehaltstabelle in BILD

Noch mehr Gehalts-Tabellen von BILD

So viel verdienen deutsche Beamte

Roy im Rollstuhl

+++ Trainer Osieck sagt ab +++ Ohrfeigen von Matthäus +++

Klinsmann im Chaos

Klinsi will WM-Titel für krebskranken Vater

Uschi Glas

Die große BILD-Liste Noch mehr Beamten-Gehälter

BILD enthüllt Klinsis Geheim-Vertrag

Eine Million WM-Prämie

Prinzessin Stephanie Neue Liebe?

So viel verdienen unsere Politiker wirklich

 Mittwoch, 28. Juli | Donnerstag, 29. Juli | Freitag, 30. Juli | Sonnabend, 31. Juli

Hier fährt Spiderman mit der Bahn zur Arbeit

Der zweite große Kino-Knüller im Juli nach dem „(T)Raumschiff Surprise" war „Spiderman 2" mit Tobey Maguire und Kirsten Dunst als Mary Jane

Nicht nur Frau Merkel ist im Juli 50 geworden, auch Ex-Sponti und Dosenminister **Trittin**. Der antwortet auf die Geburtstags-Interview-Frage „Was würden Sie machen, wenn Sie nicht Minister geworden wären?" ganz ernsthaft: „Vielleicht BILD-Chefredakteur." Ob's dann wohl auf jede ausgelesene BILD am Kiosk 50 Cent Pfand geben würde?

Und dann war da noch die Tour de France. Armstrong siegte. Dabei hatte es doch ein **Jan-Ullrich**-Sommer werden sollen! Schauen Sie die Fotos rechts an. Und wenn Sie sich *nicht* ärgern wollen, blättern Sie jetzt schon weiter. **Es war wirklich kein Jan-Ullrich-Sommer, aber das paßte doch irgendwie zum Juli: Der war ja auch kein Sommer.**

Das Folter-Schloß des Todes-Försters

Er ist der neue Dutroux. Name: Michel Fourniret (62). Geständig. Mindestens sechs Mädchen zwischen 13 und 22 hat er bis 2001 entführt, vergewaltigt, getötet. Nach der Mordserie in den Ardennen verkaufte er das Schloß (heute ein Hotel) und zog nach Belgien. Seine Frau (links) schwieg, bis Frau Dutroux 30 Jahre Knast bekam: Da ging sie zur Polizei.

Céline Saison († 18)

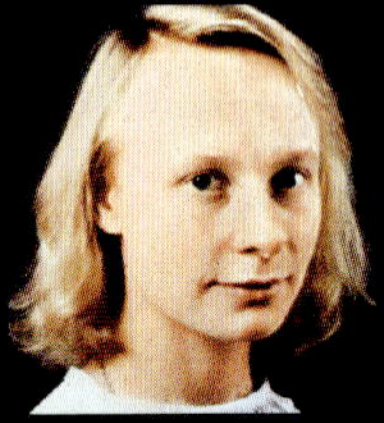
Jeanne-Marie Desramault († 22)

Isabelle Laville († 17)

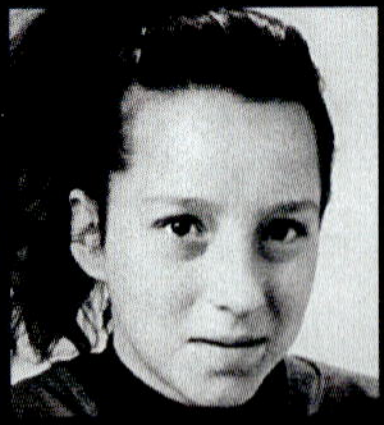
Natacha Danais († 13)

Elisabeth Brichet († 13)

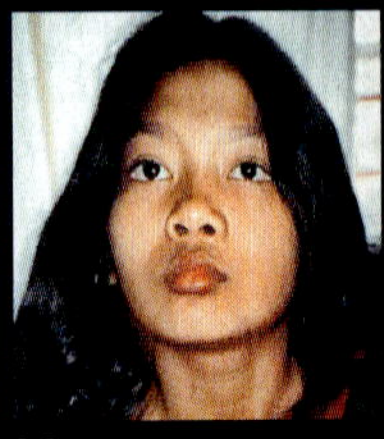
Mananya Thumpong († 13)

Bild SPORT

Seite 8 • BILD • 20. Juli 2004

Riis: Jan vergeudet sein Talent

Bjarne Riis wollte Jan Ullrich 2003 in seinen Rennstall holen. Der Plan scheiterte am Geld

Der Kopf hat die Tour entschieden

Siegertyp: Lance Armstrong

Ewiger Zweiter: Jan Ullrich

Siegen um jeden Preis

Steil ist geil

Schokolade

Platz 2 ist auch nicht schlecht

Urlaub

Ausreden (Schnupfen, Regen)

Wann hört dieser Ami endlich auf?

Ausgesorgt (5 Mio/Jahr)

Tour-Splitter

So tickt Armstrong

So tickt Ullrich

Jan Ullrich enttäuscht bei der Tour de France

Sechs Finger. Sechs Siege. Lance Armstrong präsentiert seinen Tour-Rekord. Jan Ullrich (rechts) schafft es nicht mal bis aufs Siegertreppchen. Ist unser Rad-Star zu satt? Ja, meint BILD: Die Tour wird im Kopf entschieden. Die Hirne der beiden Rivalen, geringfügig vereinfacht dargestellt, aber lustig: Bei Armstrong ist eben nix außer Siegeswille.

Hier kommt die „Queen Mary 2" nach Hamburg

Superlativ-Pott. 345 m lang. 157 000 PS. 870 Mio. Euro teuer. 2620 Passagiere. 1310 Kabinen. 1253 Mann Besatzung. Erster Hamburg-Besuch, 400 000 jubeln am Ufer. Die Queen kommt wieder. Schon 2005.

Ein Bundespräsident, der sich einmischen will

Claus Jacobi
ist Autor und Kolumnist des Axel Springer Verlages

Die Republik hat wieder ein Staatsoberhaupt. Und was für eines: Im Gegensatz zu allen seinen Vorgängern entstammt es nicht der politischen Kaste Deutschlands, ist nie Landes- oder Bundesminister, Parteifunktionär oder sogenannter Volksvertreter gewesen. Deren Lebens- und Redeweisen sind Horst Köhler fremd. Er will wirken. „Ich liebe unser Land", sagte er nach seiner Wahl. Und: „Gott segne unser Land."

Horst Köhler, Bauernsohn und Flüchtlingskind. Er hat Leid, Not und Liebe erfahren, wie es die meisten nur vom Hörensagen kennen. Sein Weg nach oben flößt Bewunderung ein. Seine deutschstämmige Familie stammt aus Bessarabien. Während seine Mutter ihn unter ihrem Herzen trug, wurden die Köhlers im Krieg nach Polen umgesiedelt.

Ein Jahr später war die Familie schon wieder auf der Flucht vor der Roten Armee. Neun Jahre lebte sie fortan auf einem Hof in Markkleeberg bei Leipzig. Die Mutter verabscheute die Kommunisten. Dem Vater, der ein Schwein schwarz geschlachtet hatte, drohte 1952 ein Prozeß. Da beschlossen die Eltern die dritte Flucht.

Ein Schleuser nahm ihnen ihr letztes Geld. Vier Jahre in Flüchtlingslagern, dann (1957) endlich eine Dreizimmerwohnung. Von jetzt an ging's bergauf.

Nach dem Abitur diente Horst Köhler 24 Monate bei den Panzergrenadieren und wurde Leutnant. In dieser Zeit gestand er seiner heutigen Gattin Eva Luise Bonet aus Ludwigsburg seine Liebe. Seit 35 Jahren sind sie inzwischen verheiratet: „Das ist ein Glück", sagt er heute, „und ich betrachte es als ein großes Geschenk, daß wir uns immer noch lieben."

Im Jahr seiner Eheschließung, 1969, war er Referent im Institut für Wirtschaftsforschung und promovierte später „magna cum laude". Sie wurde Lehrerin – und SPD-Kommunalpolitikerin. 1973 kam Tochter Ulrike, 1977 Sohn Jochen zur Welt. Die Tochter war als Kind erblindet, machte aber trotzdem ihr Abitur und lebt in einer eigenen Wohnung. Der Schicksalsschlag, den sie gemeinsam trugen, hat sie und ihre Eltern noch enger verbunden. „Ulrike ist stark", sagt der Vater. Mit anderen Worten: Ulrike ist eine Köhler. Der Sohn wurde mit 17 Jahren unverheiratet Vater. Für Horst Köhler, der einst um die Hand seiner Frau angehalten hatte, ehe er sich auch nur verlobte, war es ein „Schock". Doch er half. Wieder erwiesen sich die Familienbande stärker als alle Widrigkeiten.

Horst Köhler war 1990 Staatssekretär im Bundesfinanzministerium, 1993 Präsident des Deutschen Sparkassen- und Giroverbandes, 1998 Präsident der Europäischen Bank für Wiederaufbau und 2000 Chef des Internationalen Währungsfonds. Dann wurde er, der 1972 für Willy Brandt stimmte und erst 1981 in die CDU eintrat, auf Vorschlag von Union und FDP mit 604 von 1204 Stimmen zum Bundespräsidenten gewählt.

„Offen will ich sein – und gleichzeitig unbequem", hatte er vor der Wahl in dem großartigen Buch „Horst Köhler" von Hugo Müller-Vogg versprochen. Kein halbes Jahr später lieferte er den Beweis: „Sehr geehrter Herr Bundeskanzler", schrieb er zu der Debatte um den Tag der Deutschen Einheit an Gerhard Schröder, „der 3. Oktober ist wichtig für die Zukunft unseres Landes und sollte erhalten bleiben ..."

Der Kanzler war pikiert, gab aber nach. Die Republik hatte einen Präsidenten, der sich einmischt. 78 Prozent der Deutschen fanden das gut.

Gleich zu Beginn seiner Amtszeit kündigte Horst Köhler an, daß er keinesfalls ein bequemer Präsident sein wolle. Das bewies er, als der „Tag der Deutschen Einheit" abgeschafft werden sollte

Lorbeer, Lachen, gute Laune

Gruppenbild mit Damen. Athen, 26. August 2004, ein Donnerstag. 33 Grad, sonnig, leichter Wind. Wir sehen unsere Hockey-Mädels. Gerade haben sie im Olympia-Finale Top-Favorit Holland 2:1 an die Wand gespielt: Gold, Gold, Gold! Ein Sensations-Sieg. Soviel Glück, soviel Freude, soviel gute Laune! Ansonsten aber war Olympia überschattet von Doping-Skandalen und Medaillen-Klau.

Montag, 2. August

Dienstag, 3. August

Mittwoch, 4. August

Donnerstag, 5. August

Hartz IV & Olympia

Kinder bangen ums Taschengeld, Kanzler in Not, und alle schauen nach Athen

Für unsere Kinder beginnt der Ferienmonat August mit einer schlechten Nachricht: Hartz IV will ihnen ans Taschengeld! „Bitte, liebe Regierung, laßt mir mein Sparschwein", fleht ein Vierjähriger in BILD: „Ich spare doch auf einen Fußball."

BILD druckt prompt einen „Hartz IV"-Fragebogen für die Kleinsten, über den sogar Minister Eichel geschmunzelt haben dürfte: „Hast du über 100 Legosteine?", „Hast du mehr als ein Harry-Potter-Buch?"

Für Autofahrer beginnt der August auch mit einer schlechten Nachricht: In New York rast der Preis für Rohöl auf den höchsten Stand seit 21 Jahren (44,29 US-Dollar pro Faß), und als Folge rechnen Experten bei uns mit einem Literpreis von 1,30 Euro. Heizöl, Erdgas und Strom sollen ebenfalls teurer werden.

Noch schreibt BILD übrigens das Wörtchen „Fass" mit 2 s, wie es die immer häufiger kritisierte „Schlechtschreibordnung" verlangt. Aber das wird sich bald ändern.

Für den Kanzler schließlich beginnt der August mit ganz schlechten Nachrichten. Erst kursiert im Internet

Waren mal Freunde: Kanzler Schröder und Lafontaine

ein Kettenbrief von SPD-Mitgliedern, in dem er zum Rücktritt aufgefordert wird („Wir sind die SPD"). Dann ruft Ex-SPD-Chef **Oskar Lafontaine** die Partei öffentlich zum Sturz des Kanzlers auf: „Es geht mit ihm nicht mehr." Lafo will die in Planung befindliche neue Linkspartei unter-

Unser Sparbuch kriegt ihr nicht

Finger weg, bäh! In BILD sagen Nicole (11, links), Cedric (4), Laura (4), Kevin (8) und Mario (6), alle sind Kinder von Arbeitslosen, was sie von der Hartz-IV-Idee mit dem Taschengeld halten: Absolut nichts! Das Geld sei schließlich vom Munde abgespart und für Mountainbikes, Fußbälle und Gameboys gedacht. Es dürfe keinesfalls aufs Arbeitslosengeld angerechnet werden.

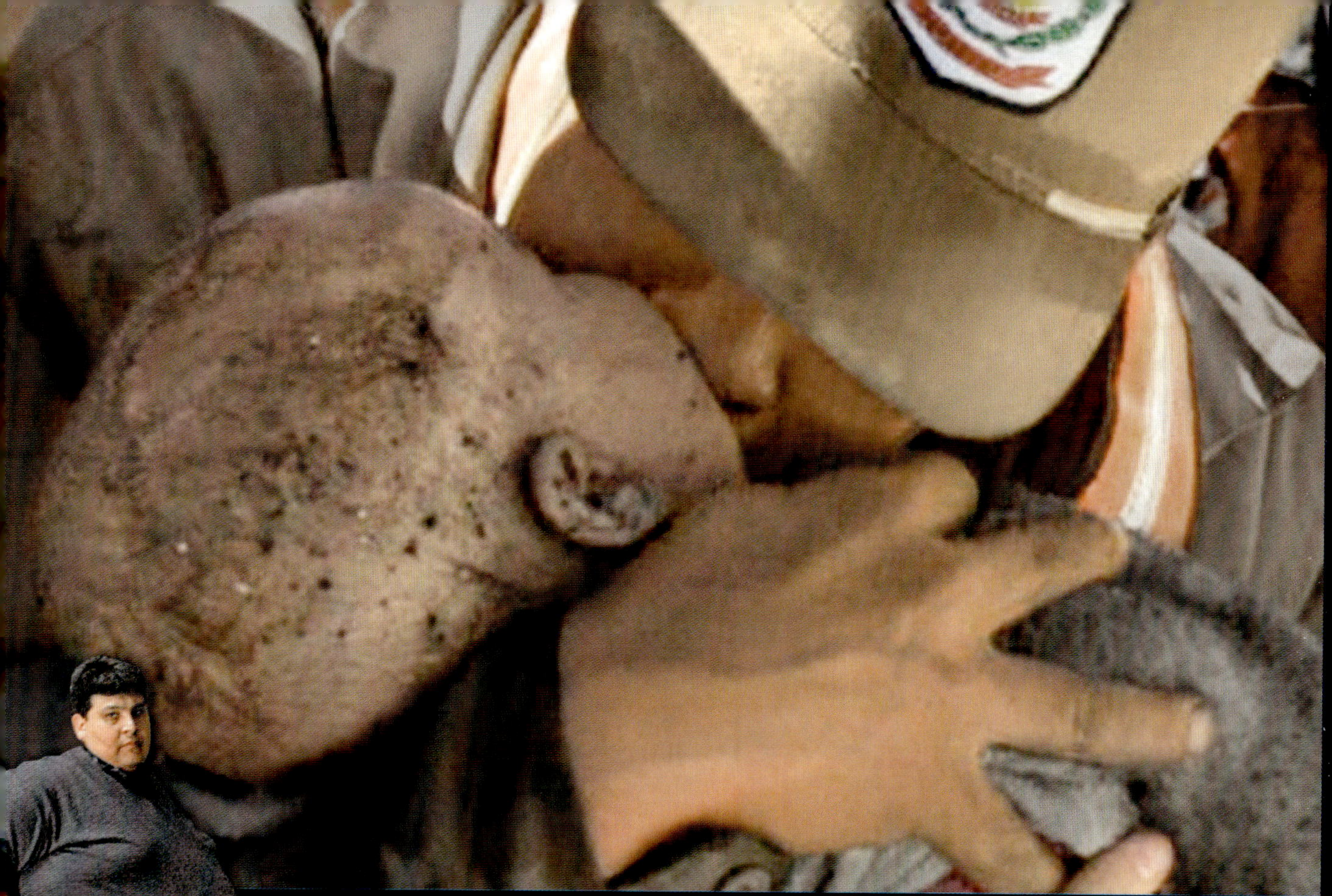

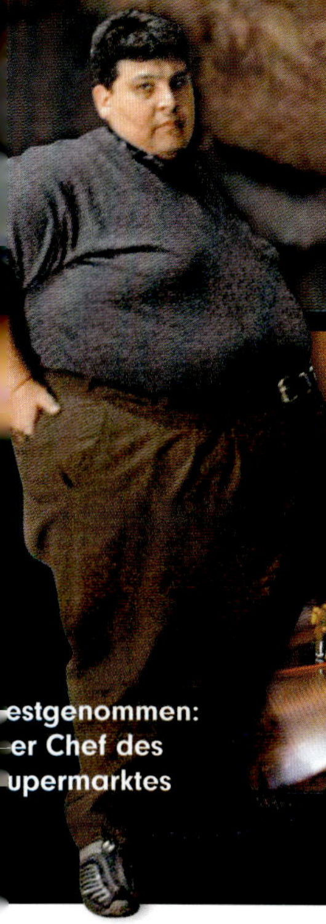

estgenommen:
er Chef des
upermarktes

Verriegelt: der Haupteingang des Einkaufszentrums

Supermarkt-Inferno! Dieses Baby überlebt

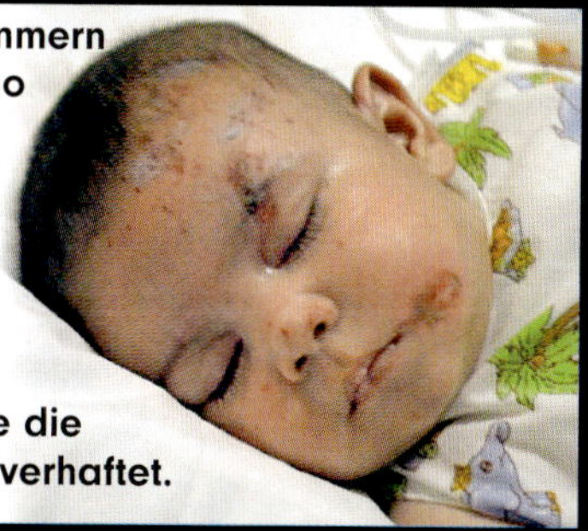

Das Wunder geschah zwischen Trümmern und verkohlten Leichen. Beim Inferno von Paraguay (siehe Bericht unten) fand Polizist Juan Duarte den leblosen, völlig verrußten Körper des vier Monate alten Enzo und holte ihn mit Mund-zu-Mund-Beatmung ins Leben zurück. Der dicke Supermarkt-Chef Victor Daniel Palva hatte die Türen verrammeln lassen. Er wurde verhaftet.

stützen, wenn die SPD seinem Aufruf nicht folgt.

Für den Kanzler besteht nun Handlungsbedarf. So – oder so. Wir hören noch von ihm in diesem Monat. Was brachte der August-Anfang international? In **Paraguay** explodierte ein Supermarkt. Aus Angst vor Plünderungen ließ der Besitzer alle Türen verriegeln; für über 360 Menschen wurde der Markt zur Todesfalle. Die Feuerwehr mußte Mauern einreißen, um überhaupt an den Brandherd zu gelangen.

In **Monaco** liebte die wilde **Prinzessin Stéphanie** mal wieder einen Neuen (diesmal einen Croupier aus dem Casino von Monte Carlo).

Croupier Frank Brasseur (verheiratet), Prinzessin Stéphanie

Der Kopfgeldjäger von Afghanistan

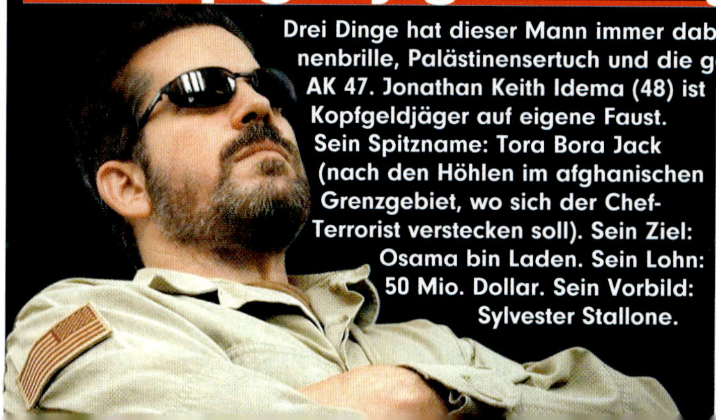

Drei Dinge hat dieser Mann immer dabei: Sonnenbrille, Palästinensertuch und die geladene AK 47. Jonathan Keith Idema (48) ist Kopfgeldjäger auf eigene Faust. Sein Spitzname: Tora Bora Jack (nach den Höhlen im afghanischen Grenzgebiet, wo sich der Chef-Terrorist verstecken soll). Sein Ziel: Osama bin Laden. Sein Lohn: 50 Mio. Dollar. Sein Vorbild: Sylvester Stallone.

Wieviele Rentner waren es?

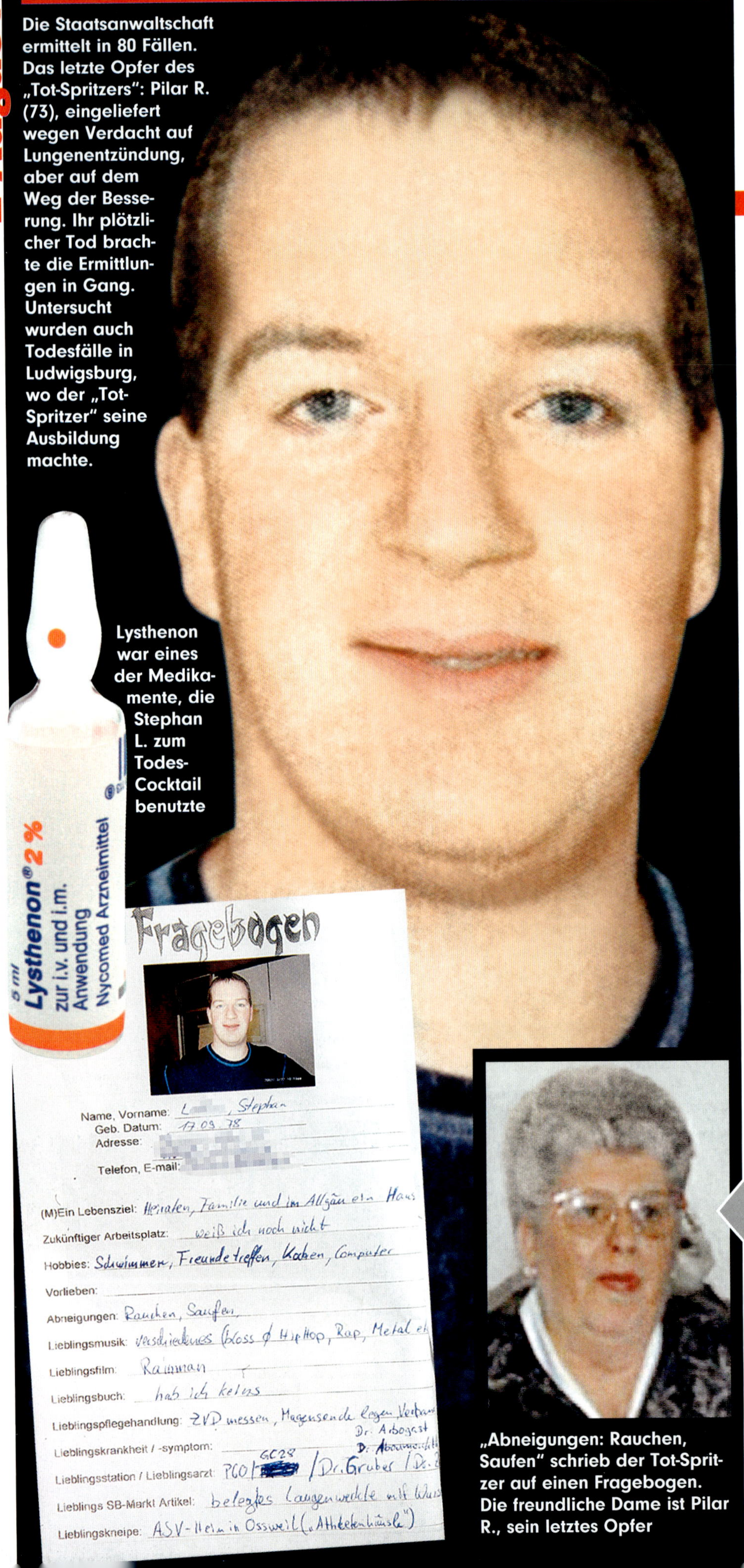

Die Staatsanwaltschaft ermittelt in 80 Fällen. Das letzte Opfer des „Tot-Spritzers": Pilar R. (73), eingeliefert wegen Verdacht auf Lungenentzündung, aber auf dem Weg der Besserung. Ihr plötzlicher Tod brachte die Ermittlungen in Gang. Untersucht wurden auch Todesfälle in Ludwigsburg, wo der „Tot-Spritzer" seine Ausbildung machte.

Lysthenon war eines der Medikamente, die Stephan L. zum Todes-Cocktail benutzte

Fragebogen

Name, Vorname: L..., Stephan
Geb. Datum: 17.09.78
Adresse:
Telefon, E-mail:
(M)Ein Lebensziel: Heiraten, Familie und im Allgäu ein Haus
Zukünftiger Arbeitsplatz: weiß ich noch nicht
Hobbies: Schwimmen, Freunde treffen, Kochen, Computer
Vorlieben:
Abneigungen: Rauchen, Saufen
Lieblingsmusik: Verschiedenes (Cross of HipHop, Rap, Metal etc.
Lieblingsfilm: Rainman
Lieblingsbuch: hab ich keins
Lieblingspflegehandlung: ZVD messen, Magensonde legen, Verband
Lieblingskrankheit / -symptom:
Lieblingsstation / Lieblingsarzt: PCO / GC28 / Dr. Gruber / Dr. Arbogast / D. Abramowitz
Lieblings SB-Markt Artikel: belegtes Laugenwecke mit Wurst
Lieblingskneipe: ASV-Heim in Ossweil („Athletenhäusle")

„Abneigungen: Rauchen, Saufen" schrieb der Tot-Spritzer auf einen Fragebogen. Die freundliche Dame ist Pilar R., sein letztes Opfer

Freitag, 6. August

In **Bagdad** gingen irakische Soldaten mit ihren Gefangenen äußerst brutal um; Folterungen mit Stromkabeln, Knüppeln und Chemikalien waren dort offenbar an der Tagesordnung.

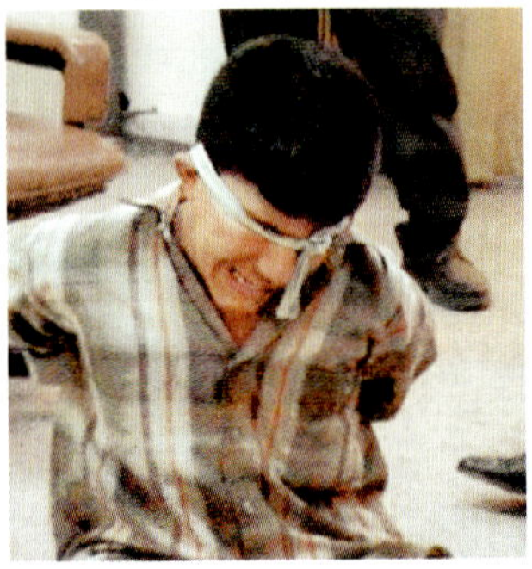

Irakischer Junge (14), den US-Soldaten schwer mißhandelt in einem Gefängnis in Bagdad entdeckten

Und in **Kabul** wurde **„Tora Bora Jack"** verhaftet. Der seltsame Amerikaner ritt schon seit Monaten durch die afghanischen Berge und jagte mit seinen Getreuen Osama bin Laden (50 Mio. US-Dollar Kopfgeldprämie). Jetzt wurde der Abenteurer gestoppt: In seinem Privatgefängnis hingen lebende Menschen mit dem Kopf nach unten von der Decke, um sie zum Plaudern zu zwingen. Anklage wegen Folter.

Zwei unheimliche Krankenpfleger

Zurück nach Deutschland! Zwei Krankenpfleger lehren uns das Gruseln. Wir schauen zunächst ins Krankenhaus von Sonthofen. Dort wird ein junger Mann mit eher harmlos wirkendem Gesicht einer ungeheuerlichen Tat verdächtigt: **Stephan L. (25)** könnte bis zu 80 Patienten totgespritzt haben! Er wäre damit der größte Massen-Killer seit Kriegsende. 10 Fälle gesteht er schon mal vorab; Tatmotiv war angeblich Mitleid. Im Allgäu werden Gräber geöffnet und die Leichen der ehemaligen Patienten obduziert.
Der andere Krankenpfleger, **Stephan K. (28)** aus Kulmbach, sieht auf den

Sonnabend, 7. August

Montag, 9. August

Dienstag, 10. August

Mittwoch, 11. August

Hier toben die Girls aus der Maxim-WG

Deutschland schmunzelte über die sexy Girls aus Deutschlands heißester WG, gegründet von MAXIM und BILD. Hier richten sie sich schon mal häuslich ein und zeigen, daß Renovieren durchaus nicht nur was für Männer ist.

Bea mit dem Abbruch-Hammer. Sechs Monate bleiben die Mädels in der WG

Fotos in BILD auch eher nett aus. Dabei ist er ein Monster und wollte seine eigene Nichte (14) im Auto vergewaltigen! Sie wehrt sich, er sticht zu – das Mädchen ist tot.

Ganz tragisch auch der Schiebedach-Unfall in einem hessischen Dorf: Dort spielt ein Fünfjähriger im Auto seines Großvaters, plötzlich schließt sich das Schiebedach und klemmt seinen Hals ein. Auch er kommt ums Leben.

Am Sonnabend, dem 7. August 2004, heißt die Schlagzeile: „BILD kehrt zurück zur alten Rechtschreibung". Bereits in den Wochen zuvor war die Kritik an den undurchsichtigen Regeln immer lauter geworden. Schnellstmöglich soll nun die gewohnte Grammatik wieder eingeführt werden. Auch die übrigen Objekte der Axel Springer AG sowie

Erschüttert: Alwin J., der Großvater. Oben sein Mercedes

So wurde das Schiebedach zur Falle

Bei bestimmten älteren Mercedes-Typen läßt sich das Schiebedach auch dann schließen, wenn der Zündschlüssel abgezogen ist – vorausgesetzt, eine der Vordertüren ist geöffnet. Das wurde dem fünfjährigen Christian aus Fulda, der vermutlich auf der Mittelkonsole stand, zum Verhängnis.

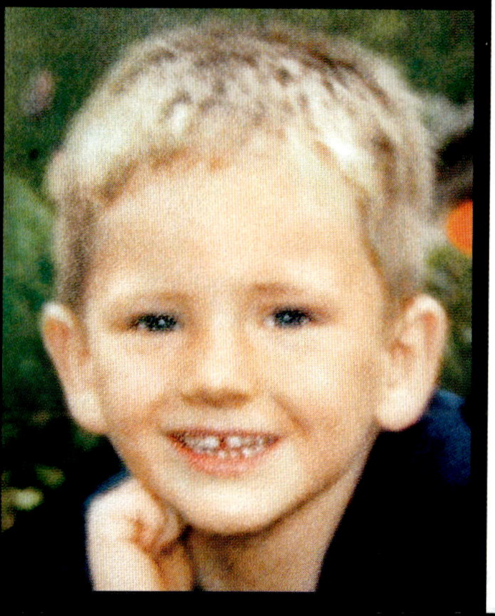

 Donnerstag, 12. August

Freitag, 13. August

Sonnabend, 14. August

Montag, 16. August

der SPIEGEL-Verlag machen mit. Beide Verlage zusammen erreichen mit ihren Objekten ca. 60 Prozent der Bevölkerung.

Olympia steht vor der Tür. Auch bei uns ist es inzwischen heiß (31 Grad, der Sommer kam nämlich doch noch). In Athen weht der warme Meltemi-Wind.

Bundestrainer Jürgen Klinsmann (40) Foto: HARDER

Heute Olympia-Start

Gold ist geil

Lauft, schwimmt, springt, werft wie griechische Götter!

Ab heute sind wir alle goldgeil. Olympia beginnt mit einer gigantischen Eröffnungsfeier. BILD liefert den großen Olympia-Planer mit allen Entscheidungen dazu. Seiten 8-10

Unsere Gold-Hoffnung Franziska van Almsick (26) Foto: PERENYI

Beim Zeus, diese Griechen: Erst werden sie mit **Otto „Rehakles"** Europameister, dann schaut die ganze Welt auf ihre Spiele. Im BILD-Interview sagt Ministerpräsident **Kostas Karamanlis** stolz: „Jetzt haben wir die Chance, das heutige Griechenland von seiner besten Seite zu zeigen." Er spricht sich übrigens klar für den EU-Beitritt der Türkei aus und nennt Frau Merkel freundschaftlich „Angela".

BILD schwört Deutschland auf die Kämpfe ein. Schließlich erinnert unsere Gold-Kurve in der Olympia-Statistik an die Umfrage-Ergebnisse der SPD (konsequent nach unten). „Gold ist geil! Lauft, schwimmt, springt wie die griechischen Götter!" so heißt es am 13. August auf der Titelseite.

Aber die Haupt-Schlagzeile an diesem Tag gehört einem stillen Thema: Bundeskanzler **Gerhard Schröder** hat erstmals das Grab seines Vaters

FDP-Chef Westerwelle trägt sich ins Kondolenzbuch ein

Trauer um Rexrodt

Nach einer 10-Stunden-Krebs-Operation gab es immer wieder Komplikationen. Trotzdem war der Ex-FDP-Wirtschaftsminister Günter Rexrodt († 62, oben mit seiner Frau Ingrid) auf dem Weg der Besserung, als er in der Berliner Charité ganz plötzlich an Herzversagen starb.

(† 32) besucht, den er niemals kennenlernen durfte. Im rumänischen Dörfchen Ceanu Mare (4500 Einwohner) legt er einen Strauß aus weißen Rosen und blauen Freesien vor das massive Holzkreuz, auf dessen Tafel die Namen von neun Gefallenen stehen. Einer davon lautet **„Fritz Schröder".**

„Eines der stärksten Bilder seiner Kanzlerschaft"

Der Kanzler verharrt eine Minute mit geneigtem Blick und gefalteten Händen. Dann legt er einen Kranz am „Grab des unbekannten rumänischen Soldaten" nieder und besucht einen Toten-Gedenkgottesdienst in der Friedhofskapelle.

Draußen empfangen ihn die Dorfbewohner mit freundlichem Jubel, der Bürgermeister fährt Pflaumenschnaps und Käsekuchen auf und bedankt sich für Schröders Gastgeschenke: Fußbälle, Computerspiele, zwei Tischtennisplatten.

International wird das andächtige Kanzler-Foto stark beachtet. So schreibt zum Beispiel die angesehene „Frankfurter Allgemeine Sonntags-Zeitung" am nächsten Tag: „(...) eines der stärksten Einzelbilder seiner Kanzlerschaft. (...) Dieser einen Aufnahme gelingt alles: eine über die Grenzen politischer Präferenzen, in alle Milieus und Generationen reichende intime Verbindung zu stiften zu den Schicksalen Millionen deutscher Familien, das Thema Krieg und Frieden als das große bundesrepublikanische Thema mit seiner Person zu verbinden und schließlich zu einer Ebene wahren Pathos' vorzudringen, vor der Schröder stets zurückgescheut war. Wo er sich bloß als Sohn, als Waise zeigt, wirkt er zum ersten Mal als Staatsmann."

Wenige Tage später melden BILD und „Süddeutsche Zeitung" exklusiv, daß **Gerhard Schröder** und seine Frau **Doris** ein russisches Kind adoptiert haben **(Viktoria, 3).** Es sagt sogar schon Papa zum Kanzler.

Das neue große Glück der Familie Schröder

BILD und „Süddeutsche Zeitung" melden gleichzeitig und exklusiv, daß sich die Schröders ein Adoptivkind aus Rußland geholt haben

Der Kanzler am Grab seines Vaters

Eine berührende Moment-Aufnahme, die Sinnbild deutscher Geschichte ist. Der Bundeskanzler steht allein, seinem Wunsch entsprechend ohne Begleitung, am Grab des Vaters, der vor 60 Jahren im fernen Rumänien fiel. Eine Minute verharrt Gerhard Schröder am Grab. Ein Fotodokument, das Deutschland tief berührt

Nach Silber über 1000 m siegte Andy Dittmer im Kanadier-Einer über 500 m. „Ich hab mir nach dem Aufstehen gesagt: Ich gebe alles. Egal, ob ich im Ziel sterbe ...“

Judith Arndt zeigt auf der Ziellinie den Stinkefinger

Die gebürtige Georgierin Anna Dogonadse holte auf dem Tram polin unser fünftes Gold unter irren Schmerzen

Doping! Griechenlands Helden unter Verdacht

Die griechischen Nationalhelden Kostas Kenteris und Ekaterini Thanou drückten sich vor einer Dopingkontrolle. Angeblich fielen sie vom Motorrad

Unser kleiner Riesenturner

Fabian Hambüchen (16) machte uns am meisten Spaß. Er turnte sich in unsere Herzen. Fabian geht in die 11. Klasse eines Gymnasiums in Wetzlar, hat eine Freundi (Turnerin aus Leipzig) unc vom Training dicke Hornhaut an den Händen

Olympia-Gold mit 42 Jahren! Birgit Fischer im Vierer-Kajak mit Maike Nollen, Katrin Wagner und Carolin Leonhardt

Olympia! Jubel, Tränen und geplatzte Hoffnungen

4mal Gold, 16mal Silber, 18mal Bronze. Im ledaillenspiegel landet Deutschland diesmal uf Platz 6. Wir sehen die Tränen von Franzi, ie Enttäuschung von Kretsche, den kleinen Rieenturner und den Freudensprung von Anna Doonadse, die mit Bänderriß Gold holte. Aber wir ehen auch die beiden Griechen mit ihrer Dopingchummelei und Judith Arndts unportlichen Stinkefinger-Gruß ...

Nur Platz 5 über 200 m Freistil: Franziska van Almsick weint. Auch das Gesicht ihres Freundes und Handball-Riesen Stefan Kretzschmar spricht Bände: nur Silber im Finale gegen Kroatien

 | Dienstag, 17. August | Mittwoch, 18. August | Donnerstag, 19. August | Freitag, 20. August

Gold-Reiterin Hoy jubelte zu früh

Das „geklaute Gold" – aber auch die Doping-Vorwürfe, die später aufkamen – machen Olympia für uns unvergeßlich. Wie haben wir mit Bettina Hoy gezittert, gebangt und gehofft!

Bettina auf ihrem Lieblingspferd „Ringwood Cockatoo"

Bettina ritt sich in unsere Herzen und setzte aufs falsche Pferd

SIE ritt bei den Olympischen Spielen in Athen in unsere Herzen. SIE rührte uns zu Tränen. Military-Amazone Bettina Hoy (42). Ihr wurden in Athen zwei Gold-Medaillen geklaut!

Es kam noch schlimmer. Zwei Monate später stand Hoy, die im englischen Gatcombe lebt und dort Prinzessin Sarah trainiert, im Mittelpunkt eines Doping-Skandals.

Aber der Reihe nach.

1. Akt: Am 18. August reitet Hoy auf ihrem Schimmelwallach „Ringwood Cockatoo" Bestzeit. Gold im Einzel und mit der Mannschaft. Doch zwei Stunden später ist das Edelmetall futsch. Die Ground Jury kassiert die Medaillen. Weil Hoy zweimal die Startlinie passiert hatte.

Hoy protestiert – und hat Erfolg. Das FEI-Schiedsgericht hebt das Urteil der Ground Jury auf. Hoy ist wieder Doppel-Olympiasiegerin. „Ich kann es kaum fassen", schluchzt sie unter Tränen. „Das ist der unglaublichste Tag meines Lebens. Gold da, dann weg, dann wieder da. Das macht mich fertig."

BILD-Reporter **Dirk Weitzmann**

2. Akt: Frankreich, England und USA schalteten ihre Anwälte ein. Einspruch beim Internationalen Sportgerichtshof (CAS) am 20.8. in Athen. Die Franzosen (hätten bei Erfolg Team- und Einzel-Gold) erwiesen sich als besonders fies. Sie verweigerten unseren Reitern sogar den Handschlag.

3. Akt: Nach vielen Vorladungen entscheidet das CAS am 23.8. gegen Bettina Hoy und das Team. Der Gold-Klau ist perfekt! Einzigartig in der olympischen Geschichte. Bettina Hoy erfährt vom Gold-Raub auf dem Heimflug nach Deutschland. Eine Stewardeß übermittelt ihr die traurige Nachricht.

Hoy schimpft über die Franzosen: „Ich bin nachtragend. Ich glaube, ich werde nie verzeihen können. Ich will Engländer, Franzosen, Amerikaner und Funktionäre nie wiedersehen."

4. Akt: Bundeskanzler Gerhard Schröder und das deutsche NOK kämpfen beim IOC für das Gold. Umsonst!

Bettina Hoy weint zu Hause bitterlich. Ihr australischer Ehemann Andrew (Military-Olympiasieger 2000) kann sie nicht wirklich trösten.

Bettina Hoy trotzig: „Ich weiß, daß ‚Ringwood Cockatoo' das beste Pferd war. Und ich weiß, daß ich die beste Reiterin war."

5. Akt: Am 8.10. der Riesen-Schock! Die A-Probe von „Ringwood Cockatoo" ist positiv. Ihr Wallach war in Athen gedopt. Im Blut wurde das Schmerzmittel Hydroxy-Diphenhydramin gefunden. „‚Ringwood' wurde wegen einer Schwellung in der Sattellage eingerieben. Ich habe mich auf die Erlaubnis des Team-Arztes verlassen", sagt Hoy traurig.

Sie setzte aufs falsche Pferd. Denn: Nach dem Gold-Klau droht ihr jetzt sogar ein Berufsverbot! Da macht die Gold-Reiterin plumps ...

Sonnabend, 21. August

Die erste Medaille! Bronze für unsere Judoka **Julia Matijass.** Die unschönste Medaille! Radsportlerin **Judith Arndt** (Silber) hält auf der Ziellinie den Stinkefinger in die Kameras; Grund: Ärger über die Nicht-Nominierung ihrer lesbischen Freundin **Petra Roßner.**

Immer wieder Doping-Vorwürfe

Und die geklaute Medaille! Vielseitigkeits-Reiterin **Bettina Hoy** (auf „Ringwood Cockatoo") dreht hinter der Startlinie um, weil die Zeit noch nicht läuft. Technischer Fehler! Sie holt Gold, die Jury erkennt es ihr ab, Deutschland protestiert, Gold wieder da. Frankreich, USA und England rufen das Berufungsgericht an, und das Gold ist wieder weg. Peinlich, ungerecht, beschämend!
Aber auch sonst fallen Schatten auf die Spiele. Da sind zum einen die vielen Dopingskandale. Immer wieder werden Athleten erwischt, die etwas Unerlaubtes im Urin haben. Wer ehrlich ist, kämpft sozusagen mit Müsli gegen Atombomben und hat dementsprechend schlechtere Chancen.
Franzi van Almsicks Goldträume platzen. Zu viel Psychodruck, nur Platz 5 über 200 m Freistil, Zitat: „Ich bin innerlich tot."
Jan Ullrichs Goldträume platzen auch, Platz 7 beim Zeitfahren, Zitat: „Ich war müde." Wir schauen zwischendurch mal wieder, was so bei uns passiert.

- In Leipzig hat ein Geschwisterpaar schon drei (!) gemeinsame Kinder bekommen. Mindestens zwei davon sind geistig behindert. „Wir können ja nicht die Hände dazwischenlegen", sagt der Mann

Mal keß, mal schüchtern, mal königlich ...

Das geheime Fotoalbum von Prinzessin Diana

Sieben Jahre nach dem Tod von Prinzessin Diana gab ihr Bruder Charles Spencer bewegende Privatfotos heraus. Das exzellente Diana-Porträt, geschrieben von Rosalind Coward, erschien Ende August bei Knesebeck, München. Der großformatige Band mit vielen Interviews kostet 50 Euro.

Für ihren Bruder posierte Diana im Ballettkostüm

Reiter-Skandal
Ich gebe mein Gold nicht her!
Franzi Kollaps
Nach ihrem letzten Rennen brach sie zusammen
Olympiareif
Neue Serie in BILD
Hitlers letzte Tage?
Bild

Montag, 23. August

Exklusiv
Gottschalk
So qualvoll starb sein Vater
Olympiareif
Fußball-Frauen
Traum vom Gold geplatzt!
Kanzler gegen Mindest-Löhne
Bild

Dienstag, 24. August

Herzinfarkt-Handball!
Dank Fritz Halbfinale
Wut im Osten
Eier auf den Kanzler
Jessica Stockmann
Das ist ihr Millionen-Baby
Bild

Mittwoch, 25. August

89 Tote!
Urlauber-Jets vom Himmel gebombt?
Liebes-Drama um Olympiasieger Beerbaum
Gold-Reiter kämpft um seine Ehe
Dieter Bohlen
Flucht von Mallorca!
Bild

Donnerstag, 26. August

Spurensuche nach dem Leichenfund im Fichtenwald bei Attendorn

Levkes Leiche wird in einem Wald gefunden

112 Tage Bangen, Verzweiflung, Angst, Hoffnung. Dann die schreckliche Nachricht. Die kleine Levke (8), die im Mai in Cuxhaven verschwand, ist tot. Ein Pilzsammler fand ihre skelettierte Leiche 400 km von zu Hause entfernt in einem Fichtenwald. Erst im Dezember 2004 wird der Mörder verhaftet. Er hat selbst Töchter...

vom Jugendamt etwas naiv. Wenigstens läßt sich der Bruder-Vater später sterilisieren.

● **Klinsi** hat sein erstes Training mit der Nationalelf und setzt **Kahn** als Kapitän ab; den Job soll jetzt **Ballack** machen. Wir hauen die Ösis weg (3:1).

● Eine wahre Invasion von Wespen überfällt Deutschland; Schuld daran ist der letzte viel zu milde Winter. Es gibt die ersten Wespen-Toten (Unfälle aus Schock nach Stich, und Allergien).

● **Jessica Stockmann** bringt in Fort Lauderdale Töchterchen **Nicita Chaia Floria** zur Welt; Papa **Florian Haffa** (verließ die schwangere Jessica) schickt Rosen und einen Teddy.

● Und in Oslo klaut eine Bande von maskierten Pistolenmännern **Edvard Munchs** „Der Schrei" und die „Madonna" direkt vom Haken an der Museumswand.

Ein viertes Mal in diesem „Schröder-Monat" steht der Kanzler noch mehr als sonst im Rampenlicht. In Wittenberge schlagen die Proteste

Munchs „Schrei" geraubt

Die Überwachungskamera ist Zeuge, als die dreisten Pistolenmänner die Gemälde einpacken und losdüsen

Freitag, 27. August

Sonnabend, 28. August

Montag, 30. August

Dienstag, 31. August

gegen Hartz IV erstmals in Gewalt um. Während Schröders Rede fliegen Eier. Er bleibt unbeirrt: „Der Reformkurs geht weiter."
Gleichzeitig wird eine Umfrage veröffentlicht, derzufolge 76 Prozent der Menschen in den östlichen Bundesländern rückblickend den „Sozialismus gar nicht so schlecht finden". Nun beginnt eine neue Debatte: Sind die Ostdeutschen undankbar, und haben sie schon alles vergessen? BILD bringt noch Monate später jeden Tag ein kleines Foto aus DDR-Zeiten und schreibt genau das darüber: „Alles schon vergessen?"

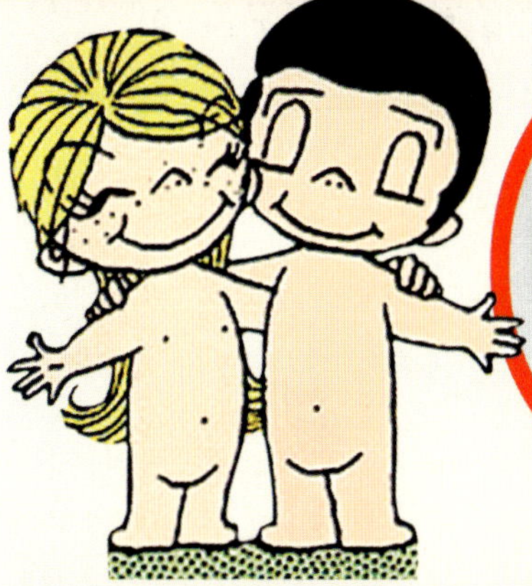

„Liebe ist" feiert 30. Geburtstag
Genau 30 Jahre begleitet das liebenswerte Paar die BILD-Leser schon. Rechts: Zeichnerin Kim Casali (Neuseeland), die mit den niedlichen Figuren das Herz ihres angebeteten Roberto eroberte. Die beiden heirateten und bekamen drei Kinder. Schöne Lovestory!

Und immer, immer wieder siegt der Schumacher

Schumi siegt in Spa. Er ist jetzt zum 7. Mal Formel-1-Weltmeister. 82 Rennen hat er in 14 Jahren gewonnen. BILD schenkt ihm eine ganze Fotoseite: 82 x Arme hoch, 82 x Champagnerkorken, 82 x dieses strahlende Siegerlachen. Übrigens 10 x für Benetton-Ford, 9 x für Benetton-Renault und 63 x für Ferrari.
Große Gefühle, brutaler Terror: So endet dieser August. „Kino, mit dem Herzen geschaffen", schreibt BILD-Kolumnist **Peter Bachér** über „Die Kinder des Monsieur Mathieu". Der Kassenknüller wurde vom sechsfachen Oscar-Preisträger **Arthur Cohn** produziert und handelt von der wundersamen Wandlung schwer erziehbarer Kinder durch die Macht der Musik.
Im Abstand von nur einer Minute explodieren zwei russische Passagierflugzeuge nach dem Start vom Moskauer Flughafen. Alle 89 Insassen sterben. Die Attentäter sind tschetschenische Terror-Witwen.
Es ist der Monat vor der Geiselnahme an der Schule von Beslan.

BILD gratuliert Schumi zum 7. Titel
Fast schon langweilig, wenn einer immer vorneweg fährt. Diese BILD-Seite mit allen seinen Siegen hat Schumi sich bestimmt gerahmt...

Verstimmungen zwischen Ost und West

Prof. Richard Schröder
war SPD-Fraktionschef der letzten DDR-Volkskammer. Heute lehrt er als Theologie-Professor an der Humboldt-Universität zu Berlin und ist Richter am Verfassungsgericht Brandenburg

Im 15. Jahr der deutschen Einigung gab es schwere deutsch-deutsche Verstimmungen. Im Sommer hieß es: „Aufbau Ost ist Abbau West." Im Herbst erlebten die „Montagsdemonstrationen" im Osten eine Wiederholung – als Reaktion auf Hartz IV. Dort konnte man hören, in 15 Jahren sei nichts geschehen.

Undankbar seien die Ostdeutschen, tönte es darauf von Westen her. Der Name Montagsdemonstration werde mißbraucht.

Denen, die sich die Mauer zurückwünschen, sage ich: Dann müßt ihr euch auch die Atomkriegsgefahr zurückwünschen und uns zurück in die eingemauerte Unfreiheit. An Deutschlands Grenzen gibt es keine Kriegsgefahr mehr – und das hat uns kein Blut gekostet, sondern bloß Geld. Allerdings: Die Mauer schützt nun auch nicht mehr den reicheren Westen vor dem ärmeren Osten. Aber daraus kann man doch etwas Vernünftiges machen.

Den Ostdeutschen, die sich vernachlässigt fühlen, sage ich: Wir müssen unsere Lage mit früher vergleichen und mit den östlichen Nachbarn, die dieselben postsozialistischen Probleme bewältigen müssen. Auch sie müssen durch das Tal der hohen Arbeitslosigkeit, und zwar mit einer viel schlechteren finanziellen Abfederung. Aber obwohl ihr Lebensstandard weitaus niedriger ist als der ostdeutsche Durchschnitt, klagen sie weniger. Die Ostdeutschen dagegen nehmen sich zum Maßstab ein Westdeutschland, das es so gar nicht mehr gibt: das des Wirtschaftswunders. Ganz Deutschland hat Wirtschaftsprobleme und viel zu viele Arbeitslose.

Was hat der Aufbau Ost gebracht? Mir zum Beispiel Telefon, Kanalisation, Erdgas und eine subventionierte Hausrenovierung. Die Infrastruktur hat sich enorm verbessert und das Gesundheitswesen auch. Die Lebenserwartung stieg um fünf Jahre.

1990 brauchte niemand in der Welt Ostprodukte. Deshalb war der wirtschaftliche Aufbau Ost so schwierig. Trotzdem gibt es Erfolge. Die ostdeutsche Industrie wächst kräftig, nämlich von 1995 bis 2003 um 59 %, während die westdeutsche nur 2 % zulegte. Das wird dadurch verdeckt, daß inzwischen die Bauwirtschaft im Osten massiv zurückgeht, weil der Nachholbedarf gedeckt ist.

An der östlichen Unzufriedenheit haben aber auch diejenigen Westdeutschen schuld, die ständig verkünden, der Aufbau Ost sei nur eine Serie von Pleiten, Pech und Pannen: falscher Umtauschkurs, falscher Zeitpunkt, falsche Privatisierung. Sie dürfen sich nicht wundern, wenn es zurückschallt: Also sind wir betrogen worden! Diese Kritik ist nach Ökonomielehrbuch berechtigt. Aber der Fall der Mauer war im Lehrbuch nicht vorgesehen, das heißt: von einem Tag zum anderen freie Bahn für Menschen, Geld und Waren bei gleichzeitigem Zerfall der „Kommandostrukturen" der östlichen Wirtschaft und Wegfall der osteuropäischen Märkte.

Man konnte die ostdeutsche Wirtschaft nicht so bedächtig sanieren wie die des Ruhrgebiets. Da half nur schnelles Handeln. Und was den Umtauschkurs betrifft: Ich habe als Dozent 900 Ostmark verdient. Hätte man die Einkommen 1:3 umgestellt, wäre die gesamte DDR-Bevölkerung unter Sozialhilfeniveau gesunken.

Was die Dankbarkeit betrifft: Die einseitige Einforderung von Dankbarkeit fordert das Eingeständnis der Abhängigkeit. Das ist Gift für freie Beziehungen. Der Herbst '89 hat die deutsche Einheit erst ermöglicht. Wir sollten uns wechselseitig danken und – „Gott sei Dank" sagen.

Wütende Arbeiter-Proteste in Wittenberge anläßlich des Kanzler-Besuches warfen die Frage auf, ob die Menschen in den östlichen Bundesländern undankbar sind und schon ganz vergessen haben, wie es früher war

Die Turnhalle von Beslan und ein kleines Kind im Schock

Die Zahl der Toten und der Verletzten, wo hat es geknallt, wer waren die Täter: Terroranschläge sind Alltagsgeschäft in jeder Nachrichtensendung, in jeder Tageszeitung. Manchmal aber sind es nicht die Fakten, die uns im Gedächtnis bleiben. Manchmal sind es Fotos. Fotos wie diese drei. Sie zeigen die zerstörte Turnhalle der Schule von Beslan. Soeben ist sie explodiert. Die Welle der Detonation hat ein kleines Mädchen durch die Fensterhöhlen nach draußen geschleudert. Das Mädchen heißt Aida. Es ist erst sechs Jahre alt. Aida tastet sich an der Ziegelwand entlang, steigt auf einen Betonabsatz, zieht sich mühsam am von Splittern übersäten Fensterrahmen hoch und klettert im Schock wieder in die Halle hinein. Ihre Mutter ist noch drin. Sekunden später explodiert ein weiterer Sprengstoff in der Halle. Aida hat trotzdem überlebt. Es ist nur eine Floskel, daß Bilder mehr als tausend Worte sagen. Aber manchmal stimmt es.

Gaspreis 12% rauf
Strompreis 5% rauf
Heizöl 30% rauf
Stoppt die Energie-Abzocker!
Bild
Manfred Krug exklusiv in BILD
Busse in die Luft gesprengt
Wieder Terror gegen Israel
Drama um deutsche Beachvolleyball-Weltmeisterin
Schlag-Anfall mit 18!

 Mittwoch, 1. September

Bild
Selbstmord-Terroristen nehmen 200 Schüler als Geiseln!
Michael Jackson
Affäre mit Stephanie?
Mein Gott, die armen Kinder!

Donnerstag, 2. September

Schumi
Horror-Unfall mit 340
Geisel-Drama an Schule
DVD Hot Seller
Bild
Wie halten die Mütter das bloß aus?
TV-Star
Hautkrebs!
FC Haargel

Freitag, 3. September

Bild
Blutige Schlacht um Geisel-Schule
Halb nackte Kinder rennen um ihr Leben
Über 200 tot, 700 verletzt
Geiseln wahnsinnig vor Durst
Arabische Soldner unter den Terroristen
Heute weinen alle Eltern

Sonnabend, 4. September

Terror in Beslan & Hitler-Film im Kino

Gute Nachrichten gibt es kaum im September

Der schwärzeste Monat des Jahres. Der Monat des Terrors. Der Monat von Beslan. Auch sonst muß man gute September-Nachrichten mit der Lupe suchen.

Mittwoch, 1. September. Die BILD-Schlagzeile meldet, daß Strom, Gas und Heizöl dramatisch teurer werden sollen. Aber wie ein dumpfer Trommelwirbel ziehen sich an diesem Tag ungewöhnlich viele Terrormeldungen durchs Blatt: ● Selbstmord-Attentäter jagen zwei Busse in die Luft, 18 Tote (Israel) ● Selbstmord-Attentäterin sprengt U-Bahn-Station, 11 Tote (Moskau) ● Islamische Terroristen köpfen Geiseln, 12 Tote (Bagdad) ● Al Qaida steckt hinter dem Attentat auf Russen-Jets, 90 Tote (Sotchi). Dazwischen leichtere Kost: **Rudi Völler** tritt bei AS Rom an. Schüchtern lacht er in die Kamera und trägt schon einen Fan-Schal seines neuen Vereins. **Schröder** hat sich bei seinem Blitzbesuch mit **Putin** festgequatscht und übernachtet statt wie geplant im Radisson-Hotel im Ferienhaus seines Männerfreundes. Und die Europa-Sonde Mars-Expreß funkte gestochen scharfe Fotos vom größten Canyon unseres Sonnensystems: 4000 km lang, 7 km tief. Der ganze Montblanc würde drin

Unser Rudi ist jetzt ein Römer. Es wird ein kurzes Gastspiel

Hört der Terror denn niemals auf?

Fast zeitgleich jagen sich in der israelischen Stadt Beersheba zwei Terroristen in vollbesetzten Bussen in die Luft. Die Anschläge fordern 18 Todesopfer – darunter viele Kinder – und über 100 Verletzte.

So schön ist der Mars

Europas Mars-Sonde schickte uns dieses atemberaubend schöne Foto vom „Valles Marineris", das sich entlang des Mars-Äquators so weit wie die Strecke New York–Los Angeles hinstreckt. Eine Schlüsselposition bei der Suche nach Spuren von Wasser!

Wieder schwere Schlappe für Schröder
Bild
Kinder aus der Geisel Schule erzählen
Klinsi trainiert Gummi-Twist

Montag, 6. September

Bitte helft!
Das Leid der Kinder von Beslan rührt die Welt
Bild
Endlich wieder Glücks-Dienstag! Preise im Wert von 170 000 Euro
So faul sind unsere Fußball-Millionäre

Dienstag, 7. September

verschwinden, und der Grand Canyon wirkt gegen diesen Riesengraben wie ein kleines Schlagloch.

Als Millionen Menschen in Deutschland all das auf dem Weg zur Arbeit oder in der Frühstückspause lesen, versammeln sich die Kinder der „Schule Nr. 1" in der südrussischen Stadt Beslan zur traditionellen Feier anläßlich des ersten Schultages nach den Ferien. Die Mädchen tragen weiße Schleifen im Haar, die Jungs schicke Anzüge und weiße Hemden. Nach der Ansprache des Direktors sollen ältere Schüler die Erstkläßler auf den Schultern in die Klassenräume tragen.

Doch dazu kommt es nicht mehr. **Um Punkt 9 Uhr wird die Schule von Beslan in der Republik Nord-Ossetien zur Todesfalle.** Mit einem gestohlenen russischen Militärlaster rast eine Gruppe von Terroristen wild um sich schießend aufs Schulgelände. Mehrere Wachleute werden erschossen. Scharfschützen postieren sich auf dem Schuldach. Das Gebäude wird vermint. Als lebende Schutzschilde müssen sich die Kinder an die Fenster stellen.

Die Terroristen verlangen die Freilassung zahlreicher inhaftierter Rebellen und den Abzug der russischen Truppen aus Tschetschenien. **Präsident Putin** bricht seinen Urlaub am Schwarzen Meer ab: „Der russische Staat läßt sich nicht erpressen."

Die Welt rechnet mit dem Schlimmsten. Und es trifft ein. Die furchtbare Bilanz des Geiseldramas von Beslan, das genau 52 Stunden dauerte: Mindestens 350 Tote und über 700 Verletzte. Die meisten der Opfer sind Kinder. Das Protokoll des Dramas und die erschütternden Fotos des schlimmsten Terrorangriffs im Jahre 2004 finden Sie auf den folgenden sechs Seiten.

Männerfreunde: Schröder schläft bei Putin im Ferienhaus, weil der Abend lang wurde

Hugh Grant im Glück

Hier streichelt Filmschönling Hugh Grant seine aufgewärmte Flamme Jemima Khan Goldsmith, Englands reichstes Töchterchen (Papa ist Tycoon und Multi-Millionär Sir James Goldsmith). Tatort (und Goldgrube für die begleitenden Paparazzis): die italienische Insel Giglio. Dabei hieß es doch immer, die zwei seien nur gute Freunde ...

„Schnell, schnell, lauf!" Ein Soldat bringt dieses kleine Mädchen in Sicherheit, eine Frau im geblümten Kleid folgt den beiden

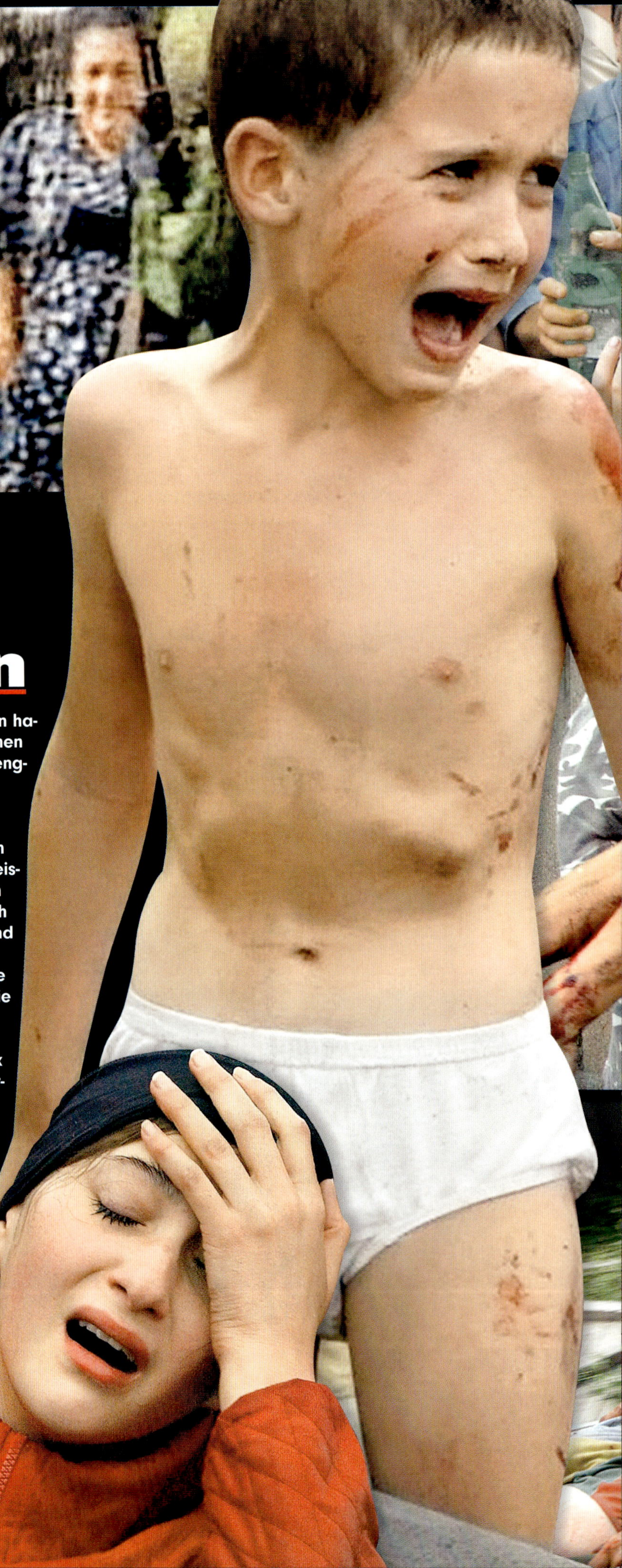

Diese Bilder wird die Welt nie vergessen

Hier in Beslan trifft der Terror die Unschuldigsten: Kinder an ihrem ersten Schultag nach den Ferien. Kinder, die sich erwartungsfroh und festlich gekleidet haben. Kinder, die sich von ihren Müttern mit einem Küßchen verabschiedeten und fröhlich zur Schule liefen. Kinder, die niemandem etwas getan haben. Die plötzlich zwischen Handgranaten und Sprenggürteln fast ohnmächtig vor Angst sind, die Leichen sehen und in die Mündungen von Pistolen starren. Daß sich die meisten von ihnen ausziehen mußten, machte sie noch verletzlicher. Soeben sind die Sprengsätze in der Turnhalle explodiert, die Schule wird gestürmt, die ersten Überlebenden kommen blutend aus dem Chaos. Den Schock werden sie wohl nie verarbeiten ...

Wut, Tränen, Angst. Zwei junge Mütter warten verzweifelt vor der belagerten Schule

Gerettet! Blutüberströmt entkam sie der Hölle von Beslan

Es ist vorbei! Zwei kleine blutende Jungen folgen dem Soldaten, der ein völlig verstörtes Mädchen auf dem Arm trägt

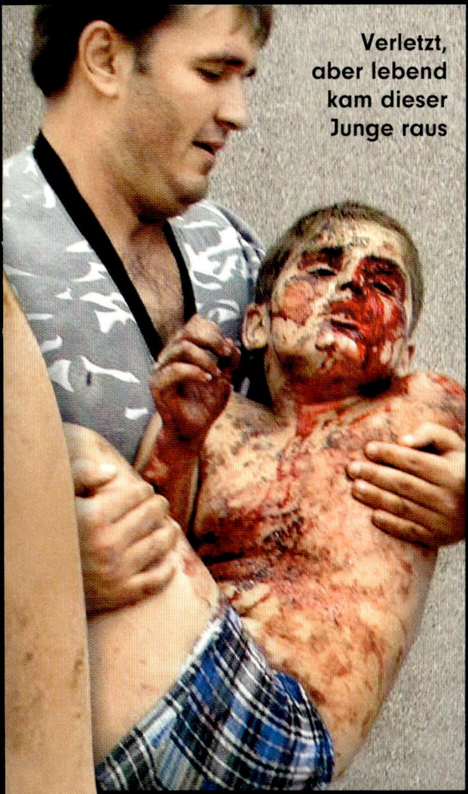

Verletzt, aber lebend kam dieser Junge raus

ER gab den grausamen Befehl zur Geiselnahme

Der Teufel hat nur noch ein Bein. Schamil Bassajew. Drahtzieher des Geiseldramas von Beslan. Tschetschene. Arbeitete für den russischen Geheimdienst, wechselte die Seiten, knüpfte Kontakt zu Osama bin Laden, baute Selbstmordkommandos auf. Verlor die Familie bei einem russischen Bombenangriff und das rechte Bein im Jahr 2000 in einem Minenfeld. 1995 überfiel er eine Klinik in Budjonnowsk, nahm 2000 Geiseln, erhielt freies Geleit (100 Menschen starben). Das Terrordrama im Moskauer Musical-Theater 2002 soll auf sein Konto gehen, ebenso der Anschlag auf die vom Himmel gebombten Tupolews Ende August 2004. Wo immer der Terror in Tschetschenien zuschlägt: Die Spur führt zu diesem bärtigen Gesicht.

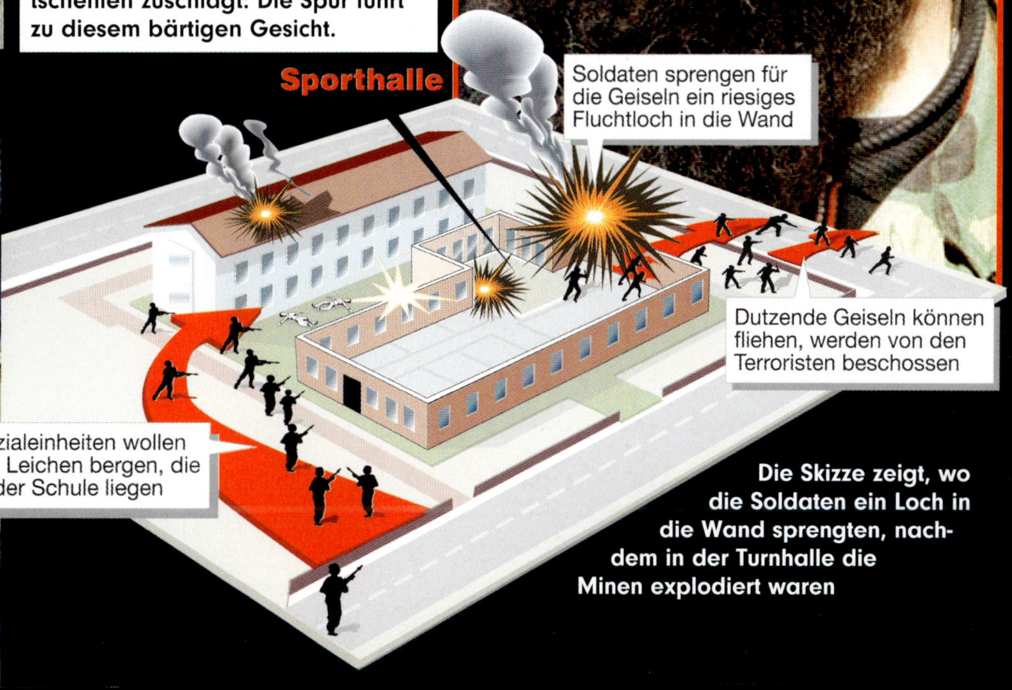

Die Skizze zeigt, wo die Soldaten ein Loch in die Wand sprengten, nachdem in der Turnhalle die Minen explodiert waren

Ganz fest umklammert das Mädchen ein kleines Kreuz

Schwerverletzt, notdürftig verbunden, unter Schock – aber am Leben. Als man das kleine Mädchen unter den Trümmern fand, hielt es ein winziges goldenes Kreuz fest umklammert. Im notdürftig errichteten, hoffnungslos überlasteten Massen-Lazarett von Beslan wechselt eine Krankenschwester dem Kind seinen Verband

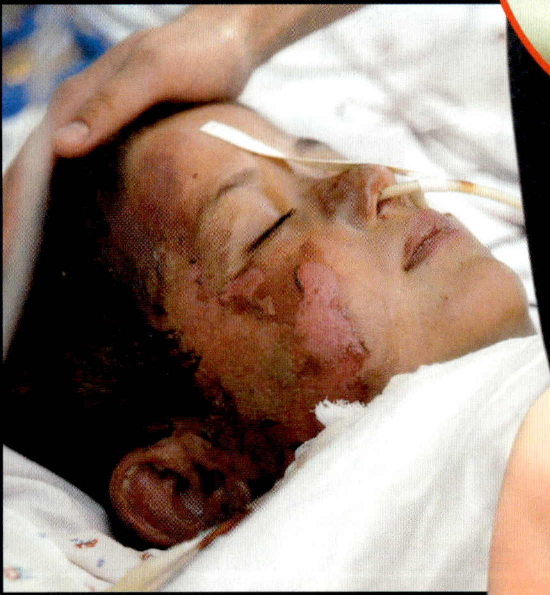

Im Krankenhaus wird der kleine Alan von den Ärzten in künstliches Koma versetzt

Sein Gesicht ist verbrannt. Ein Infusionsschlauch führt in seine Nase, notdürftig mit einem Pflaster befestigt. Die Hand einer Schwester streichelt sein Haar. Alan Ezeyeva liegt im künstlichen Koma, aber er wird überleben

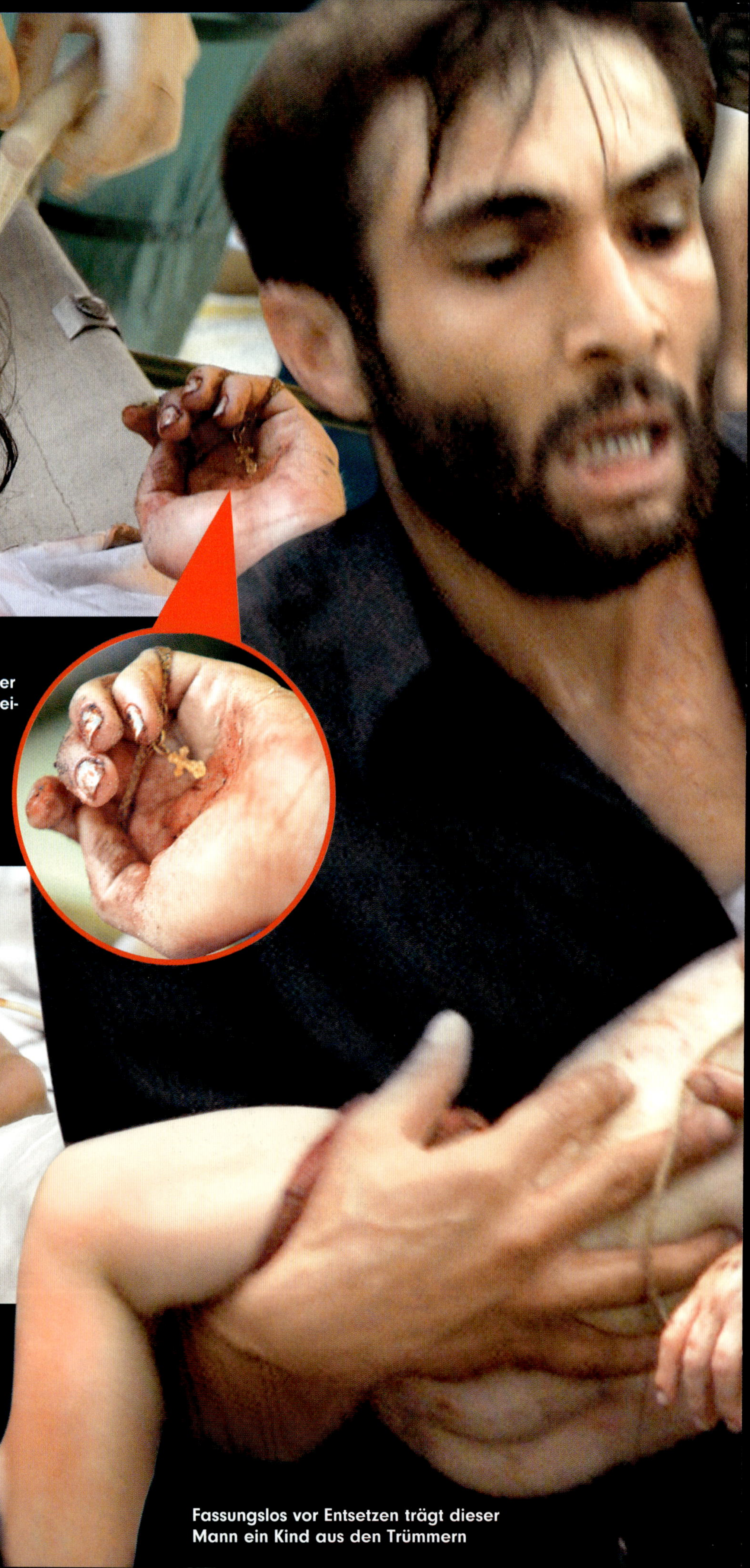

Fassungslos vor Entsetzen trägt dieser Mann ein Kind aus den Trümmern

Hilflose Tränen. Zwei Jungen aus der Schule von Beslan

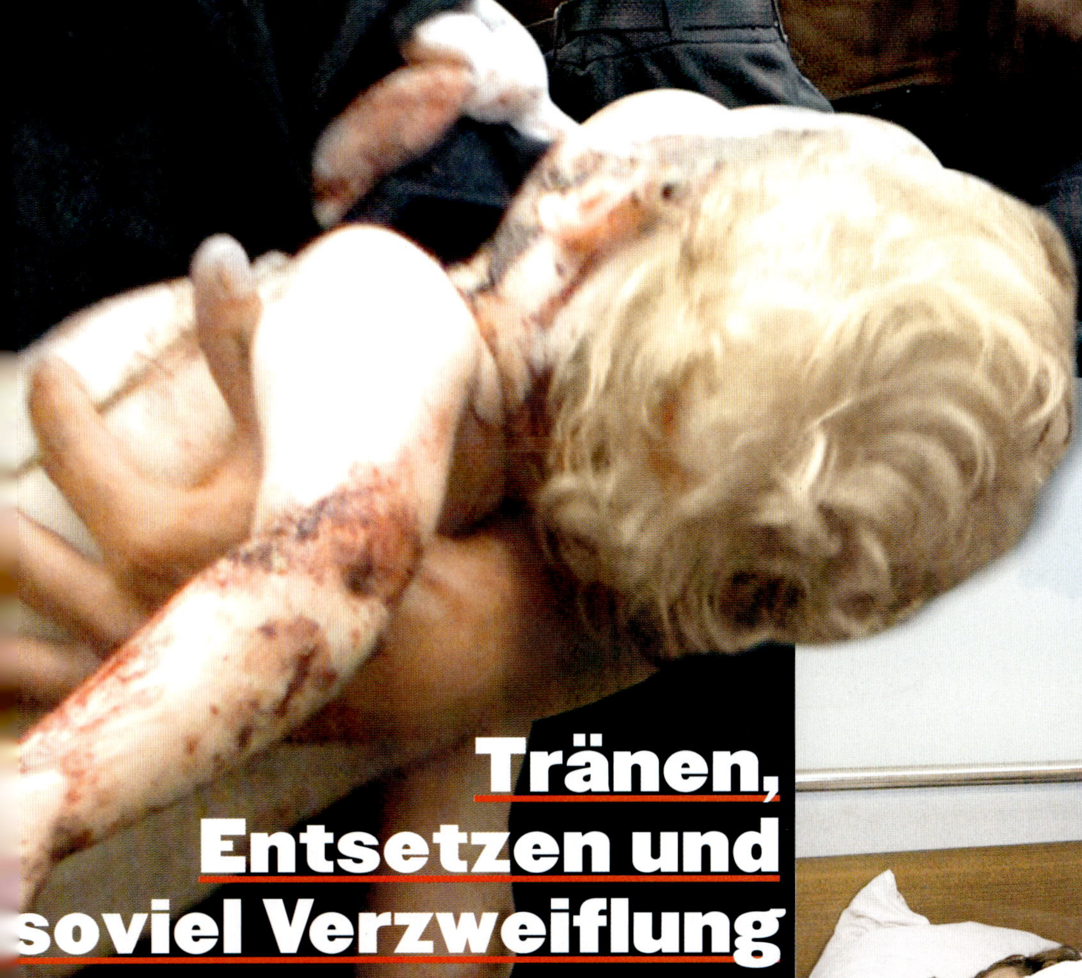

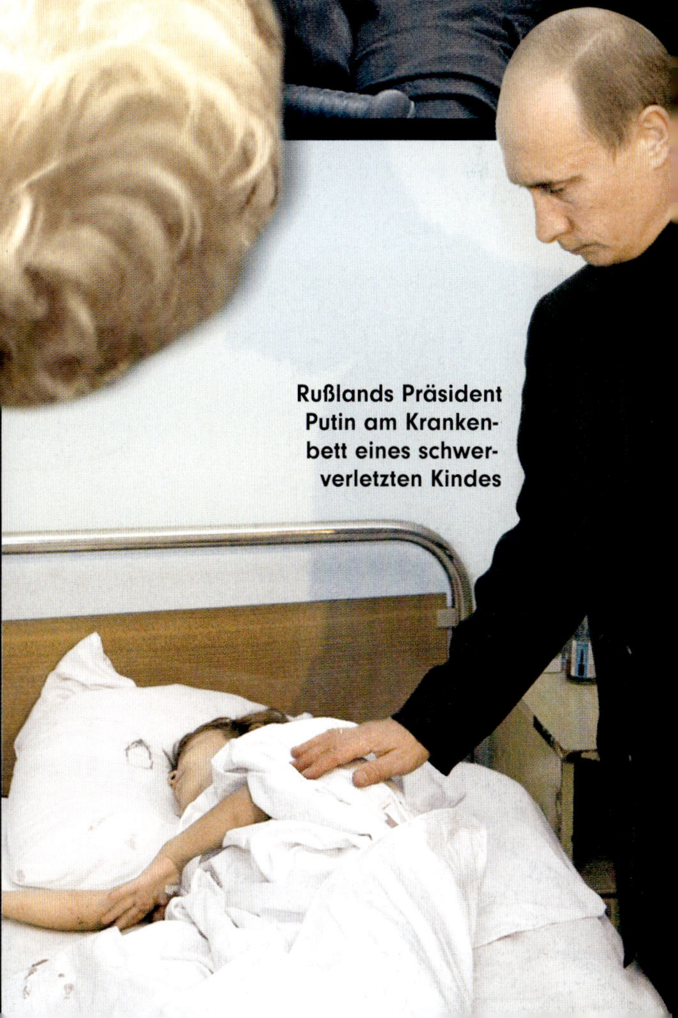

Rußlands Präsident Putin am Krankenbett eines schwerverletzten Kindes

Tränen, Entsetzen und soviel Verzweiflung

er Mann hetzt aus der Schule, uf den Armen ein Kind, hinter ihm hallen Schüsse. Wird das Kind berleben? Lebt es überhaupt och? Nur raus hier, raus! Die eretteten Kinder stürzen sich fast erdurstet auf frisches Wasser oben). Während der Geiselnahme atten sie ihren eigenen Urin aus Schuhen getrunken. Sie liegen sich in den Armen, weinen, suchen nach Trost, nach einer Erklärung und einer Antwort auf die Frage: Wer von denen, die mit mir zur Schule gingen, wird nie mehr wiederkommen? Wer hat seine Lehrer, wer hat seine Eltern, die Geschwister verloren?

Hier verminen die Terroristen die Todesschule von Beslan
Sie drehten ein zynisches Video von dem Anschlag. Einer von ihnen verbindet die Kabel, mit denen die Sprengsätze später explodieren werden

Ich stehe in der Turnhalle. Menschliche Asche unter meinen Füßen. Ich spüre die Totenstille ...

Den Schraubenzieher hält der Mann, dessen Wangen seit einer Woche nicht rasiert sind, wie eine Waffe. Er ritzt einen Satz in die verrußte Wand: „Wer seine Hand gegen ein Kind erhebt, der ist es nicht wert, ein Tier genannt zu erden – er ist Abschaum und der Satan.“

Dann kniet er nieder und weint hemmungslos.

BILD-Reporter Jens Hartmann

„Papa, was ist mit dem Mann?“ fragt ein kleines Mädchen, das einen quietschgelben Rucksack trägt, aus dem ein Teddy lugt, und knallrote Strümpfe. Die Kleine klammert sich an die Hand ihres Vaters, daß ihre Fingerknöchel weiß hervortreten. „Er hat hier ein Mädchen verloren, das so alt ist wie du.“

Ich stehe in Beslan in der Turnhalle. Menschliche Asche unter meinen Füßen. Es riecht nach Ruß und Kerzenwachs. Ich höre Schluchzen, das Tropfen des Wassers, das Knistern der Kerzendochte. Das, denke ich, ist Totenstille.

Stoffteddys, Ikonen, eine weiße Haarschleife, ein Schuhchen ...

„Seien Sie unser Gast“, sagt Aslanbek Dsiow. „Wir möchten, daß Sie mit uns trauern.“ Wir sitzen unter Weintrauben, trinken 60prozentigen Selbstgebrannten auf den großen Gott. Ein Teller mit Käsefladen, rund wie Sonne und Mond, eine Blechschüssel mit Ochsenfleisch stehen auf dem Tisch. Die Dsiows haben heute ihre Tochter Dsera (13) beerdigt.

Auf Dseras Bett liegen ein Schokoriegel, eine Coladose, ihr Foto steht am Kopfende. 40 Tage, bis zum Ende der Trauer, wird das so bleiben. Ihre zweite Tochter Sarina liegt mit Splitterverletzungen im Krankenhaus von Wladikawkas. Die Eltern trauen sich nicht, ihr vom Tod der Schwester zu berichten.

Die Komintern-Straße, in der die Dsiows wohnen, ist eine Via Dolorosa. Acht Trauerfeiern absolvieren Fotograf Anton Denisov und ich an diesem Tag. Überall zeigt man uns Fotos von Mädchen mit weißen Schleifen im Haar und Jungs in dunklen Anzügen, Fotos vom ersten Schultag.

Mit Nadeschda Gurijewa fahre ich zum Friedhof. Die Lehrerin trägt ein schwarzes Kopftuch. Sie humpelt, Glassplitter sitzen noch im Fleisch. Es mögen 10 000 Menschen sein, die bei strömendem Regen in diesem Morast stehen. Nadeschda beerdigt ihre Tochter Vera und ihren Sohn Boris. Nun hat sie noch die kleine Ira. Zu Hause sitzen wir am Tisch und gedenken mit Wodka der Toten.

„Berichten Sie die Wahrheit“, höre ich in jedem Haus. „Nicht so wie das russische Fernsehen.“ So höre ich, daß russische Soldaten aus evakuierten Häusern Schmuck stahlen; daß eine Frau statt eines Wundverbandes für ihr Bein Tesafilm umwickelt bekam...

Ich suche die „Madonna von Beslan“. Auf einem Reuters-Foto (siehe rechts) beugt sich eine schöne junge Frau in schwarz über ein Kind. Anschela Ambalowa (26) weint um ihre Nichte. „Ein Kind zu verlieren, ist ein unendlicher Verlust“, sagt sie leise.

Nach neun Tagen verlasse ich Beslan. Zum ersten Mal blickt die Sonne im Kaukasus hervor. Am Horizont erhebt sich der schneebedeckte Kasbek.

Anschela, alleinerziehende Mutter, legt ein letztes Mal die Hand auf die blutige Stirn ihrer kleinen toten Nichte

Alana wurde nur 15 Jahre alt. Hier wird sie beerdigt. Die Verwandten werfen sich schluchzend auf den Sarg

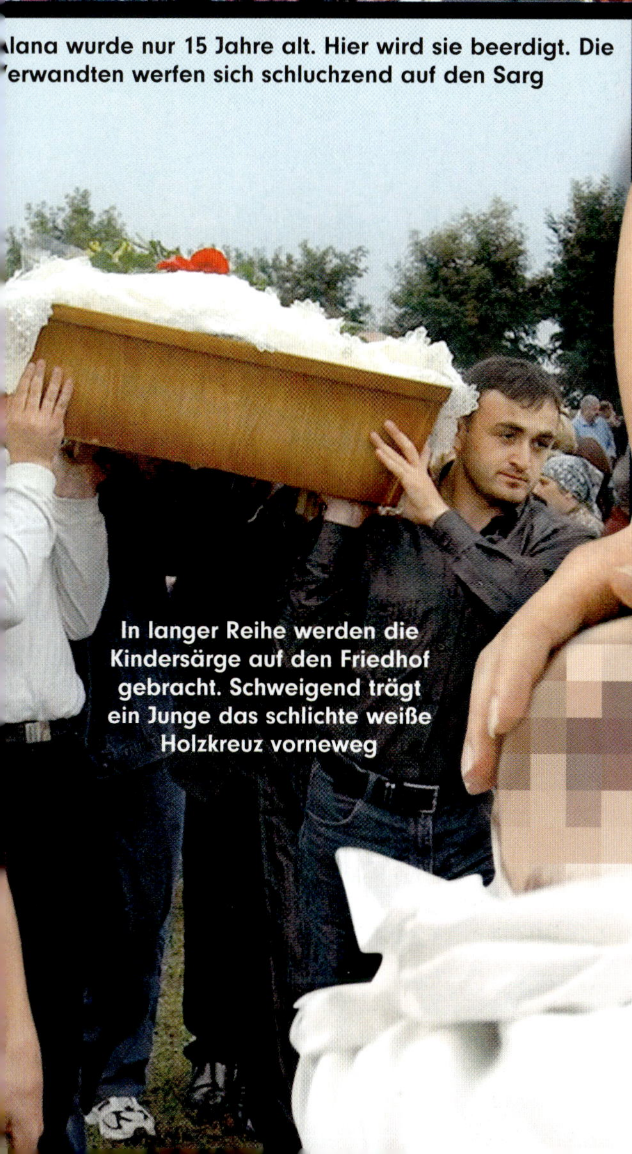

In langer Reihe werden die Kindersärge auf den Friedhof gebracht. Schweigend trägt ein Junge das schlichte weiße Holzkreuz vorneweg

Der bewegende Abschied von der kleinen Anna

Ihre eigenen drei Kinder waren zu spät dran. Deshalb überlebten sie. Aber die drei von ihrer Schwester waren in der Schule! Tagelang suchte Anschela Ambalowa mit ihrer Familie nach den Kindern. Dann fand sie ihre sechsjährige Nichte Anna unter den vielen aufgebahrten Toten. Ihr 13jähriger Bruder hatte noch versucht, das ohnmächtige Kind ins Freie zu schleppen. Aber eine Detonation riß ihm Anna aus den Armen. Das Kind starb im Krankenhaus.

Bild
Die Bombe über den Kindern
Effenberg & Frau Strunz exklusiv in BILD
Warum wir uns trennen
Klinsis Feuer-Taufe

 Mittwoch, 8. September

Gorbatschow Terroristen sind wie Tiere!
TV-Star Bärbel Schäfer Erstes Baby mit 41
Michel Friedman ist der Vater
Andrea Berg
1:1 Jungs das war echt stark
Bild

Donnerstag, 9. September

Strom-Abzocke wird gestoppt!
„Big Brother" bricht letztes Tabu
Heute zweite Hochzeit in Synagoge
Sado-Maso-Folter live im TV!
Klinsi heißt jetzt nur noch Grinsi
Bild

Freitag, 10. September

FUSSBALL

Magath giftet schon gegen Bayern-Stars

„Sie stehen lange vor dem Spiegel und schmieren sich Gel in die Haare"

Von OTTO GREITNER

Legendäre Worte von Magath, der die Nase voll hat von den allzu satten, gestopften Bayern-Spielern

Der „Herbst der Hurrikans" beginnt. An Floridas Ostküste sind 2,5 Millionen Menschen auf der Flucht, denn Wirbelsturm „Frances" rast mit über 200 km/h auf Palm Beach zu. An vielen Tankstellen gibt es kein Benzin mehr. Die Flughäfen werden geschlossen; überall auf der Welt sitzen Florida-Urlauber fest. 24 Tote auf Grenada, als Taifun „Ivan" über die Karibik-Insel fegt. Nur Japan und China trifft es härter. Auch hier toben Hurrikans (13 gesunkene Frachter, 1,6 Mio. Häuser ohne Strom, über 200 Tote).

Ein ganz anderer Hurrikan trifft den FC Bayern – und der heißt **„Felix" (Magath)**. Öffentlich wettert der neue Trainer gegen die laxe Arbeitsmoral der schlappen Bayern-Kicker: „Sie stehen lange vor dem Spiegel und schmieren sich Gel in die Haare." So entstand der Spitzname „FC Haargel". Was den Spielern auch nicht paßt, sind Magaths verschärfte Trainingsmethoden.

Wie nach einem Hurrikan fühlt sich die SPD, denn an der einstmals tiefroten Saar verliert sie zweistellig (–13,6 %)! Die CDU mit **Peter Müller** als Ministerpräsident kann weiterhin allein regieren (47,5 %). Stärkste „Partei" ist aber die der Nichtwähler, denn jeder zweite Saarländer blieb zu Hause.

SPD stürzt dramatisch ab

An der Saar setzt sich die Serie der SPD-Verluste dramatisch fort. Allerdings entspricht auch das CDU-Wahlergebnis in seiner Höhe nicht den Traumvorstellungen der Parteispitze.

Der Verlierer
SPD-Spitzenkandidat Heiko Maas (37) räumt vor einem Reporter-Mikro seine Niederlage ein

Gewinne und Verluste an der Saar

Die CDU legte bei der Saar-Wahl weniger stark zu als erwartet. Die SPD stürzte in ihrer einstigen Hochburg dramatisch ab. Die Grünen und die FDP sind wieder im Landtag. Das vorläufige amtliche Endergebnis:

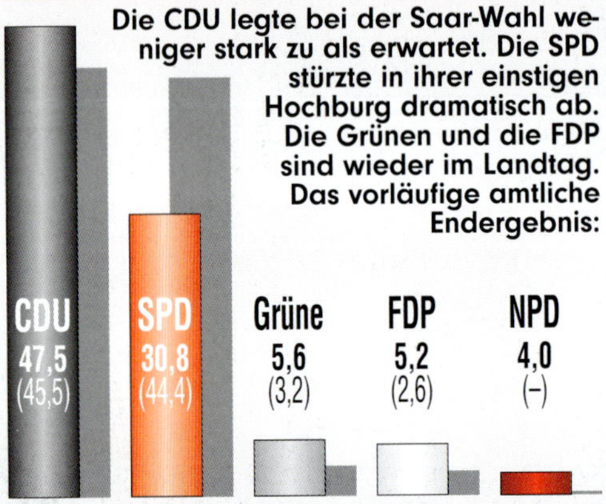

In Klammern: Ergebnisse der Landtagswahl 1999

Der Gewinner
Saarlands Ministerpräsident Peter Müller (48, CDU) triumphiert. Er verteidigte die absolute Mehrheit der Sitze

Hurrikan „Frances“ frißt Florida

Massenpanik in Florida. Gouverneur Jeb Bush hat den Ausnahmezustand verhängt. Die Nationalgarde ist alarmiert. „Frances“ ist einer der mächtigsten Hurrikans der letzten Jahrzehnte. Doppelt so stark wie Wirbelsturm „Charly“, der drei Wochen zuvor 27 Menschen tötete und 3 Milliarden Euro Schaden anrichtete. „Es klingt wie ein Güterzug, der über deinen Kopf hinwegrast“, berichtet ein Augenzeuge in BILD.

Satelliten-Foto von „Frances“ (links), zerstörte Yachten an Floridas Westküste. Masten knickten wie Streichhölzer.

„Frances“ schob Frachter auf Land, zerstörte Häfen, machte aus Ferienhaus-Siedlungen Kleinholz.

„Ich verstümmelte mich aus Selbsthass"
Psycho-Drama um TV-Star Ramona Leiß
Schumis neue Mütze
Bundesliga Fliegt der 1. Trainer?
Bahn-Preise auch für Pendler rauf!

Deutsche Politiker entsetzt
40.000.000.000
Müssen wir Milliarden Euro Kriegs-Entschädigung an Polen zahlen?
Dieser Arzt bricht allerletztes Tabu
Busen-OP live im TV
Fußball-Wunder Mainz zeigt's den Reichen

WER LEBT BESSER?
Die offizielle Ost-West-Tabelle
Mieten • Gehälter • Preise...
Hat dieser Busen das wirklich nötig?
Oma Anna So ist Schumi als Enkel

Das Wunder von Las Vegas
Roy erhebt sich aus seinem Rollstuhl
Noch mehr Ost-West-Tabellen!

 Sonnabend, 11. September | Montag, 13. September | Dienstag, 14. September | Mittwoch, 15. September

Zwei total verrückte Weltrekorde

Zum Schmunzeln: Ein Inder zieht sich fürs Guinness-Buch der Rekorde eine lebende Schlange durch Mund und Nase; ein Türke kann Milch durch die Nase hochziehen und durchs Auge 2,79 m weit spritzen!

Daß Nichtwählen vor allem radikalen Parteien hilft, zeigt sich auch bei dieser Wahl. Die NPD bekommt vier Prozent und verfehlt den Einzug ins Parlament nur knapp.

Bei einem schrecklichen Sportunfall stirbt die englische Military-Reiterin **Caroline Pratt** († 42). Am vorletzten Hindernis des Parcours von Burghley stolpert ihr elf Zentner schwerer Wallach „Primitive Streak", fällt in einen 70 cm tiefen Wassergraben und begräbt die zierliche Reiterin unter sich (siehe unten).

„Grinsi-Klinsi" macht Deutschland froh

Wir hungern geradezu nach freundlichen Nachrichten in diesem von Hiobsbotschaften geprägten September. Hier sind ein paar: ● **Bärbel Schäfer** ist schwanger – und das mit 41 Jahren! Sie ist bereits zum jüdischen Glauben übergetreten und heiratet **Michel Friedman** nach

Der grausame Tod im Wassergraben

Sie hat beim Turnier in Burghley den Parcours schon fast gemeistert. Am 26. Hindernis passiert es dann. „Primitive Streak", der 12jährige Wallach der Military-Reiterin Caroline Pratt († 42), rutscht weg, überschlägt sich und tötet die Reiterin durch sein Körpergewicht. Sanitäter sind vor Ort, aber die inneren Verletzungen der Frau sind einfach zu schwer.

Champions League
3:0 Bayer schockt Beckham
Tel Aviv – München 0:1
Bild
Schwere Vorwürfe gegen RTL-Arzt
Busen-Pfusch bei Live-OP?
expert
Streit um Bildung
Rot-Grün will Einheits-Schule
Heynckes-Sturz
Holt Schalke Stevens zurück?

Donnerstag, 16. September

jüdischer Zeremonie in New York ein zweites Mal. ● **Jürgen Klinsmann** macht Fußball-Deutschland froh! 13,7 Millionen sitzen jubelnd am Fernseher, als unsere National-Elf gegen Brasilien ein sensationelles 1:1 abliefert. „In Europa sehe ich keinen Besseren als uns", strahlt „Grinsi-Klinsi" (BILD). Das sind Töne, wie sie Deutschland braucht. ● Und Magier **Roy** steht ganz allein aus dem Rollstuhl auf und spricht die Worte „Guten Tag, meine deutschen Freunde, ich bin wieder da."

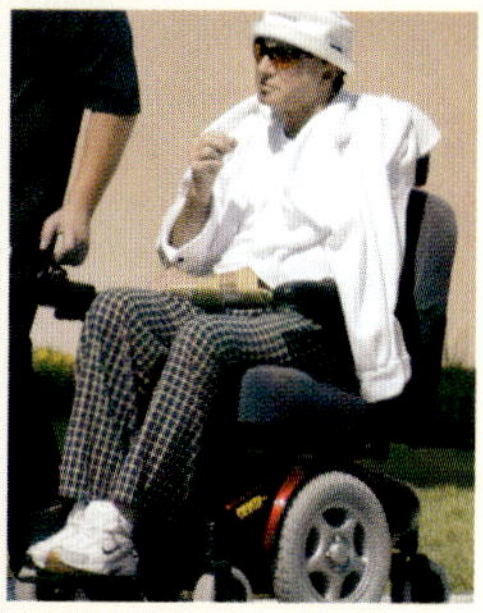

Magier Roy wieder da

Ein Wunder! Roy zeigt sich mit RTL-Moderatorin Frauke Ludowig in Las Vegas, hält die (vermutlich stark beeinträchtigte) linke Hand in Hüfthöhe. Hinter ihm Siegfried, links der Unglücks-Tiger. Fünf Sekunden blieb Roy so stehen.

Die Fotos zeigen, wie der Wallach (11 Zentner schwer) ausrutscht, stürzt und die Frau unter sich begräbt

Ein Film, der alle Menschen bewegt

Anläßlich der Premiere sprach BILD mit Alt-Bundeskanzler Helmut Kohl über den Hitler-Film. Zitate aus dem Interview: „Der Film mußte gedreht werden, und ich hoffe, daß ihn möglichst viele sehen ..." „Er vermittelt der jungen Generation eine Vorstellung davon, wie sehr doch die Menschen vom Nationalsozialismus verführt wurden. Und er zeigt vor allem, wohin Fanatismus führt ..." „Für mich gab es in dem Film keine einzige Szene, die Sympathie für Hitler aufkommen läßt ..."

April 1945. Das letzte bekanntgewordene Foto von Hitler

Bruno Ganz als Hitler im Film

Der Film zeigt Hitler auch von einer „menschlichen" Seite

Filmszene: Hitlers Not-Trauung mit Eva Braun im Führerbunker

Der Hochzeitskuß. Heftig diskutiert wurde die Frage: Darf man das Monster überhaupt so zeigen? Oder werden seine Greuel dadurch verniedlicht? Einhellige Meinung der Kritiker: Man darf. Man muß sogar

Eine Filmpremiere in München mit 1000 prominenten Gästen. An sich nichts Ungewöhnliches. Bei dieser aber ist alles anders als sonst. Mucksmäuschenstill sitzen die Gäste da, bis der letzte Buchstabe des Abspanns von der Leinwand verschwunden und der allerletzte Ton verklungen ist. Dann klatschen die Gäste minutenlang im Stehen. Aber es wird nicht gejubelt. Auch bei der Party danach ist niemandem zum Feiern zumute. Es ist der aufsehenerregendste, gewagteste und gleichzeitig der dramatischste Film seit Jahren: „Der Untergang". Die letzten zwölf Tage im Leben von **Adolf Hitler**, gespielt von Bruno Ganz, erzählt aus Sicht seiner Sekretärin **Traudl Junge** (Maria Lara). Darf man Hitler als „Menschen"

Drama nach Triumph über Real
Tochter des Leverkusen-Managers Hirntod
Bild
Seal & Heidi Klum Schamlos auf Sado-Maso-Party
Roy verzeiht dem Tiger, der ihn zerfleischte
Schwule können miteinander Babys kriegen!

Standpauke von Kanzler Schröder
Sind die Deutschen Schmarotzer?
„In Ost wie West gibt es eine Mentalität (...), dass man staatliche Leistungen mitnimmt, wo man sie kriegen kann"
Cholesterin im Griff
Bild
Schock für Klinsi! WM-Bomber kaputtgetreten

Nach den Schock-Gewinnen der Extremisten
Nazi-Eklat im ZDF-Studio
Brandenburg
Sachsen
Bild
Hera Lind Ihr mieser Ehe-Vertrag
Ihr gehört das Haus. Er zahlt Miete

Der große Appell von Helmut Schmidt nach dem Wahl-Debakel
Sagt dem Volk endlich die Wahrheit!
Bild
Liebes-Comeback? Olli & Verena bummeln wieder

zeigen? Diese Frage bewegt danach das ganze Land. Sie ist auch Thema des Essays am Ende dieses Monatskapitels.

Wieder werden Kinder ermordet

Ein düsterer Film – und auch die Nachrichten werden wieder düster. Erst stöbert ein Jagdhund bei Vechta in Niedersachsen den geköpften Torso der dreijährigen Nadja auf; als Täter wird der Vater verhaftet. Und schließlich wird in Nordfriesland die skelettierte Leiche der 15jährigen Sandra entdeckt.

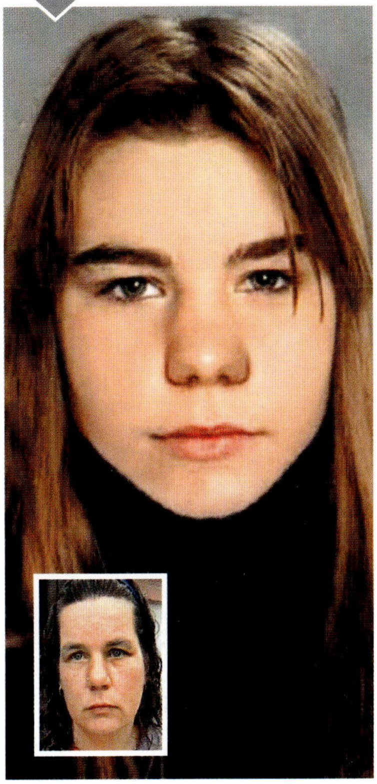

Sandra († 15) aus Wesselburen wurde seit dem 4. August vermißt. 25 Kilometer entfernt fand man im September ihre Leiche (kl. Foto: Ihre Mutter)

Beim Crash wurden Motor und Getriebe abgerissen

Schumi, was hast du für ein Glück gehabt!

Vier Tage nach dem Jubel über seinen siebten WM-Titel überlebt Schumi in Monza einen Horror-Crash. Bei Tempo 340 schert sein Ferrari aus und knallt gegen eine Mauer. Schumi steigt aus und legt sich ins Gras. Dann die Erlösung: Er steht auf, grinst und winkt den Zuschauern zu ...

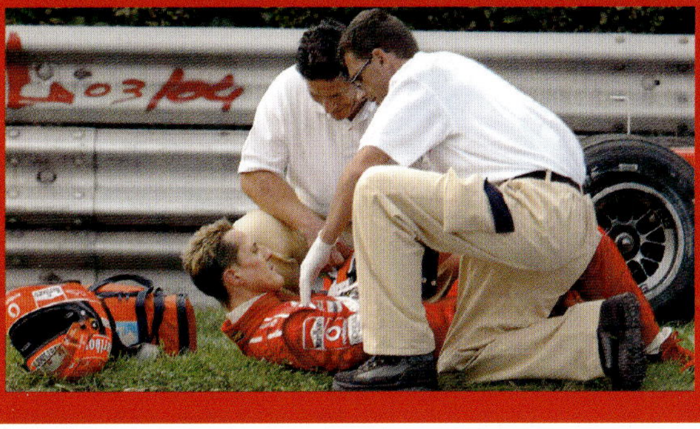

Schumi legt sich ins Gras, Helfer eilen zum Unglücksort, aber er kann schon ohne Hilfe aufstehen und lacht sogar

Mittwoch, 22. September

Donnerstag, 23. September

Freitag, 24. September

Sonnabend, 25. September

Rudi Völler und Reiner Calmund tragen sich ins Kondolenzbuch ein

Ein schrecklicher Unfall macht die Freude über den Sieg zunichte

Saskia, die Tochter von Bayer-Team-Manager Hans-Peter Lehnhoff, saß als Beifahrerin in einem Ford. Am Steuer ein Schulkamerad. Das Fahrzeug kam bei hoher Geschwindigkeit ins Schleudern, überschlug sich und krachte in einen entgegenkommenden Wagen. Die Bayer-Mannschaft konnte sich über das 3:0 gegen Madrid nicht mehr freuen. Enge Freunde der Familie Lehnhoff: die Calmunds und die Völlers.

Das Schicksal von zwei anderen Kindern beschäftigt uns ebenso. Sie heißen **Tabea und Lea**. Die siamesischen Zwillinge aus Lemgo (NRW), 13 Monate alt, sind am Kopf zusammengewachsen.

Ihre streng religiösen Eltern wußten schon während der beginnenden Schwangerschaft von dem Schicksal, das die Kleinen erwarten würde. Sie entschieden sich trotzdem gegen eine Abtreibung, was viele Menschen nicht verstehen können. Jetzt, im September, versucht ein Ärzteteam um Dr. Benjamin Carson (Baltimore, USA), die beiden zu trennen. Der erste Versuch wird abgebrochen (zu riskant), den zweiten Versuch überlebt Tabea nicht (Foto: Trauerfeier).

Trauer bei Bayer Leverkusen

Wir trauern mit **Hans-Peter Lehnhoff**, Team-Manager von Bayer Leverkusen. Nach dem sensationellen 3:0 gegen Real Madrid erfährt die Mannschaft in der Kabine, daß die Lehnhoff-Tochter Saskia (17) nach einem schweren Verkehrsunfall im Koma liegt. Sie ist klinisch tot; wenig später werden die Geräte abgeschaltet.

In Dänemark geben **Prinz Joachim und Prinzessin Alexandra** nach neunjähriger Ehe ihre Trennung bekannt, die Scheidung läuft.

Rainer Schmidt verlor erst im Tischtennis-Finale gegen seinen Freund Daniel Arnold

Wojtek Czyz strahlend im Ziel (Gold über 100 und 200 m). Sogar der Kanzler umarmte den eisenharten Sportler

Paralympics 2004: Unglaublich, was diese Sportler leisten

Die Paralympics in Athen treiben uns Tränen der Rührung in die Augen. Was die behinderten Sportler dort leisten, ist einfach unglaublich. Wir sehen die fassungslose Freude des Ex-Fußballers Wojtek Czyz mit seiner Carbon-Prothese nach seinem Goldgewinn (links), und wie Kanzler Schröder ihn begeistert umarmte (oben links) – aber auch Helden wie Tischtennis-As Schmidt (Silber), die blinden Fußballer, die Rollstuhl-Raser, die Dressurreiterin ohne Arme …

Erstmals Disziplin: Blindenfußball. Odile Gerfaut, Frankreich (links), José Lopez (Spanien). Der Ball gibt hörbare Signale ab

Ja, Doppelsieg! Wojtek kann es kaum fassen. Das kleine Foto zeigt Robert Figl aus unserem 210köpfigen Athen-Team

Bettina Eistel holte Silber und Bronze

Hier paddelt Kevin Costner seine deutsche Braut ins Ehe-Glück

Ein Traumpaar, eine Traumhochzeit. Kevin Costner und seine deutschstämmige Christine Baumgartner. Das Hochzeitsboot hat er selbst gebaut. Leider schlägt es bei der Fahrt leck. Die Braut, praktisch veranlagt, schöpft das Wasser mit Champagnergläsern raus …

Schöner als jeder Film: Das „Hollywood-Brautpaar des Jahres"

Bruce Willis (mit Brille) sang sogar ein Ständchen für Braut und Bräutigam

Scheidung auch auf Schalke: Trainer **Heynckes** fristlos gefeuert! Nach drei Schlappen in vier Begegnungen und einer geheimen Abstimmung unter den Spielern muß der Trainer, wie BILD exklusiv meldet, gehen.

Machte Fehler: Heynckes (links), gefeuert von Assauer

„Ein bißchen Spaß muß sein, dann kommt die Scheidung von ganz allein", spottet BILD anläßlich einer weiteren Trennungsgeschichte. Diesmal ist es die Frau von **Roberto Blanco**, die die Nase gestrichen voll hat. Zuviel Macho, zu viele Seitensprünge! Später bereut sie allerdings bitterlich: „Was hab' ich bloß getan?"

Die Politik wird spannend, aus zwei Gründen. Erstens: Unser Kanzler haut mächtig auf den Tisch. Wissen Sie noch, die „Absahner-Debatte"? O-Ton **Schröder**: „Machen wir uns nichts vor: In Ost wie West gibt es eine Mentalität bis weit in die Mittelschicht hinein, daß man staatliche Leistungen mitnimmt, wo man sie kriegen kann..."

Das gab erregte Diskussionen an jedem Biertisch. Wobei sich viele fragten: Was sollte der Seitenhieb „bis weit in die Mittelschicht hinein"? Weiß nicht jeder, daß gerade in der sogenannten Oberschicht fleißig abgesahnt wird?

Beispiel Karstadt – auch so ein Diskussionsthema im September. Plötzlich heißt es: Jeder dritte Job ist in Gefahr! Und Ex-Boß **Wolfgang Urban** kassierte 10 Millionen Euro Abfindung.

Das zweite politische Thema sind die Schock-Wahlen in Brandenburg und Sachsen. PDS über 28 bzw. über 23 Prozent! DVU über 6 bzw. NPD über 9 Prozent! Der Höhenflug der CDU ist gestoppt. **Angela Merkel** muß jetzt mit der Tatsache leben, daß die Schwächen der SPD noch kein Garant für einen Sieg der CDU sind. „Gerhard Schröders politisches Ende ist noch lange nicht besiegelt", kommentiert BILD. Der Monat endet, wie er begann: mit Krieg und Rudi Völler. 15 Tote fordern die ersten schweren US-Angriffe auf die Irak-Stadt Falludscha; die große Offensive findet dann sechs Wochen später statt. Und Rudi, der zu Monatsbeginn beim AS Rom angetreten war, tritt pünktlich zum Monatsende zurück. Dieses Monatskapitel enthielt übrigens weit über 20 schlechte und nicht einmal fünf wirklich gute Nachrichten.

„Rote Daggi" triumphiert mit der PDS in Brandenburg

Sie war mal „Miß Bundestag", jetzt strahlt sie in Brandenburg: PDS-Spitzenkandidatin Dagmar Enkelmann

Es war halt ein schwarzer Monat, dieser September 2004.

Das Lächeln ist traurig und müde. Ein Monat ist zu Ende, ein Traum auch: Rudi Völler verläßt seine Lieblingsstadt Rom

Wie der September unser Leben veränderte

Darf man Hitler als Menschen zeigen?

Norbert Körzdörfer
Autor und Kolumnist des Axel Springer Verlages

Das Kino wird zum Bunker. Ich sitze allein in der Dunkelheit. Plötzlich bin ich im Krieg!
Das Grollen der Geschütze im Dolby-Surround-Sound. Die Einschläge der Bomben bersten bibbernd bis in den Samtsessel. Plötzlich: Sein Gesicht! Seine Fratze! Sein Lächeln – gigantisch wie ein Panzer. Adolf Hitler lebt! 60 Jahre nach seinem Selbstmord! Ein Tabu-Bruch!
Ein Film wühlt Deutschland auf: „Der Untergang". Und es stellt sich die Frage: Darf man ein Monster als Menschen zeigen? Adolf Hitler († 56) ist das ewige Gespenst der deutschen Geschichte.

Starproduzent Bernd Eichinger (55, „Der Name der Rose") hat Hitler wiedererweckt – in einem faszinierenden, irritierenden Geschichts-Thriller. Wir erleben die letzten 12 Tage im Führerbunker unter Berlin. Wir erleben den Mythos, den Menschen und Massenmörder im Grab aus Beton. Hitler ist wirr, wütend, wahnsinnig. Er ist Onkel und Teufel, Greis und Götze. Eine zitternde Bestie, die 50 Mio. Menschen in den Tod zog. Grausam, sinnlos. Die Katastrophe unseres Jahrhunderts.

Bruno Ganz (63) ist Adolf Hitler. Erschreckend, menschlich, allzu menschlich, weinend – und widerlich. Sehen wir den „echten Hitler"? Hitler-Biograph Joachim Fest (76): „Die neuere Weltgeschichte kennt nichts, was den Ereignissen des Frühjahrs 1945 vergleichbar wäre. Bruno Ganz spielt Hitler auf eine Weise, die neue Maßstäbe setzt. Das ist wirklich Hitler – und wenn man ihn sieht, beginnt man zu frieren! Die destruktive Energie, die Verschlossenheit, die Menschenfeindlichkeit, der Menschenhaß – eine hohe und zugleich erschreckende Authentizität."

Stimmt die Story? Wir beobachten Hitler mit den unschuldigen Augen seiner Lieblingssekretärin Traudl Junge (Alexandra Maria Lara, 25, „Napoleon"). Sie erlebt die letzten Tage des Nazi-Diktators im Führerbunker – 11 Meter tief in der Unterwelt zerfällt das „1000jährige Reich". Ein kuchenfressender Hitler befehligt Geisterarmeen. Die Nazi-Ratten verlassen die Katakomben. Berlin wird zum Massengrab. Hitler schluckt Zyankali und zerfetzt seinen Kopf. 200 Liter Benzin zerglühen seine Leiche zu Asche-Flocken.

Nach 150 Minuten ist man aufgewühlt, verstört, erschüttert – und irritiert. Bruno Ganz („Der Himmel über Berlin"): „Unser Film redet von den Tätern, von schrecklich verlorenen Todessüchtigen. Ich denke, dieses Land und dieser Staat sind gefestigt genug, um diesen Film auszuhalten..."

Abspann. Das Kino bleibt dunkel. Schwarze Leinwand, weiße Schrift: „Bis dahin hatte der Krieg mehr als 50 Millionen Menschen das Leben gekostet. 6 Millionen Juden waren in deutschen Konzentrationslagern ermordet worden..." In 10 Wochen sahen 4 400 626 Deutsche „Der Untergang" (Regie: Oliver Hirschbiegel). Ich verließ das Kino nachdenklicher, geläuterter, aufgewühlter, wissender, verzweifelter. Ich dachte an die Gleise, die nach Auschwitz führten.

Bruno Ganz spielt Adolf Hitler unglaublich wirklichkeitsnah, zum Frieren, authentisch, teils irre, größenwahnsinnig und realitätsfern. Aber auch mit menschlichen Seiten. Der wichtigste Film des Jahres war „Der Untergang"

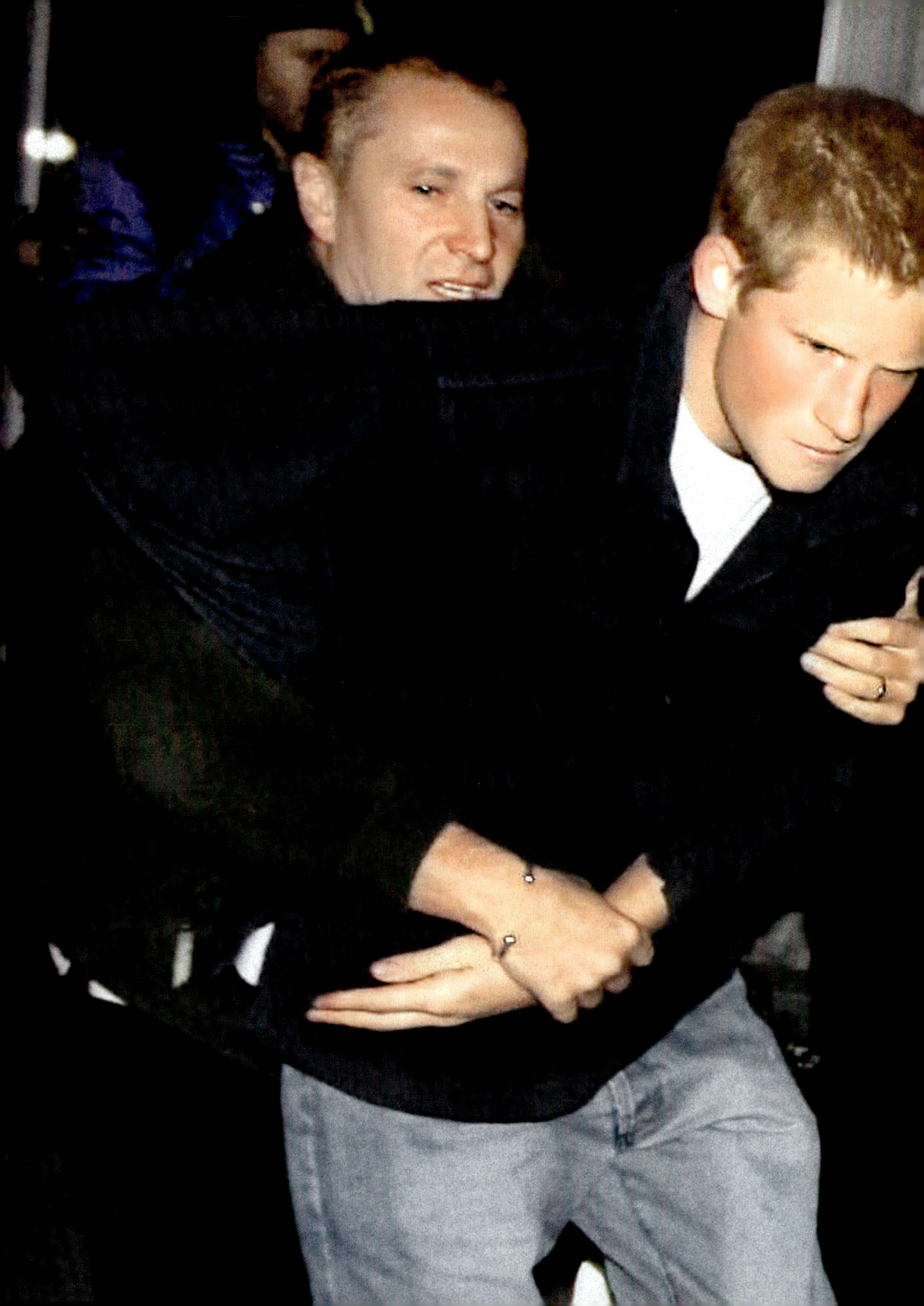

Prinz Harry prügelt sich vor einem Nachtclub

Der wilde Prinz und die Fotografen: Im Oktober kam es vor dem Londoner Nachtclub „Pangaea" zu einer gar nicht königlichen Schlägerei. Harry, der jüngste Sohn von Lady Diana († 36) und Prinz Charles, wurde dort von Paparazzi erwartet, ein Blitzlicht knallte ihm ins Gesicht. Das mochte Harry nicht: Wütend schlug er dem Fotografen die Kamera auf die Nase. Seine beiden Leibwächter packten den wilden Prinzen und schleppten ihn zu seinem Auto, als wäre er verhaftet! Harry gilt als das „schwarze Schaf" in der Familie: Er raucht, hat schon mal gekifft, trinkt gern einen Mix aus Rum, Wodka und Kokosmilch und knutscht nicht immer standesgemäß. Insider sagen: Ihm fehlt die Mutter ...

Ausgerechnet zu seinem 70.
Udo Jürgens Ex-Frau rechnet mit ihm ab
Sex-Sensation! Wie Frauen zum Super-Orgasmus kommen
DVD Hot Seller
Bild
Kanzler geht auf Karstadt-Manager los

Freitag, 1. Oktober

Yvonne Wussow
Brustkrebs-Drama
Sie lehnte Amputation ab
Sie ging zum Heilpraktiker
Jetzt schwerer Rückfall!
ebay
Ist Ebay noch sicher?
Effe mit Frau Strunz erwischt!
Bild
Gottschalk weint um toten Freund
Liebes-Comeback?
Wuff! Miau! Passpflicht für Katzen & Hunde

Sonnabend, 2. Oktober

Amtlich! Türkei darf in die EU
Die neue große Therapie-Serie von Professor Grönemeyer
Bild
Kahn tickt aus!
Nie mehr Rücken-Schmerzen!
Wetten, dass..? Wer ist der Störer?

Montag, 4. Oktober

Sie soll Karstadt retten!
Urlaub pervers!
Filme vom PC auf DVD? OK!
Heute wieder Glücks-Dienstag
Bild
Robben schlachten ab 165 Euro
Alle gehen auf Kahn los

Dienstag, 5. Oktober

Anke fliegt & Gsell siegt

Eine Bürgerliche steigt in Adelskreise auf, der Nobelpreis wird vergeben, Männer sind die Verlierer

Frauen machen Schlagzeilen, und wie! **Angela Merkel** verläßt das Glück, **Anke Engelke** verläßt SAT 1. Die **Gsell** kriegt einen Prinzen, die **Jelinek** bekommt den begehrten Nobelpreis für Literatur ...

Andrea M., eine der Angeklagten im Prozeß um die Ermordung von Pascal

Deutschland sieht fassungslos in die Fratze des Bösen, und auch die gehört einer Frau: Am dritten Todestag des fünffach vergewaltigten Pascal († 5) geht es vorm Saarbrückener Schwurgericht um die Rolle der fetten Hinterhof-Hure **Andrea M.** (40), die das arme Kind erstickte („heute machen wir's mal anders").

Noch eine Frau, über die man spricht. **Sophia Loren** kommt zu Besuch! Die Film-Diva (70, ganz rechts) sitzt bei Gottschalk auf der Couch, und 12,4 Millionen Zuschauer fragen sich fassungslos: Wie macht die Frau das bloß, so toll auszusehen – in ihrem Alter? Der erste Oktober-Schlagzeilen-Mann benimmt sich daneben: **Olli Kahn** bohrt Werders **Klose** den berühmten Finger auf die Nase und sieht nicht mal gelb, Werder tobt und verliert (1:2). Der zweite Oktober-Mann benimmt sich auch daneben: **Roberto Blanco** überweist für seinen unehelichen Sohn im Monat nur 350 statt 1000 Euro, die er eigentlich zahlen müßte.

Kahn, der Nasenbohrer

Und dieser Mann will Vorbild für Millionen Nachwuchs-Fußballer sein? Das fragten sich viele, als Kahn zum wiederholten Mal die Kontrolle verlor. Diesmal traf es Werders Klose. So ein Nasenstüber ist natürlich verboten und hat an sich Gelb zur Folge. Mindestens ...

SAT 1 kippt Anke Engelke
Das bittere Aus!
Bild
Köln
Staatsanwalt ermittelt gegen 500 Ärzte!
Bussi-Bussi in den Bergen
BILD Dir deine Bibliothek!

Anke Engelke überlegte, ob ihr nächster Job vielleicht „Titelmädchen von BILD" sein könnte

SAT 1 kippt Anke Engelke
Das bittere Aus!
Bild
Bestechung!
Staatsanwalt ermittelt gegen 500 Ärzte!
Bussi-Bussi in den Bergen

Mittwoch, 6. Oktober

Und auch der dritte Oktober-Mann steht irgendwie neben sich: **Ferfried Prinz von Hohenzollerns** blaublütiges Herz schlägt für **Tatjana Gsell**

Die verlassene Maja und die vorbestrafte Tatjana kämpfen um das Herz des Prinzen. Der BILD-Krönchen-Test
Wer ist die bessere Prinzessin von Hohenzollern?

(33, geb. Gick), obwohl seine Prinzessin **Maja** (32) beim BILD-Krönchentest um Längen gewinnt („natürlicher, stilvoller, mehr Grips"). Der Prinz (61) bleibt trotzig bei seiner Wahl, der Adel ist geschockt.

Die Qual der Wahl haben Millionen BILD-Leser. Es geht ums offizielle Plakat zur WM 2006. The winner is ... ein Fußball aus lauter Sternen am nachtschwarzen Himmel! Gewählt wird auch der Vogel des Jahres; the winner is ... der **Uhu.**

SAT 1 kegelt **Anke Engelke** aus dem Programm. Sie durfte nur fünf Monate nacht-talken. Kam das Aus zu früh? Tatsache ist: Kaum steht der Rausschmiß in BILD, verdoppelt sich ihre flaue Einschaltquote, die Witze werden besser und die Show ist plötzlich sehenswert – zum Beispiel, wenn sie ihren Zuschauern mit bitterer Ironie und BILD in der Hand „Elends-Tourismus" vorwirft.

Nicht zu früh, sondern genau im richtigen Moment (nämlich zur Frankfurter Buchmesse) erscheint das erste Buch aus der neuen **BILD-Bibliothek**. Ein Riesen-Erfolg: Schon vor Erscheinen des ersten Bandes für 4,99 Euro (Mario Puzo, „Der Pate" als Hardcover) ist die Erstauflage von

Gottschalk ergründet das Geheimnis der Loren

Sie verriet: „Schlaf ist wichtig. Und relaxen. Ich gehe sehr früh ins Bett, schlafe aber höchstens sechs Stunden, plus eine halbe Stunde Mittagsschlaf. Ich befolge die einfache Mittelmeer-Diät mit Pasta und kaltgepreßtem, nicht erhitztem Öl."

Die BILD-Bibliothek war „der" Renner auf dem Buchmarkt 2004

Donnerstag, 7. Oktober

Freitag, 8. Oktober

Sonnabend, 9. Oktober

Teure Scheidung in der Villa des Aga Khan

Der funkelndste Diamant in der Sammlung des von 18 Mio. Ismailiten wie ein Gott verehrten Aga Khan war die wunderschöne deutsche Prinzessin Gabriele zu Leiningen (Begum Inaara). Jetzt will sie aus dem goldenen Käfig raus und reicht die Scheidung ein.

Enttäuscht: Die Begum fühlte sich gleichermaßen eingeengt und einsam – ein Leben wie mit einem unsichtbaren Schleier

Die Begum mit Jordaniens Königin Rania (oben) und mit ihrer Mutter Renate Thyssen-Henne

Prunkhochzeit vor sechs Jahren: Die Begum und Ehemann Aga Khan. Für ihn war es die zweite Ehe

175 000 Exemplaren vom Buchhandel geordert, 100 000 werden nachgedruckt. Zunächst sind 24 weitere Welt-Bestseller (darunter auch die Bibel) geplant. Die BILD-Bibliothek erscheint übrigens im Weltbild-Verlag, der erstmals auch diese BILD-Jahreschronik verlegt.

Udo Jürgens wird 70, das **Überraschungs-Ei** wird 30, und wieder überrascht uns eine Frau: Die österreichische Obszön-Autorin **Elfriede Jelinek** bekommt den Nobelpreis für Literatur.

Wer ist diese Frau aus Österreich? Radikale Feministin. Extrem-Schriftstellerin. Provokant, zornig, gnadenlos, kalt. Hauptthema ihrer neun Romane und 15 Theaterstücke: Sex.

Montag, 11. Oktober

Literatur-Nobelpreis für die obszöne Frau Jelinek

Ihre Werke „enthüllen mit einzigartiger sprachlicher Leidenschaft die Absurdität und zwingende Macht der sozialen Klischees", so die Begründung

Sex auf der Toilette: Szene aus dem Jelinek-Stück „Raststätte"

Für sie kein erfüllender Akt der Liebe, sondern brutale Gewaltausübung des Mannes gegenüber der Frau. Ob „Lust" oder „Die Klavierspielerin": Immer wieder werden Frauen mißhandelt, geschlagen, mißbraucht. Sie selbst sagte einmal: „Mein Hirn ist seltsam, es speichert nur die negativen Dinge. Es ist mit Haß getränkt."
Den Nobelpreis (1,1 Mio. Euro) will sie nicht selbst entgegennehmen: „Ich kann keine Menschenmengen ertragen."

Die Begum nimmt Dianas Anwältin

Ein Rosenkrieg in feinsten Kreisen läßt die High-Society den Atem anhalten. Prinz **Karim Aga Khan** und seine schöne deutsche Frau, die promovierte Juristin und Unesco-Beraterin **Begum Inaara,** galten als „das" Traumpaar der internationalen Upperclass. Jetzt ist die Ehe offenbar zu Ende, wie BILD exklusiv meldet: Die Begum soll schon Prinzessin Dianas Anwältin mit der Scheidung beauftragt haben.
Eine andere Trennung hatten wir im September-Kapitel mit gutem Grund ausgelassen: **Effe und Frau Strunz** finden jetzt im Oktober wieder

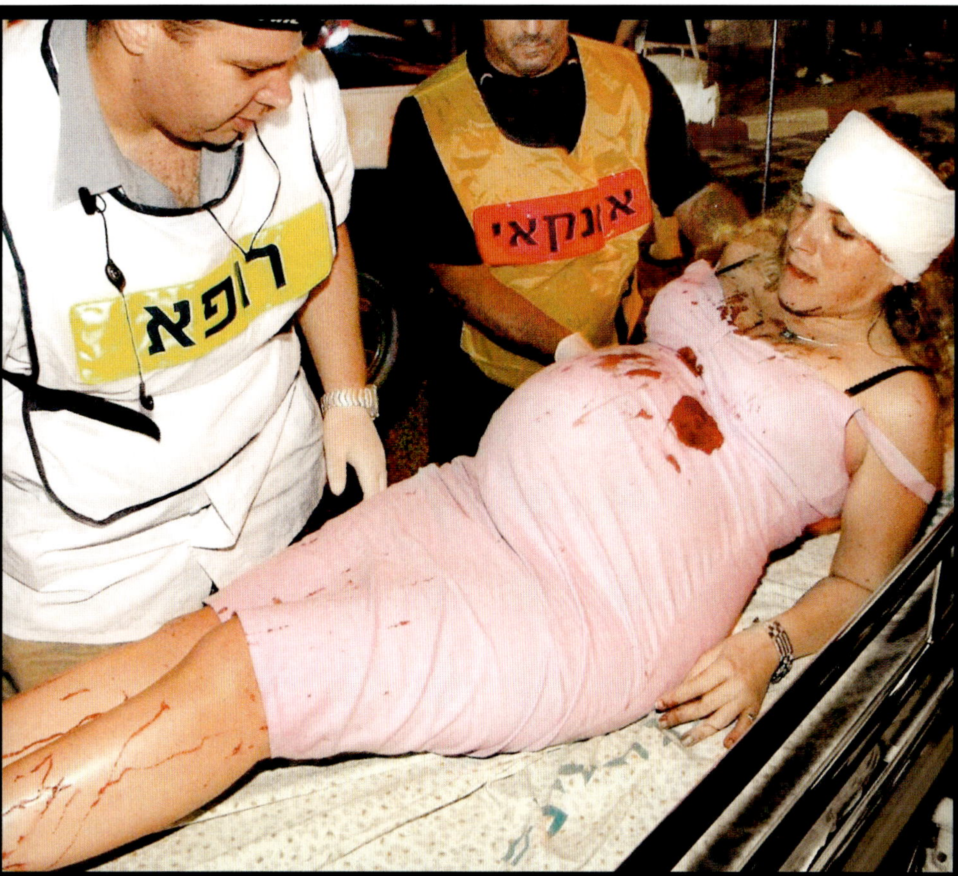

Bomben-Anschlag auf Luxus-Hotel

„Hilton Taba", Ägypten. Ein bei Israelis beliebtes Luxushotel. Selbstmord-Attentäter sprengen es in die Luft. Über 30 Menschen sterben, Hunderte werden verletzt. Unter ihnen auch die hochschwangere Kinereth Franko (Foto, im 8. Monat). Mit Mann und zwei Kindern (4 und 7) entkommt sie dem Inferno und überlebt.

Charles, Camilla und das Rätsel um eine gemeinsame Tochter

Endlich dürfen sie ihr Glück genießen: Charles und Camilla amüsieren sich bei schottischen Folklore-Spielen. Da kommt das unglaubliche Gerücht auf, daß sie eine gemeinsame Tochter haben! BILD bringt eine Fotomontage aus den Gesichtern der angeblichen „Eltern“. Hübsches Mädchen! Wenn's stimmt ...

zueinander und kaufen ein Liebesnest in Hamburg. Im November wird Frau Strunz dann sogar trotz vorerst geplatzter Hochzeit einen Ehering tragen. **Olli Kahn** sieht man auch wieder mit **Verena!** Herr **Strunz** hingegen hat Pech in der Liebe und trennt sich von seiner Freundin **Christina.**

So schnell sich das Liebeskarussell in Fußballerkreisen auch dreht: Auf dem Rasen der National-Elf geht **Jürgen Klinsmann** seinen gnadenlosen Weg. Statt Grinsi-Klinsi jetzt Killer-Klinsi.

In Teheran gibt unser Teamchef Kahn-Herausforderer **Lehmann** demonstrativ eine Chance, und der nutzt sie prompt (2:0 gegen Iran). Noch auf dem Flughafen feuert Klinsi mit Torwarttrainer **Sepp Maier** (60) das letzte Urgestein aus 74er-Weltmeisterzeiten – auch wegen dessen Äußerung „Lehmann kann sich aufhängen, Kahn ist der Bessere.“ Klinsi: „Sobald einer negativ über Mannschaftskollegen spricht, ist kein Platz mehr für ihn in unserer Gemeinschaft.“

Ohne Job könnten bald auch viele **Opel-Arbeiter** sein. Nach Karstadt und SPAR ist General Motors der dritte Konzern, der über Radikalschnitte nachdenkt. 10 000 Arbeitsplätze stehen auf der Kippe. Europaweit will GM in zwei Jahren eine Milliarde Euro Kosten einsparen.

So berichtete BILD über den Spruch von Sepp Maier, der ihn den Job im National-Team kostete. Aber bei Bayern München darf er den „besseren“ Torwart weiterhin trainieren

Terroranschlag und Kindesmorde

In Berlin zerlegt ein arbeitsloser Anstreicher die Leiche eines Musiklehrers. Die Lunge kriegen seine Katzen, den Penis friert er ein.

Das US-Magazin „National Examiner“ bringt eine abenteuerliche Geschichte über **Prinz Charles** und **Camilla:** Angeblich haben die beiden eine gemeinsame Tochter! Gezeugt im Sommer '80 im Privatzug der Royals, geboren im Mai '81, zwei Monate vor Charles' Hochzeit, abgeschoben zu Verwandten, abgeschottet durch ewiges Schweige-Gelübde. Beweise? Keine. Aber spannend.

Kein Monat ohne Terror. Auf der ägyptischen Seite der Sinai-Halbinsel rast ein Bombenlaster in die Lobby des bei Israelis beliebten Hilton-Taba-Hotels, am Pool sprengt sich im gleichen Moment ein Selbstmord-Attentäter in die Luft. Über 30 friedliche Urlauber sterben, Hunderte werden verletzt.

Kaum ein Monat ohne Kindesmord. In der Türkei wird die 11jährige Urlauber-Tochter Lisa (links) aus Niedersachsen ermordet.

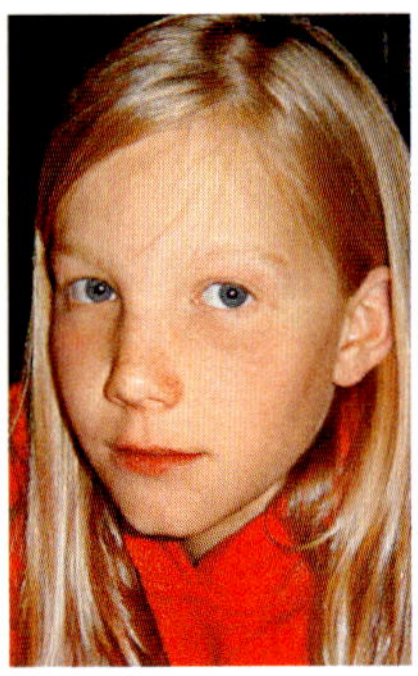

In einem Hamburger Keller stirbt Angelina (rechts). Das kleine Mädchen wird uns wegen seiner

Udo Jürgens
Zerstört dieses Foto seine Ehe?
Kahn zittert vor Tief Verena
Bald 5 Mio. Arbeitslose?

Sonnabend, 16. Oktober

Wie sicher bin ich in meinem Job?
Skandal um Hand-Tor

Montag, 18. Oktober

Schäubles kalte Rache an Merkel
Arbeitslosengeld!
Das steht Ihnen zu

Dienstag, 19. Oktober

Psycho-Fall Deisler
Bayern wollte alles vertuschen
Angela Merkel
Gemobbt, nur weil sie eine Frau ist?

Mittwoch, 20. Oktober

Angelina trug am liebsten lustige Rasta-Zöpfe. Dem Nachbarn vertraute sie blind

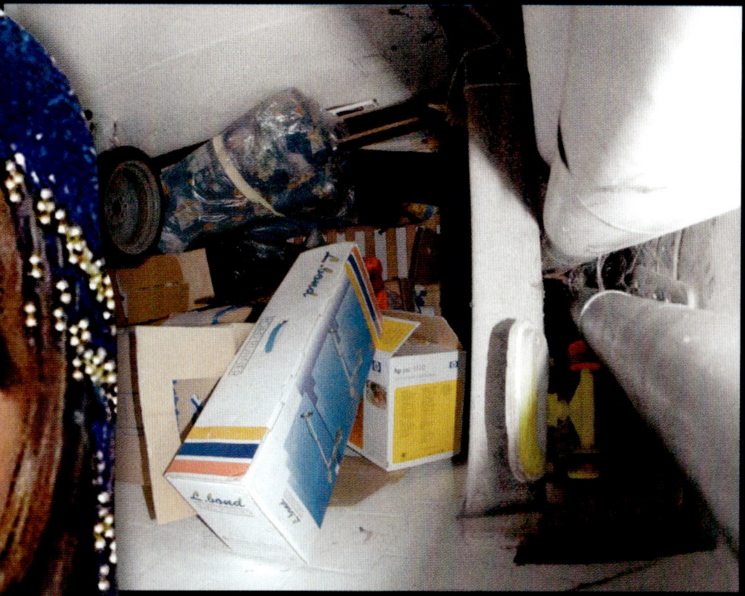

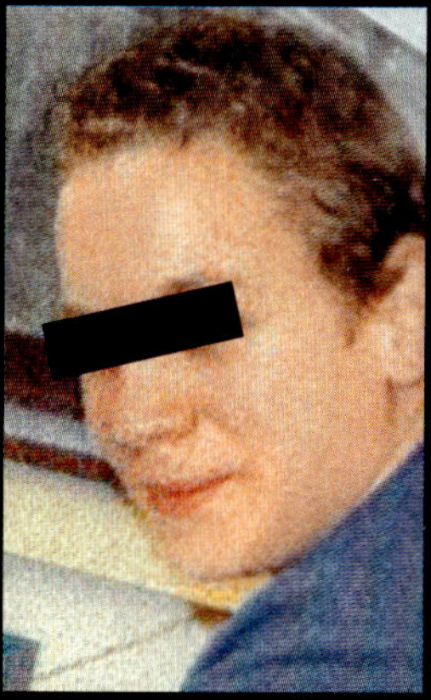
Täter Patrick S. (17), links der Keller

Angelina (7) im Müll zu Tode gequält

Nicht einmal den Nachbarn können Eltern mehr trauen. Der Mörder der 7jährigen Angelina aus Hamburg war ein 17jähriger aus demselben Viertel. Er lockte das Kind in ein schmutziges, mit Sperrmüll vollgestelltes Keller-Verlies, würgte und vergewaltigte es. Angelina lebte noch, als er sie wie ein Paket verschnürte, in einen Karton packte und auf dem Balkon seiner Mutter versteckte, während unten auf der Straße schon die Suchaktion der Polizei lief. Das Kind erstickte an den Fesseln.

Auf diesem Balkon (Kreis) versteckte er die Leiche

Ende einer Kindheit. Angelina wird in die Leichenhalle gebracht

TSCHÜS SUPERMAN
Die Welt hat ihren Helden verloren

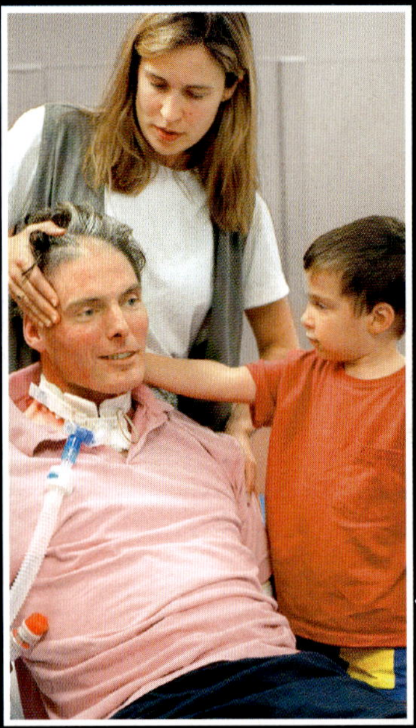

Donnerstag, 21. Oktober

Das traurige Ende eines Kämpfers

Christopher Reeve war der Actionheld des 20. Jahrhunderts. Der König aller Comics. Nach seiner Lähmung der Jesus von Hollywood. Stern am „Walk of Fame". Liebte bis zur Lähmung Actionsport (Rafting, Hockey, Fallschirmsprung). Steuerte sein eigenes Privatflugzeug. Mit neun das erste Mal auf einer Operettenbühne, mit 16 Schauspielschule, alle drei „Superman" waren Blockbuster. Ein Kämpfer. Ein Held.

niedlichen Rasta-Zöpfe in Erinnerung bleiben. Besonders erschütternd: In diesem Fall war der Täter ein Jugendlicher aus der direkten Nachbarschaft!

Ein echter Held stirbt! **„Superman" Christopher Reeve** († 52) verliert in seinem Rollstuhl den Kampf gegen ein Killer-Virus. Neun Jahre zuvor war der Hollywood-Star von seinem Lieblingspferd gestürzt, seitdem vom Hals abwärts gelähmt. Er meisterte sein Schicksal mit unglaublich beeindruckender psychischer Kraft (das Foto links zeigt ihn mit Frau und Kind). Die „Christopher Reeve Foundation" sammelte viele Millionen Dollar für Behinderte, Michail Gorbatschow verlieh ihm den World Award (nachzulesen im BILD-Jahrbuch 2003).

Zurück nach Deutschland – zur Innenpolitik. Die Regierungsparteien sind wieder im Aufwind. Zentrales Thema im Oktober ist nämlich die Krise der CDU. In Sachen Türkei-Beitritt geht ein tiefer, schwer zu kittender Riß durch die Partei. Den Streit um die CDU-Vorschläge zur Gesundheitsreform konnte Angela Merkel bisher nicht beilegen. Jetzt im Oktober 2004 muß sie auch noch auf ihren besten Mann verzichten, vor dem auch seine politischen Gegner Achtung haben: Wirtschaftsexperte

Hier blickt die älteste Mumie der Welt aufs Meer

Ein Skelett sitzt am Strand, die leeren Augenhöhlen sind aufs Meer gerichtet. Ein Körper, der 7000 Jahre überstand. Eine der ältesten Mumien der Welt! Von Forschern in Nordchile entdeckt. Das Bergvolk der Chinchorro machte seine Toten mit Balsamierungen haltbar für die Ewigkeit.

Was ist nur mit Dianas Lieblingssohn los?
Prinz Harry
Wilde Prügelei vor Nacht-Club
Bild
Udo Jürgens
Aussprache mit Ehefrau geplatzt!

Freitag, 22. Oktober

Formel-1-Revolution
Neue Regeln sollen Schumi stoppen!
Kanzler holt auf
SPD jetzt bei 31%
Bild
Ab heute wieder Dschungel-Camp!
Naddel spuckt schon Gift & Galle
Udo Jürgens
Mit junger Blondine erwischt!

Sonnabend, 23. Oktober

Zicken-Krieg gegen Dolly Buster
Sex-Star aus Dschungel geekelt!
Bild
Renten-Kasse immer knapper
2:0
2:1
Kahn zeigt Fans nackten Hintern

Montag, 25. Oktober

„Du Drecksau!“
Minister ohrfeigt CDU-Abgeordneten
Losdackeln!
Bild
Dschungel-Camp
Lästermaul mit Würmern gestopft!

Dienstag, 26. Oktober

und Finanz-Superhirn **Friedrich Merz** schmeißt hin und will nicht mehr fürs Präsidium kandidieren.

Wieder läßt uns eine Frau staunen. Diesmal ist es die blonde **Corinna** (44), Ehefrau von Schlager-Dino **Udo Jürgens** (70). Ungeniert und eng umschlungen zeigt sie sich in Hamburg mit Skandal-Politiker **Ronald Schill** (46). Der ehemalige „Richter Gnadenlos" und Ex-Innensenator von Hamburg schoß sich mit einem peinlichen Bundestags-Auftritt und dem angedrohten Zwangs-Outing des Ersten Bürgermeisters von Beust ins politische Abseits. Ist die Jürgens-Ehe kaputt? Zunächst bleibt diese Frage offen.

Auf jeden Fall kaputt ist aber die Ehe von Top-Model **Nadja Auermann;** Gatte Wolfram Grandezka („Verbotene Liebe") zog von Potsdam nach Köln und sie aus der gemeinsamen Villa.

Die Auermann läuft ihrem Mann Wolfram auf 115 cm langen Beinen mit Riesenschritten davon

Udo Jürgens' Frau flirtet mit Skandal-Politiker

Merkwürdige Motive, von BILD-Reportern entdeckt: Wieso sind die beiden so vertraut?

Auch Udo Jürgens liest BILD. Am Freitag, dem 15. Oktober, allerdings nicht so gern. Man darf vermuten, daß ihm das Frühstücks-Brötchen nach dieser Geschichte nicht mehr so richtig schmeckte: Die eigene Frau turtelt in Hamburg mit einem Skandal-Politiker herum! In den Tagen danach betrieb unser Udo Schadensbegrenzung: „Sie kann frühstücken, mit wem sie will ..." Aber so richtig mochte man ihm diese coole Gelassenheit nicht abkaufen.

Bild

Fast 7 Millionen Deutsche süchtig nach RTL-Ekel-Show

Macht Dschungel-TV dumm?

Blut-Mond

Heute nacht um 3.14 Uhr Sex-Alarm!

2:0 Bayern zeigt's Wolfsburg

Mittwoch, 27. Oktober

Bild

Kriegs-Bomben auf Dresden

Entschuldigt sich die Queen?

Am Dienstag besucht Elizabeth II. Deutschland

2:1 Werder triumphiert in Stuttgart

Gegen-darstel-lung

Arafats Zustand kritisch"

Donnerstag, 28. Oktober

Bild

WM-Schock!

Ehe gerettet

Chaos im Weltall

Erd-Achse kippt!

Unheimliche Meteoriten-Schwärme, Sonne immer heller, Klima ändert sich

Freitag, 29. Oktober

Bild

Uschi Glas

Mutige Lebens-Beichte

Rezeptfrei...

Krach um Queen immer heftiger

Fußball-Schock! Wie kriege ich WM-Tickets?

Sonnabend, 30. Oktober

Vom eigenen Sohn erstochen

Nach dem Taxifahrerinnen-Mord von Quakenbrück (links: Opfer, unten: Tatort) stach den Polizisten ausgerechnet auf der Beerdigung die Ähnlichkeit zwischen Phantomfoto (ganz links) und Sohn der Toten (darunter am Sarg) ins Auge. Festnahme, Geständnis.

Was sonst passierte. ● London: Sorgen-Prinz **Harry** prügelt sich mit Fotografen ● Quakenbrück: Taxifahrerin ermordet, Täter der eigene Sohn, 13jähriger Zeuge ebenfalls niedergestochen ● Und Staatsminister **Palmer** (Baden-Württemberg, CDU) haut dem Abgeordneten Pfeiffer eine runter („Drecksau"), Rücktritt. So schließt sich der Kreis. Am Monatsanfang benahmen sich ja einige Männer daneben, am Monatsende auch. Los ging's mit Kahn (Finger an Klose-Nase), enden tut's auch mit Kahn: Beim 2:0 gegen Rostock zeigt er den gegnerischen Fans sein halbes nacktes Hinterteil. Vorher waren „Lehmann-für-Deutschland"-Rufe laut geworden.

Und dann ist endlich wieder Dschungel-TV. „Ich bin ein Star, holt mich hier raaaaauuuus!"

Ein herrliches Vergnügen für über 7 Millionen Fans, aber offenbar nicht ohne Risiken: „Macht Dschungel-TV dumm?", fragt BILD besorgt.

Erst reden alle von **Naddel** (spuckt schon vorher Gift & Galle), dann von **Dolly Buster** (flieht nach 36 Stunden), und am Ende von einer richtig ätzenden Lästerschlange, die sich aber äußerst beherzt durch allerlei Kakerlaken-Berge kämpft und Känguruh-Hoden mampft.

Im Oktober 2004, den so viele Frauen prägten, ist sie die passende Schlußfigur: **Désirée Nick.**

Minister ohrfeigt Abgeordneten

Das gab's noch nie in der deutschen Politik! Minister Palmer (rechts, ganz zerknirscht) beschimpft seinen CDU-Kollegen, den Abgeordneten Pfeiffer (links, sichtlich verwirrt) und haut ihm eine rein! Ein Zwischenfall, zu dessen Ursachen außer parteiinternen Querelen und Rangeleien wohl auch ein wenig Alkoholgenuß gehörte. Es war halt ein Monat, in dem Männer ziemlich viel Mist bauten.

So liebt Deutschland seine Désirée. Mal schluckt sie Känguruh-Hoden, dann nimmt sie ein entspanntes Mehlwurm-Bad ...

Na, Dickerchen? Harry Wijnvoord planscht ein bißchen, der Wasserpegel steigt

Maden-Bad und Zicken-Krieg im Ekel-Camp

on der Quote her war die Show ein absoluter Renner. Über sie-en Millionen Zuschauer bei jeder Folge! Die zweite Staffel rägten schwächliche Männer und starke Frauen. Auch BILD chickte eine: Reporterin Patricia Dreyer (rechts). Ende Oktober eberten dann alle der neuen Dschungel-Queen entgegen. Die urde im November gekürt: Bleiben Sie dran, lesen Sie weiter.

istermaul addel

Busen-Maid Dolly Buster

Fertig mit allem: Isabel Varell

Wie ich einem echten Mehlwurm das Leben rettete

Ich bin von BILD – holt mich hier rein! Und zwar in TV-Deutschlands liebste Folterkammer.

Als erste Journalistin darf ich ins streng abgeschirmte Lager im australischen Urwald – einen Tag, bevor Naddel, Nick & Co. es sich dort ungemütlich machen.

Der Treck ins Camp ist muskelzerbröselnd mörderisch. In klebrig-feuchter Hitze geht's über umgestürzte Baumstämme, durch Flußbetten, hinauf an lehmglitschigen Abhängen, über unberechenbar schwingende Hängebrücken.

Dann das: Ein trostloses Rund aus zehn kargen Pritschen, keine zwanzig Meter Durchmesser. In der Mitte eine Feuerstelle und eine Plastik-Kiste. Darin: ein vergammelter Kochtopf, eine schmuddelige Rolle Klopapier. Es stinkt nach verkohltem Holz.

BILD-Reporterin **Patricia Dreyer**

„Ihr Promis seid arme Schweine", denke ich. Die Dschungel-Toilette – ein Plumpsklo für zehn bohnengeblähte Stars – ist ein mit Jute bespannter muffiger Verschlag. Hier wird später Fäkal-Polizist Harry Wijnvoord erfolglos versuchen, einem rücksichtslosen Steh-Pinkler den Garaus zu machen. Unverrichteter Dinge wird Harry irgendwann aus dem Lager fliehen, gescheitert an seiner unstillbaren Sehnsucht nach Hygiene.

Medien-Phänomen Dschungel-TV: Warum gucken wir so wohlig-angewidert hin, wenn Spenge-Memme quengelt, Désirée Nick krachend Känguruh-Hoden kaut?

Es ist Rache! Was hat uns Küblböcks Pop-Gejaule genervt – rein mit ihm ins Kakerlakenbad! Wie ging uns Nicks Gezeter auf den Senkel – ab mit ihr in den Schmeißfliegenkäfig!

Eine Dschungel-Prüfung erfahre ich am eigenen Leib, lasse mich mit Kakerlaken, Spinnen, Schlangen und sonstigem Gewürm berieseln. Starr vor Ekel, berauscht vom eigenen Mut, halte ich acht Minuten aus.

Als ich später im Hotel unter die Dusche will, fällt aus meiner Wäsche ein Urwald-Mitbringsel: Auf den adretten Badezimmer-Kacheln ringelt sich plötzlich ein Dschungel-Mehlwurm. Ich kiekse, es schüttelt mich. Mit einem Taschentuch fange ich das Tierchen ein, wedele es vom Balkon in die Freiheit.

Ganz nach dem Motto: „Ich bin ein Mehlwurm – holt mich hier raus!"

Wie der Oktober unser Leben veränderte

Wir müssen verzichten und länger arbeiten

Dr. Paul C. Martin
Wirtschaftsexperte, Buchautor und BILD-Kolumnist

Der Monat, als die Blätter fahler wurden. Und die Gesichter der Menschen ernster. Nicht, daß sich plötzlich etwas Besonderes ereignet hätte. Doch in diesem Monat spüren es die Deutschen: Gezeitenwechsel! Alles hat sich von Grund auf geändert. Nichts ist mehr, wie es war.

Der Einzelhandel meldet das bekannte Minus. Aber im Oktober liegen die Umsätze um saftige 3,7 Prozent unter Vorjahr. Minusrekord. Hans Eichel starrt ins größte Loch, in das ein deutscher Finanzminister jemals schauen mußte. Die Rentenkasse robbt unterhalb des Zahnfleischs. Die Reserven reichen nicht mal mehr zum nächsten Ersten.

Die Zahl der Arbeitslosen krallt sich tief ein bei über vier Millionen. Geraune der Experten: Fünf Millionen könnten es im Winter werden. Dann sogar: Sechs Millionen Unbeschäftigte, rechnet man die Sozialhilfebezieher nach Hartz IV ab Januar 2005 mit ein.

Großkonzerne melden en gros Stellenabbau. 1000 Jobs hier gestrichen, 2000 dort. Stolze Namen wie VW, Opel oder KarstadtQuelle kommen ins Gerede. Was ist los? Gnadenlos werden eingefahrene Managementfehler enttarnt. Verkaufsstrukturen sind zu altbacken (Karstadt). Produkte zu teuer (VWs neuer Golf). Marktanteile fallen frei (Opel). Pleitewellen wüten. Fast 30 000 Firmen werden bis zum Jahresende aufgegeben haben – Nachkriegsrekord. Zahl der insolvenzbedingten Entlassungen: mehr als 100 000.

Betriebe unter irrem Druck. Die Preise für die beiden wichtigsten industriellen Rohstoffe Öl und Stahl so hoch wie nie zuvor. Wer Kunden halten und knüppelharte Rabattschlachten (Aldi, Lidl) meiden möchte, kann nur beim „Kostenfaktor" Löhne sparen.

Die Gewinne müssen sogar steigen! Denn sonst bleiben die Aktienkurse niedrig. Und je „billiger" eine Aktiengesellschaft, desto leichter können andere sie schlucken (Conti/Phoenix).

Selbst Firmen, die Milliarden schaufeln, schwingen die Axt: Die Deutsche Bank, die schon 7000 Stellen gestrichen hat, wird weitere sieben Prozent der Mitarbeiter kegeln. Grund: Die Bosse werden nach Gewinn bezahlt. Mit Aktien, die sie billig vom Unternehmen kaufen können, um sie danach mit Profit an der Börse abzustoßen. Dort gilt eisern: Höhere Gewinne, höhere Kurse.

Firmenchefs jetten nervös um den Globus, suchen Mitarbeiter, die wenig „kosten". Beispiel Ford: Statt in Deutschland ein neues Werk zu bauen (von 400 Millionen Investition ist die Rede), sondieren die Bosse in der Ostslowakei. Beispiel SAP: Erst Auslagerung von Arbeitsplätzen nach Prag, jetzt nach Indien. Schauen Sie in Ihren Puma-Schuh. Was steht drin? „Made in Vietnam".

Ein sich selbst verstärkender Mahlstrom, der einwärts, abwärts gurgelt? Nur ein Ausrutscher, bis der versprochene Aufschwung endlich kommt? Wird es doch noch mal wie früher? Nein! Was ist anders als in den Goldjahren des Wirtschaftswunders?

Zahlen sprechen: Im September 2004 sind zum ersten Mal die Tariflöhne gefallen! Auf Monatsbasis um 0,5 Prozent gegen Vorjahr, auf Stundenbasis um 0,6 Prozent. Die Gewerkschaften schauen zahnlos zu. Braucht sie überhaupt noch jemand?

Die Arbeitszeiten werden lä-ä-ä-nger. Die 35-Stunden-Woche liegt in Trümmern. Jetzt geht's um 40 Stunden, sogar 44. Immerhin bei gleichem Lohn und dem Versprechen, die Arbeitsplätze ein paar Jahre lang zu halten (DaimlerChrysler).

Die schönen Lohn- und Gehaltszuwächse, die uns vertraut waren wie der Hund im Haus – vorbei, verweht. Deutschland lebt vom Export und muß sich täglich auf der Welt bewähren. Dort aber warten auch Milliarden Menschen, die ihre Haut viel billiger zu Markte tragen.

Wir können uns nicht vor uns selbst verstecken: Verzicht plus länger plus noch härter arbeiten – das ist die Zukunft. Das hat uns der Oktober 2004 gelehrt.

Angst bei Opel, bei Karstadt, bei VW. Vieles spricht dafür, daß wir erst am Anfang eines radikalen Arbeitsplatz-Ausverkaufs stehen, meint BILD-Kolumnist und Wirtschafts-Experte Dr. Paul C. Martin. Besser wird's demnächst wohl nicht

Millionen Heuschrecken überfallen Kanarische Inseln

Weißer Sand, niedriges Gras, der Himmel so herrlich klar und dazu das azurblaue Meer. Ein fröhliches Urlauber-Pärchen ist auf dem Weg ins Hotel. Er trägt eine flotte kurze Hose und die Reisetasche, sie hat das Handtuch im Arm und ein rosa Tuch ums Haar geschlungen. Was für eine Idylle! Wenn ... Ja, wenn da nicht diese Millionen ekliger Viecher wären, die unser Pärchen umschwirren. Es sind Millionen und Abermillionen, die im November Lanzarote und Fuerteventura überfallen. Diese summenden Touristen sind vom Stamme der „Schistocerca gregaria", landläufig Heuschrecke genannt. Gefräßig zwar, aber zum Glück vollkommen ungefährlich für Menschen.

Dschungel-Ekel Désirée Nick
Häßlicher Streit um ihren Sohn
Ist sie deshalb so verbittert?
Bild
Intensivstation!
Das brutalste Foul des Jahres

Wer kam in Berlin bloß auf diese Idee?
Queen-Dinner heute in Hitlers Heldensaal
Bild
RTL-Dschungel-Camp
Kandidaten drehen durch!

Staatsanwalt ermittelt gegen Brutalo-Treter
Guten Morgen, Mr. President
Das erwarten wir von Ihnen!
Queen da! Ihr Königstag in Berlin
Bild

Bush Sieg mit Schröder-Trick
Nordpol schmilzt immer schneller
Unsere Erde ertrinkt!
Bild
Kahn-Patzer!

Majestäts-Besuch & Präsidenten-Wahl

Arafat stirbt. „McBerti“ verläßt die Schotten

Ein Monat, der die Welt verändert. US-Wahl, Arafats Tod, der Mord von Amsterdam ...
Aber zunächst bangt Deutschland wieder um ein Kind. Der achtjährige **Felix** aus Neu Ebersdorf in Niedersachsen ist spurlos verschwunden. Die Polizei startet eine der größten Suchaktionen der Nachkriegsgeschichte, an der sich insgesamt über 7000 Menschen beteiligen – darunter auch Förster, Jäger, freiwillige Feuerwehren.

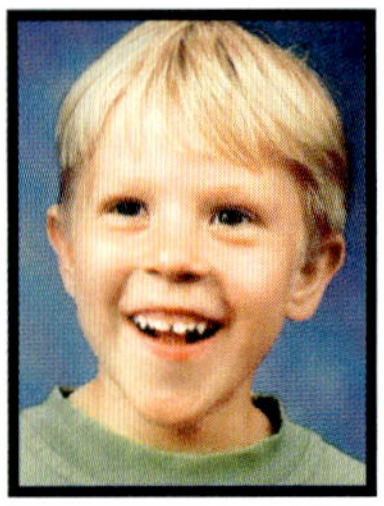

War es wieder der „schwarze Mann“? Seit 1992, also seit 12 (!) Jahren, fängt diese Bestie rund um Bremen Kinder ein. Schon fünf Jungen zwischen 8 und 13 hat der stets schwarz Gekleidete und Maskierte entführt und ermordet: Aus Ferienlager, Internat, Schulheim ... Auch weitere 36 Fälle von sexuellem Mißbrauch sollen auf sein Konto gehen.
Auch der Tod eines anderen Kindes geht ganz Deutschland nahe. **Der neunjährige krebskranke Dominik stirbt im November mit einem riesigen Tumor im Bauch.** Seine Eltern hatten dem unheimlichen Pillendoktor **Matthias Rath** vertraut und die Hilfe von Schulmedizinern abgelehnt. Jetzt ermittelt der Staatsanwalt.
Zum Fußball! Der Monat beginnt dramatisch. ● Erwähnenswert ist

Gottschalk kauft sich ein Schloß mit 18 Zimmern

Rheinblick, 800 qm Wohnfläche, Whirlpool, 18 Zimmer. Gottschalk ist Schloßherr! Schon im Sommer will er das traumhafte Anwesen Schloß Marienfels in Remagen beziehen. Er sagte: „Als ich bei einem Besuch in Deutschland mal wieder eine Blumenwiese im Frühling sah, ist mir aufgefallen, daß man so was wirklich vermissen kann ...“

Finger weg vom Tag der Deutschen Einheit!

Arafat Hirntod!

Explodiert die Gewalt oder Chance für den Frieden?

DVD Hot Seller

Pannen-Kahn Amoklauf in Bayern-Kabine!

Bild

Freitag, 5. November

Angst um unseren schönen Planeten

Münte stoppt Kanzler

Klimaforscher fürchten: Uns bleiben nur noch 60 Jahre bis zur Katastrophe!

Exklusiv Die Begum spricht in BILD

Macht Klinsi Kahn kaputt?

Bild

Sonnabend, 6. November

Nach Haftentlassung Karsten Speck holt seine Frau aus der Psychiatrie

Patient Erde

Ist die Katastrophe noch zu stoppen?

Giftbombe im Bundesliga-Stadion

Bild

Montag, 8. November

Wessis sollen länger arbeiten!

Deutschlands 1. offizieller Orgasmus-Report!

Belügt Ihre Frau Sie auch beim Sex?

Wunder-Trainer

Bild

Dienstag, 9. November

Krebsjunge Dominik stirbt, weil seine Eltern dem falschen Arzt vertrauen

Nach der Behandlung mit Vitamintabletten des unheimlichen Krebsarztes Dr. Matthias Rath (links) stirbt der neunjährige Dominik. Der umstrittene Mediziner schwor bis zuletzt, daß er das Kind in einer Klinik in Mexiko heilen könne. In Deutschland entbrannte daraufhin ein erbitterter Ärztestreit.

Eine Chemotherapie, so sagen Experten, hätte das Leben von Dominik retten können. Der Staatsanwalt ermittelt.

zunächst das Brutalo-Foul in der 2. Liga (Vukovics Karate-Tritt gegen Curri, Intensivstation) ● Dann die Arschtritt-Affäre in der Bundesliga (gegen Gladbach trifft Bayerns Lucio nicht nur den Ball, sondern auch Sverkos' Hintern. Er sieht Rot) ● „**McBerti**" verläßt nach 31 Spielen und nur neun Siegen die schottischen Dudelsäcke (Dienstbeginn nachzulesen im BILD-Jahrbuch 2002). Die Fans haben ihn am Ende sogar bespuckt! ● Später im Monat wird es dann noch einen Fußball-Arbeitslosen geben, denn nach unserem 3:0 gegen die National-Elf von Kamerun wird deren Trainer **Winni Schäfer** gefeuert.

Vom Bundespräsidenten das Brandenburger Mini-Tor

Deutschland verneigt sich: Die **Queen** kommt zu Besuch. Sie landet in Berlin in einem mintgrünen Kostüm. Erst geht's im roten Bentley zum Bundespräsidenten ins Schloß Charlottenburg; Horst Köhler und seine Frau Eva haben als Gastgeschenke eine Porzellanminiatur vom Brandenburger Tor und für **Prinz Philip** eine Fliegeruhr ausgesucht. Später wartet Gerhard Schröder vorm Kanzleramt und macht einen richtigen Diener, danach Kranzniederlegung, abends gibt es Hirschragout.
Im Vorfeld des vierten deutschen Staatsbesuches der Queen war es in britischen Zeitungen zu einer unerfreulichen Debatte darüber gekommen, ob sich die Queen für die Bombardierung deutscher Städte wie Dresden und die Vernichtung von vielen tausend deutschen Zivilisten bei uns zu entschuldigen hätte. In Deutschland hatte das allerdings niemand von ihr verlangt.

Vorm Kanzleramt begrüßt Schröder die Queen mit einem Diener

Königin auf Staatsbesuch

Heiter lächelnd schaute sich die Queen mit dem Kanzler den Reichstag an

Van-Gogh-Mord löst Grundsatzdebatte aus

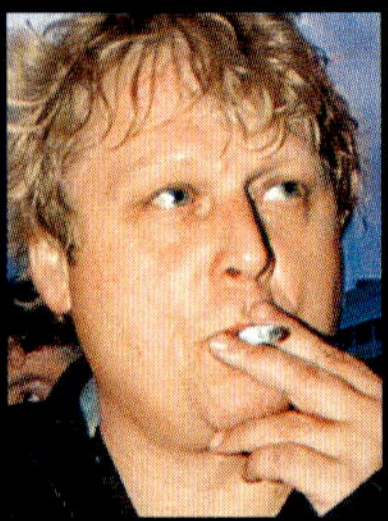

Regisseur Theo van Gogh (links), Tatort in Amsterdam

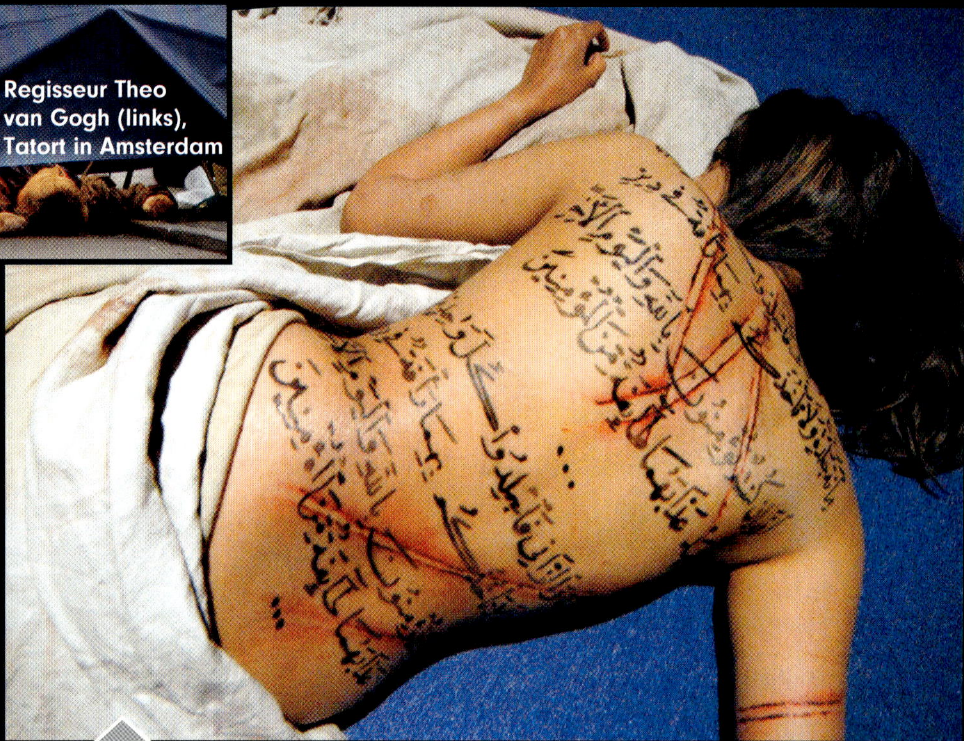

Eine halbnackte Frau mit tätowierten Koran-Zitaten auf dem Rücken. „Wer außerehelichen Geschlechtsverkehr hat, soll ausgepeitscht werden." Die Szene stammt aus „Submission", dem Kurzfilm des Islam-Gegners Theo van Gogh. Seine Ermordung führte auch in Deutschland zu einer hitzigen Debatte über die Multikulti-Gesellschaft.

Attentäter Mohammed Bouyeri

Ein Mord in Amsterdam beschäftigt nicht nur Geheimdienste und Polizei. Er löst eine europaweite Grundsatz-Debatte aus. **Ist das Modell der Multikulti-Gesellschaft gescheitert?** Haben Muslime mitten unter uns eine nicht mehr kontrollierbare „Parallelgesellschaft" geschaffen? Wieviel Integration können, ja müssen wir von Muslimen erwarten? Und war es ein Fehler, damals im Wirtschaftswunder so viele Gastarbeiter nach Deutschland zu holen? Diesen ungewöhnlichen Standpunkt vertritt Altkanzler Helmut Schmidt und erntet damit viel Kritik. Das Mordopfer ist der holländische Regisseur **Theo van Gogh** (†47), Urgroßneffe des berühmten Malers und provozierender Islam-Kritiker. In seinen Filmen kombinierte er Koran-Verse mit dem Geräusch von Peitschenhieben. Muslime beschimpfte er als „Horde mittelalterlicher Ziegenfi...". Schon seit längerem wurde im Internet zum Mord an van Gogh aufgerufen. Ein radikaler Muslim (26) schoß den Künstler vom Fahrrad und schächtete ihn wie ein Schaf. An einem Messer, das in der Brust des Opfers steckte, war ein Bekennerschreiben. Der Täter hatte nachweislich Kontakt zu islamischen Geheim-Organisationen. In den Tagen nach der Tat brannten in Holland mehrere Moscheen.

Daumen hoch, auf ein neues: Wahl-Gewinner Bush

George W. Bush bleibt US-Präsident. In einem dramatischen Kopf-an-Kopf-Rennen setzt er sich gegen den Herausforderer Kerry durch, der ihm persönlich am Telefon gratuliert. Bush bedankt sich: „Sie waren ein bewundernswerter, würdiger Gegner." Mit fast 60 % wurde diesmal die höchste US-Wahlbeteiligung seit 1968 registriert.

Deutschlands total versextes Wochenende!

Tore machen geil!

Hier steht der Beweis

Dschungel-Königin

Nick knutscht mit Berlins Bürgermeister Wowereit

Noch mehr Nullrunden!

Montag, 15. November

Harry Wijnvoord heult sich raus

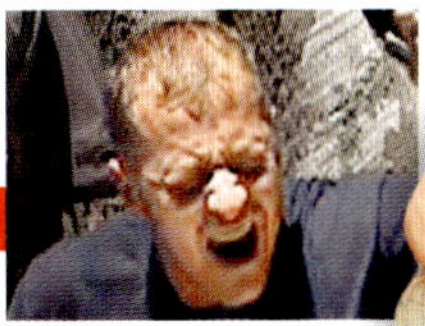
Willi Herren mag keine Kakerlaken

Jimmy Hartwig hat Angstzustände

Carsten „Spenge-Memme" jammert

Hübsche Beine, cooler Blick: Désirée, die Dschungel-Queen

Das erste Foto!

Nationalelf jetzt in BILD-Rot

Berliner Bürgermeister

Wowereit nicht mehr schwul?

So fett macht er als Bulle Kasse

Dienstag, 16. November

US-Außenminister **Powell** tritt zurück. Eine starke schwarze Frau bekommt den heißen Job: **Condoleezza Rice** (50, Skorpion), Bushs bisherige Sicherheitsberaterin und engste Vertraute.

Zur Innenpolitik! Rot-Grün will den deutschen Nationalfeiertag abschaffen. Statt am 3. Oktober soll er künftig immer am 1. Sonntag des Monats stattfinden. Das Ziel: 0,1 % Wachstums-Plus durch Mehrarbeit. In einem sehr deutlichen Brief teilt Bundespräsident Köhler dem Kanzler mit, was er davon hält: Nichts. Der Kanzler ist verstimmt, weil die Medien noch vor ihm von dem Brief erfahren. Der Plan verschwindet nach einem Machtwort von Müntefering im Papierkorb.

Brauchen wir wirklich einen islamischen Feiertag?

Ebenfalls für Kopfschütteln sorgt die Idee, bei uns einen christlichen Feiertag zu streichen und dafür einen islamischen einzuführen. Sie stammt vom Altlinken **Christian Ströbele**, aber auch Umweltminister **Trittin** sagt, er sei „offen" für einen islamischen Feiertag. Kommentar von Grünen-Fraktionschefin **Katrin Göring-Eckardt**: „Es würde ja auch niemand auf die Idee kommen, zu fordern, in Saudi-Arabien solle der Pfingstmontag gefeiert werden ..."

Im Dschungel-Camp erweisen sich die Männer als Weicheier: **Harry Wijnvoord** heult sich raus, **Willi Herren** scheitert im Kakerlaken-Regen, **Jimmy Hartwig** hat Angstzustände und **Carsten *„Spenge-Memme"*** (BILD) jammert den lieben langen Tag.

Dschungel-Camp: Frauen stark, Männer jammern

Sie trägt die Dschungel-Krone zu Recht, und der Thron steht ihr doch auch ganz gut: Désirée Nick zeigte den Männern im Camp, was eine Harke ist. Unerschrocken bestand sie eine Prüfung nach der anderen und sorgte durch ihre Lästereien dafür, daß Deutschland vorm Bildschirm wach blieb.

Feine Aids-Gala, auf der alle über einen Kuß tuschelten

Mal gucken, ob keiner guckt ...

Hier packt er kräftig hin ...

... und küßt richtig echt! Schwul sieht das nicht aus

Berlins Bürgermeister Wowereit und der Kuß für Dschungel-Queen Désirée Nick war eines der Tuschel-Themen auf der feinen Berliner Aids-Gala, an der auch Begum Inaara Aga Khan (links) teilnahm. Hier feierte alles, was Rang und Namen hat, für den guten Zweck (Aids-Forschung). Wowereit, als „Spaß-Bürgermeister" sehr beliebt, wird jedoch so bald nicht wieder öffentlich küssen: In Umfragen verlor er danach nämlich deutlich an Sympathie.

Hohenzollern-Prinz, Tatjana Gsell

Friede Springer, Jörg Sommerlath

Guido Westerwelle mit Freund Michael Mronz

Mittwoch, 17. November

Donnerstag, 18. November

Freitag, 19. November

Engel aus der Asche heiratet

Im BILD-Jahrbuch 2001 erschütterte uns Rachel (damals 26), die nach der Katastrophe vom 11. September weinend ihren Verlobten suchte. Jetzt heiratete sie ihr neues Glück (Steven, 29).

Dschungel-Königin der zweiten Staffel wird Désirée Nick, die später im Monat (auf der Berliner Aids-Gala) mit Bürgermeister Wowereit Zungenküsse tauscht. Wegen schweren Betruges wird **Karsten Speck** („Hallo Robbie") zu zwei Jahren und 10 Monaten Haft verurteilt, und auf der Künstler-Toilette vom Musikanten-Stadl finden sich Spuren von Kokain.

Im Irak beginnt die Schlacht um die Rebellen-Hochburg Falludscha. Der härteste Kampf seit der Befreiung des Irak. Haus um Haus, Block um Block, Straße um Straße. Es gibt weit über tausend Tote. Immer wieder stoßen die US-Truppen auf Folterkeller der islamischen Rebellen und Fundamentalisten. Ist dieser Krieg überhaupt noch zu gewinnen? Wann ist der Terror endlich besiegt?

Wenig später gehen Videoaufnahmen um die Welt, die uns erschrecken. Man sieht US-Soldaten, die in einem wehrlos am Boden liegende Iraker einen Selbstmordattentäter vermuten: „Der tut doch nur so, als wenn er tot ist ..." „Ja, der atmet noch ..." „So, jetzt ist er tot."

Der Heilige Vater empfängt eine BILD-Delegation

Für BILD ist dieser November ein ganz besonderer Monat. **Papst Johannes Paul II.** lädt eine Redaktions-Delegation zur Privataudienz in den Vatikan ein. Der Anlaß ist die „Volksbibel", die BILD und Weltbild-Verlag im Rahmen der neuen BILD-Bibliothek herausgegeben haben. Zu dem bewegenden Besuch im Vatikan lesen Sie bitte den Bericht rechts.

Ein US-Soldat wischt sich die Augen, in denen der Rauch brennt

Kniend und mit Plastiktüten überm Kopf warten gefangene Iraker auf den Abtransport

Schlacht um Falludscha

Erschöpfte US-Soldaten, gefesselte Iraker, brennende Straßensperren und die Tötung von Wehrlosen (Foto rechts: Szene aus dem Video mit dem Todesschuß, das um die Welt ging): In Falludscha stand das Tor zur Hölle weit offen.

Sonnabend, 20. November

Montag, 22. November

Johannes Paul II. nimmt die BILD-Bibel entgegen

Diese Ehre wurde noch keiner deutschen Zeitung zuteil: Der Papst lud BILD zu einer Privataudienz in den Vatikan ein – eine Anerkennung für die ungewöhnliche „Volksbibel"-Aktion im Rahmen der BILD-Bibliothek. Chefredakteur Kai Diekmann überreichte dem Heiligen Vater die Bibel: „Die Verbreitung der christlichen Glaubensbotschaft ist uns ein ernstes Anliegen", sagte er.

Die BILD-Delegation beim Heiligen Vater. Rechts mit der Volksbibel: BILD-Chefredakteur Kai Diekmann

Warum die Einladung des Papstes BILD fast nicht erreicht hätte

Der Papst dankte BILD per Brief. US-Bischof James Michael Harvey, Präfekt des päpstlichen Hauses, steckte um 16.44 Uhr am 4. November 2004 den Brief in einen Vatikan-Umschlag. BILD (und „Weltbild-Verlag") hatten 250 000 Volksbibeln in Deutschland verkauft – ein sensationeller Erfolg. Belohnt werden sollte diese „Verbreitung der christlichen Botschaft" mit einem historischen Treffen: Papst Johannes Paul II. (84) beschloß, die Chefredaktion von BILD als erste Zeitung der Geschichte zur Privataudienz einzuladen – in seine päpstliche Privatbibliothek. Es sollte eine Überraschung sein.

Ich bin der BILD-Korrespondent in Italien. Ich hatte nur erfahren, daß ich an diesem Tag eine „Mitteilung" erhalten sollte. Es war unklar, von wem. Mehr als 16 Jahre lang hatte ich aus dem Vatikan berichtet, Kontakte geknüpft, Freunde gewonnen. Doch an diesem Abend drohte ausgerechnet meine Familie den historischen

BILD-Reporter **Andreas Englisch**

Tag zu verderben.

Ein Fahrer des Vatikans fuhr die historische Einladung quer durch die Stadt Rom. Um 17.26 bremste sein Auto. Um 17.27 Uhr klingelte er an der Gegensprechanlage des Wohnhauses. Aber ich blieb auf meinem Sofa im 5. Stock sitzen. Mein Sohn Leonardo (5) raste zur Sprechanlage. „Hier ist eine Einladung des Papstes", flüsterte der Bote.

„Und ich bin der Räuber Hotzenplotz", sagte Leonardo.

Dreimal wiederholte sich dieser Dialog.

„Bitte! Ich muß mit deinem Vater sprechen", flehte der Bote. Leonardo reagierte unwirsch: „Aber ich bin der Räuber Hotzenplotz – nicht mein Papa! Der ist gar nichts – höchstens vielleicht der Kasperl."

Der Vatikan-Bote war verzweifelt. Er wollte aufgeben und zurückfahren. Endlich fragte ich meinen Sohn: „Sag mal, mit wem redest du denn da eigentlich?"

Leonardo sagte nicht einmal ganz falsch: „Da ist der Papst!"

Ich bellte neugierig in die Sprechanlage: „Wer ist denn da, verdammt noch mal?"

Ich erbleichte bei den Worten des Boten: „Ich komme aus dem Vatikan! Und habe hier eine persönliche Einladung zu einer Privataudienz von Papst Johannes Paul II. für Sie."

Um 11.35 Uhr am 19. November des Jahres 2004 öffnete sich dann tatsächlich die Tür zur Privat-Bibliothek des Papstes.

Der 263. Nachfolger des Heiligen Petrus empfing die Chefredaktion von BILD. Er segnete die BILD-Bibel und sagte: „Ich zähle auf die Deutschen und segne Deutschland."

Es war eine Sternstunde in der Geschichte von BILD – und eine Sternstunde in der Geschichte eines Fünfjährigen.

Leonardo ließ sich bei der Audienz von dem Mann auf dem Thron Petri in die Arme nehmen – und fragte ihn dann leise: „Sag mal, du! Bist du wirklich der Papst? So ganz in echt?"

Der Papst lächelte und küßte ihn und segnete ihn.

CDU-Vize Annette Schavan empört über Intrigen in ihrer Partei
Deutsche Ministerin kämpft gegen Lesben-Gerüchte
Bild
Weihnachtsgeld Wer kriegt wieviel?
Hannawald So krank bin ich wirklich

Mittwoch, 24. November

Wohltätigkeits-Queen Ute Ohoven Bruder lebt von Sozialhilfe
Bild
Torwart Krümme Finger
Bundeswehr-Skandal Das sind die Folter-Soldaten

Donnerstag, 25. November

Promille-Prinz gesteht Suff & Prügel
Ernst August zu 445 000 Euro verurteilt!
Bild
Nie mehr freche Kinder!
Klinsi will Scholl

Freitag, 26. November

Schon wieder Pöbel-Rückfall
Promille-Prinz wegen Hitler-Geste angezeigt
Bild
Als Partner von Beate Uhse Schumi II steigt ins Porno-Geschäft ein
Diana Neues Geheim-Video aufgetaucht

Sonnabend, 27. November

Kehrt endlich Friede ein im Nahen Osten?

Arafats Tod, gleichermaßen Risiko und Chance. Wird der Nahe Osten nun in einer Welle der Gewalt explodieren, oder gibt es neue Friedensgespräche? Ende November scheint sich ein weiterer Versöhnungsversuch abzuzeichnen, die Welt atmet auf: Israelis und Palästinenser sprechen wieder miteinander. Einer, auf den beide Seiten hören, ist unser Außenminister Fischer.

Arafat vorm Abflug nach Paris (oben), Heimkehr im Sarg (links). Letzte Ruhe in einer Betonhülle (unten)

Die Welt schaut nach Paris, wo **PLO-Chef Jassir Arafat** nach einwöchigem Koma in einer Klinik stirbt. Vor seiner Festung in Ramallah versammeln sich tausende Demonstranten. Viele tragen Attrappen von Sprengstoffgürteln um den Bauch geschnallt. Als der Hubschrauber mit Arafats Sarg landet, bricht eine Massenhysterie aus. Al-Aksa-Brigaden rufen zu Terroranschlägen auf: „Arafats Tod ist ein Anschlag der Zionisten auf unseren Führer. Alle Kämpfer müssen nun Rache nehmen an Israel, weltweit.“ Zur Trauerfeier in Kairo reist Außenminister **Fischer** an, allerdings bekommt seine Maschine wegen katastrophaler Organisationsmängel keine rechtzeitige Landeerlaubnis. Fischer fliegt nach Hause. In BILD schreibt **Michel Friedman** an die Adresse des Verstorbenen: „Viele weinen um Ihren Tod. Ich weine um den Tod vieler unschuldiger Menschen, die Sie auf dem Gewissen haben.“ Der Kanzler läßt es wieder „men-

„Goleo“ wird das Maskottchen der Fußball-WM 2006

Es menschelt bei Kanzlers: Hund „Holly“ mischt bei Rossmann mit. Früher, lästern böse Zungen, hatte der Kanzler es ja noch mit Armani ... Aber die Zeiten ändern sich halt!

Doppelter Bruch im Gesicht
Mein armer Scholli
Ja, Joschka! Sie ist die Richtige
Bild
Der neue TV-Liebling
Deutsche sollen bescheidener werden!

Montag, 29. November

Er kriegt immer die schönsten Frauen!
Was macht Joschka so sexy?
NEUHEIT!
Bild
Ailton zeigt seinem Trainer 'nen Vogel
Machen sich Firmen auf unsere Kosten reich?
GOLD-DIENSTAG

Dienstag, 30. November

scheln", und viele Kommentatoren wittern dahinter eine klug geplante Image-Kampagne. Bei Beckmann plaudert er über sein Adoptivkind, das Älterwerden und seinen Besuch am Grab des Vaters. In der Haushaltsdebatte des Bundestages läßt er die wütenden Attacken der Opposition mit demonstrativ gelassenem Lächeln über sich ergehen. **Doris Schröder-Köpf** tut sich mit der Drogeriekette Rossmann zusammen und entwickelt eine Hunde-Pflege-Linie, in deren Mittelpunkt Kanzler-Hund „Holly" stehen soll.
Derweil tut die Opposition alles, um der Kanzler-Partei das Regieren zu erleichtern.

Seehofer hält nichts vom CDU-Kompromiß

Nach tagelangem Hick-Hack tritt Gesundheits-Experte **Horst Seehofer** als Vize der CDU/CSU-Bundestagsfraktion zurück. Grund: Er hält den Gesundheitskompromiß für Murks. CSU-Mann **Michael Glos** nennt Außenminister Fischer einen „Zuhälter, wenn man so will", und muß sich entschuldigen. In der baden-württembergischen CDU tobt ein fieser Machtkampf; dort verteidigt sich Kultusministerin **Annette Schavan** öffentlich gegen das Gerücht, sie habe lesbische Neigungen. So ein „Hetero-Outing" gab es noch nie!

- Heuschrecken-Plage auf den Kanaren! Millionen der daumendicken Plagegeister kommen von Afrika rüber, pro Meter Strand liegen zwei Kilogramm ertrunkene Tiere. Blättern Sie noch einmal zurück zum Doppelseiten-Foto am Anfang dieses Monats!
- Friedliche Revolution in der Ukraine gegen den offensichtlichen Wahlbetrug! Tausende harren Tag und Nacht orangefarben gekleidet (das ist die Farbe der Opposition) in eisiger Kälte vorm Regierungsgebäude in Kiew aus, Neuwahlen sind wahrscheinlich.
- Ein Traumpaar beim Berliner Bundespresseball findet dann die einhellige Begeisterung der Society: **Joschka Fischer** kommt zum ersten Mal mit seiner reizenden Freundin **Minu Barati**; BILD rät dringend zur Hochzeit (es wäre übrigens seine fünfte).

Es ist „für die Jahreszeit zu mild". Und von dem zu Monatsbeginn verschwundenen Felix gibt es immer noch keine Spur ...

Hier zeigt uns der Außenminister seine allerschönste Mission
Wie macht er das bloß?, so rätselt Klatsch-und-Tratsch-Deutschland: Immer hat Außenminister Fischer so wunderschöne Frauen neben sich! Minu ist Ehe-Kandidatin, meint BILD

Friedliche Revolution in der Ukraine

Nelken gegen Staatsgewalt. Mit einer beispiellosen Protestaktion wehren sich die Anhänger der Opposition gegen das gefälschte Ergebnis der Präsidentschaftswahl. Ihr Held: Viktor Juschtschenko (50). Sein Gesicht ist von Narben entstellt und hat eine ungesunde Farbe: Im Dezember verdichtet sich dann der ungeheuerliche Verdacht, daß der Oppositionsführer Opfer eines gezielten Dioxin-Anschlags des Geheimdienstes geworden ist.

Das Zukunftsproblem ist die Bildungspolitik

Peter Boenisch
Autor und BILD-Kolumnist

Brauchen wir einen zweiten Prinz Eugen, der uns wie sein österreichischer Urahn vor der türkischen Flut bewahrt?
In dem heutigen Europa wollen die einen die Türken, weil sie gebraucht werden. Andere hingegen wollen von ihnen nichts wissen, weil sie zu viele sind, zu viele zu arm und alle zu fremd.
Jeder von uns kennt das Beispiel von der überfremdeten Schulklasse, in der es mehr türkische als deutsche Kinder gibt. Klein-Erna im Kampf gegen Allah.
Aber sind daran die eingewanderten Kinder schuld?
Wenn wie im türken-verängstigten Bayern nur 2,01 Prozent der Gesamtbevölkerung Türken sind, aber in einer Münchner Schulklasse die Türken eine Zweidrittel-Mehrheit haben, dann ist unsere Schulpolitik daran schuld und nicht die osmanische Invasion.

Wenig Sinn macht, wenn wir über die Kopftücher fremder Mädchen jammern, den jungen und durchaus lernbegierigen Türkinnen aber das Schwimmen nicht beibringen, was in diesem verhältnismäßig einfachen Fall nur Lesen und Schreiben lernen meint.
Es ist Heuchelei, den eingewanderten Kindern Deutsch nicht richtig beizubringen, um dann zu behaupten, diese verstockten Ausländer seien nicht integrationswillig.
Das Volk der Dichter und Denker in seinen noch bestehenden Resten müßte sich schämen, daß uns PISA zweimal hintereinander um die Ohren schlägt, sozial schwache Einwandererkinder völlig ungenügend zu unterrichten. Unsere Kultusminister und die satte Selbstzufriedenheit mit ihrer verfehlten Schulpolitik sind ein größeres Zukunftsproblem als das Kopftuch von Suleika.

Wir haben kein Öl, wir haben kein Gold, wir haben nur unsere Bildung. Wer mit dieser nationalen Ressource leichtfertig umgeht, den sollten wir auf die Anklagebank setzen oder zumindest bei nächster Gelegenheit in der politischen Versenkung verschwinden lassen.
Verantwortlich für unsere Bildungsmisere sind unsere Politiker und nicht die Kinder vom Bosporus. Wir neigen leider dazu, politische Streitfragen so zu überhitzen, daß sie zu Glaubenskonflikten werden. Dabei geht es im Fall der Türkei um eine höchst pragmatische Frage: Niemand von uns kann exakt vorhersehen, wieviele Türken Europa in 20 Jahren verkraften kann und wieviel Türkei Europa umarmen kann, ohne sich dabei die Arme zu brechen. Ein Unfall, der ja auch für die Türken sehr wenig wünschenswert wäre.

Zu einem gesunden europäisch-türkischen Verhältnis kommen wir nur mit kühlen Köpfen und nicht mit aufgeheizten Vorurteilen.
Die Türken sind Fremde wie wir für sie. Sie haben andere Sitten. Wir auch.
Wir müssen mit der blöden Überheblichkeit aufhören, in ihnen Kameltreiber zu sehen. Jeder vierte Türke lebt in Istanbul, eine dynamische internationale Stadt, in der es wie bei uns sonne und solche gibt.

So verschieden wir vielleicht auch noch in 15 Jahren sein mögen, wir sollten den Türken auf ihrem langen Marsch in eine moderne demokratische Gesellschaft eine faire Chance geben.
Das ist kein Geschenk für sie, sondern wohlverstandene Politik im deutschen und europäischen Interesse.
Als Freunde und Verbündete sind die Türken für uns von großem Wert – wie wir für sie.

Szene aus dem Van-Gogh-Film, der nach dem gewaltsamen Tod des Regisseurs eine heftige Multikulti-Debatte auslöste. Die wahren Probleme liegen jedoch in der deutschen Bildungspolitik, meint Kolumnist Peter Boenisch in seinem Monats-Essay

Die Spur der Zerstörung

Weiße Gischt umspült den Sandstrand. Das Wasser schweigt, als wäre nichts geschehen. Den biegsamen Palmen konnte der Tsunami nichts anhaben. Doch was Menschen an den Strand bauten, ist zerstört. Die größte Naturkatastrophe seit Menschengedenken überschattete das Weihnachtsfest 2004. Die mörderische Flutwelle nach dem Seebeben im Indischen Ozean überraschte Einheimische in ihren Hütten, Familien beim Shoppen, Touristen am Strand, Badende im azurblauen Meer, Fischer auf See, Freizeit-Taucher unter Wasser. Sie riß ganze Siedlungen ins Meer und ließ zwischen den Malediven im Westen und Indonesien im Osten, zwischen Bangladesch im Norden und Bali im Süden eine grausame Spur der Verwüstung zurück. Sogar an Afrikas Küste gab es Tote. Und dann begann die Zeit der Seuchen.

Exklusiv
Diana
Das Schock-Video
„Mein Vater schlug meine Mutter"
„Meine Eltern sagten mir, daß sie mich lieben"
„Charles war wie ein Hündchen"
„Sie hielten mich für krank und dumm"
Tiger Millionen-Scheidung
Weihnachts-Gewinnspiel
Täglich ein Auto gewinnen!
Bild

Schlagerstar Michelle
SELBSTMORD-VERSUCH
Ich wollte sterben!
Not-OP Franzi Angst um Kretzsche
Stolpe plant Urlaubs-Steuer
Bild

Juhnke wiegt nur noch 50 Kilo!
Cora & Schumi
Porno-Zoff!
Er steigt bei Beate Uhse aus
Er droht Raab mit Millionen-Klage
Schon 6 Mio Arbeitslose!
Bild

Porno-Zoff mit Stefan Raab
Cora
Mir tut das alles so weh
Ailton schießt gegen Bayern
Killer-Keime!
Todes-Gefahr vom Mars
Täglich ein Auto gewinnen!
Bild

Das Drama im Paradies

Vor der Katastrophe in Fernost waren Politiker-Raffgier und Ukraine-Wahl die Themen des Monats. Dann kam die Flut

Der traurigste Monat das Jahres. Bei Redaktionsschluß dieses Buches, als wir das neue Jahr begrüßten, stieg die Zahl der Toten immer noch. Und sie wird weiter steigen. Denn nach der Flut kommen die Seuchen.

Lesen Sie nun, was uns vor dem Drama im Urlauber-Paradies wichtig zu sein schien. **Der Monat beginnt mit neuen Videos von der toten Prinzessin Diana, in denen sie schwere Vorwürfe erhebt.** „Vater schlug Mutter". „Sie hielten mich für krank und dumm ..." Nur wenige Tage später ein weiterer Diana-Schock: Die „Prinzessin der Herzen" wollte mit ihrem Leibwächter abhauen und ein neues Leben beginnen! Wie der Leibwächter (kurz danach tödlich verunglückt) tatsächlich starb, will Scotland Yard anläßlich der jetzt veröffentlichen Videos bis Mitte 2005 aufklären. Diana jedenfalls, soviel steht jetzt fest, glaubte an ein Attentat.

Dramatische Fotos (unten): Vor Alaska zerbricht der Tanker „Selendang Ayu" (sechs Tote), es droht bei schweren Stürmen eine Ölpest von gigantischem Ausmaß.

Naturparadies vor Alaska in Gefahr

Wieder bedroht ein Schiffsunglück eines der letzten Naturparadiese der Welt. Vor den Aleuten-Inseln (Alaska) läuft der malaysische Frachter „Selendang Ayu" auf Grund und zerbricht in zwei Teile. Sechs Seeleute kommen ums Leben, ein Großteil der 1,8 Millionen Liter Schweröl fließen ins Meer. Schwerer Sturm erschwert die Bergung.

War das die sagenhafte Wunderwaffe?
Hitler ließ heimlich Ufos bauen
BAUM FÄLLT...
Rocky verprügelt Taxifahrer
So wild knutscht Dianas kleiner Prinz

Montag, 6. Dezember

110 Gegenstimmen beim CDU-Parteitag
Männer-Intrige gegen Angela Merkel?
Rocky
Darum schlug ich zu
GRATIS!
Sabine Christiansen eröffnet Hunde-salon
GLÜCKS-DIENSTAG

Dienstag, 7. Dezember

SAT1 schneidet nackte Sophie Schütt aus Fernsehfilm
Ist sie nicht schön genug fürs TV?
Rocky
Das ist sein Opfer
2:0 Valdez schießt Werder weiter
Attentat in Deutscher Bank geplant

Mittwoch, 8. Dezember

Nackt-Zensur im TV
Jetzt wehrt sich Sophie Schütt
Ich bin doch eine ganz normale Frau!
Jeden Tag ein Auto gewinnen!
3:0 Klasse! Auch Leverkusen hat's gepackt
Der Bundeswehr-Folter-Report

Donnerstag, 9. Dezember

Acht Monate nach seiner Frau **Juliana** stirbt **Prinz Bernhard der Niederlande.** Er wurde 93 Jahre alt. **Jopie Heesters** hingegen (links) darf seinen 101. feiern; in BILD gratuliert **Max Schmeling (99):** „Ich wünsche Dir vor allem Gesundheit!" Das ZDF entmachtet Sportchef **Wolf-Dieter Poschmann,** und **Sabine Christiansen** beteiligt sich am Hundesalon des Promi-Friseurs **Udo Walz.**

Sabine Christiansen mit ihrer Mischlings-Hündin Móna

Dann wird es brandgefährlich. Daß Terroristen auch in Deutschland aktiv sind, hatte ja jeder geahnt. Jetzt aber werden drei Männer verhaftet, die den irakischen Ministerpräsidenten **Ijad Allawi** während seines Berlin-Besuchs töten wollten. Unheimlich: Die Attentäter hatten offenbar Zugang zu geheimen Plänen und wußten genau, wann sich der Iraker wo aufhalten würde!

In Düsseldorf ist CDU-Parteitag. **Angela Merkel** wird mit 88,4% der Stimmen als Parteivorsitzende in ihrem Amt bestätigt. Zum Vergleich: Im Jahr 2000 waren es 95,9%; diesmal galt die „Neun am Anfang" als magische Grenze und als Signal dafür, ob sie die Partei (und damit die sichere Kanzlerkandidatur) wirklich geschlossen hinter sich hat. Dies ist nun zumindest zweifelhaft. Ihr Widersacher, Hessens Ministerpräsident **Koch,** sagt zur „K-Frage" hintergründig: „Wir bleiben im Zeitplan." Und das heißt: Entscheidung über die Kanzler-Frage erst Anfang 2006.

Europas Adel trauert: Ex-König Konstantin von Griechenland (1), König Albert von Belgien (2), König Harald von Norwegen mit Frau Sonja (3), Prinz Philip (4), der spanische König Juan Carlos und Sophia (5), König Carl Gustaf und Silvia von Schweden (6)

Fünf Könige verneigten sich vor dem toten Prinz Bernhard

Würdevoll militärisch und trotzdem sehr persönlich, so war der Abschied vom holländischen Prinz Bernhard († 93). Er starb am 1. Dezember in einem Utrechter Krankenhaus an Magenkrebs. Auf seinem Sarg lag eine einzige weiße Nelke, seine Lieblingsblume. Fünf Könige waren unter den 1900 Trauergästen. Viele Damen trugen so wie Königin Beatrix (unten) etwas Weißes – traditionell die Trauerfarbe am holländischen Hof.

Beim CDU-Parteitag schmunzeln Angela Merkel und ihr Vize Christian Wulff über die BILD-Schlagzeile vom 7. Dezember (siehe oben)

Friedrich Merz (arbeitet als Anwalt) verpaßte Arentz diesen scharfen Rüffel

Eine „Raffke-Affäre" bestätigt wieder einmal das Vorurteil des Bürgers, daß sich „die da oben" in die eigene Tasche wirtschaften. Ausgerechnet der Chef der CDU-Sozialausschüsse, **Hermann-Josef Arentz,** hat als Landtagsabgeordneter mehr als 60 000 Euro jährlich und 7500 Kilowattstunden kostenlosen Strom vom Energie-Riesen RWE kassiert. Und das fürs Nichtstun! Arentz tritt zurück; in den Folgetagen wird heftig über Nebenverdienste von Politikern diskutiert. Weitere Dezember-Ereignisse:

● 31 Wochen nach dem Verschwinden der kleinen **Levke († 8)** aus Cuxhaven wird ihr Mörder endlich gefaßt! Unfaßbar: **Marc H. (31)** hat selbst zwei Kinder, eines davon ist in Levkes Alter. ● **Uschi Glas** hat einen Neuen! Er ist Unternehmensberater, Oldtimer-Fan, ziemlich reich und acht Jahre jünger als sie.

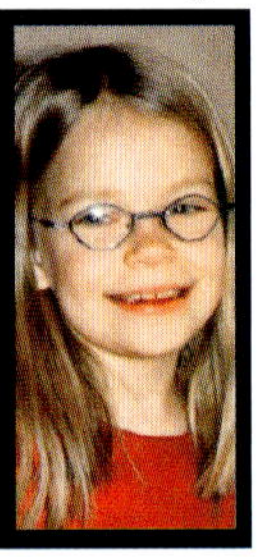

Sieht so ein Mörder aus? Marc H. gestand das furchtbare Verbrechen an der kleinen Levke

● Und Kampf-Maschine **Vitali Klitschko** verteidigt mit 296 Volltreffern seinen WM-Titel im Schwergewicht gegen den Briten **Danny Williams:** „Ich widme diesen Sieg allen Landsleuten in der Ukraine, die für die Demokratie kämpfen."

Für vier Minuten war Schalke Herbstmeister

Fußball-Fans werden sich den 11. Dezember merken. Im Endspurt um die Herbstmeisterschaft der Bundesliga geht es fast so spannend zu wie im Mai 2001, als Schalke für 4 Minuten und 38 Sekunden Meister war und Bayern dann doch noch die Schale holte. Diesmal führt Schalke gegen Freiburg 1:0, Bayern liegt gegen Stuttgart 1:2 hinten. Aber dann gleicht Freiburg aus, und Bayern schießt das 2:2. Bayern Herbstmeister, Schalke „Doofmeister". **Kahn** läßt übrigens wieder mal einen Ball fallen (und ermöglicht das 0:2 der Stuttgarter). Es ist sein sechster Klops in diesem Jahr – BILD fürchtet: „Er packt's nicht mehr."

Der Terror scheint nicht zu enden. Am ersten Jahrestag der Ergreifung von **Saddam Hussein** explodiert in Bagdad eine Autobombe. 14 Menschen sterben, Al Qaida bekennt sich zu dem Attentat.

Im Lotto-Jackpot sind 25 Millionen Euro, das ist Rekord! Vor den Annahmestellen überall in Deutschland stehen die Tipper Schlange. Aber so gern auch ein jeder das Glück der beiden westfälischen

Millionär macht Uschi Glas wieder glücklich

Dieter Hermann, Unternehmensberater aus Franken, Präsident eines Golfclubs, sehr vermögend und elegant. Von seiner Frau, einer Kunsthistorikerin, lebt er getrennt, jetzt soll die Scheidung eingereicht werden. Auch Uschi Glas spielt leidenschaftlich gern Golf – auf einem Turnier lernten sich die beiden kennen.

Beim Spaziergang erwischt: Uschi Glas und ihr neuer Partner

Jetzt macht ihr Millionär Ernst
Scheidung für Uschi Glas!
25-Mio-Jackpot
Uri Geller Geheime Magie der Lotto-Zahlen
Bild
Das große Exklusiv-Interview
Nationalelf in Japan
Verena flog zu Kahn
Türkei-Streit immer heftiger!

Mittwoch, 15. Dezember

Late-Night-Show
Gottschalk tritt gegen Schmidt an
Millionen enttäuscht
Was für blöde Lotto-Zahlen!
Bild
Bei Verena im Hotel
Kahn Liebes-Doping vor Länderspiel
EU-Abgeordnete sagen Ja zur Türkei

Donnerstag, 16. Dezember

Skandal um WM-Karten
Extra-Wurst für Politiker
Vorkaufsrecht für alle Vorruhestandsspiele
Bild
Entdeckt!
Hitlers geheime Steuer-Akte
Kaufen statt mieten?

Freitag, 17. Dezember

Heute große Spenden-Gala 20.15 Uhr im ZDF
Steffi bittet
Haben Sie ein Herz für Kinder!
Bild
Kahn gegen Lehmann
Extra-Karten für Politiker
Franz stoppt WM-Sauerei!

Sonnabend, 18. Dezember

Klitschko prügelt sich die Fäuste kaputt

Wie eine Kampfmaschine verteidigte Vitali Klitschko in Las Vegas seinen WM-Titel im Schwergewicht. Exakt 296 Volltreffer auf den 250 Pfund schweren Briten Danny Williams! Beide mußten ins Krankenhaus: Klitschko mit Verdacht auf gebrochene Hand, Williams mit Gehirnerschütterung.

Vitali mit verbundenen Händen (links) und mit seiner bezaubernden Frau Natalie, die am Ring mitfieberte – obwohl sie im 6. Monat schwanger war

Drei-Augen-Gespräch mit dem Verlierer

Dicke Lippen, Blutergüsse – und ein total zugeschwollenes Auge. Von 296 Volltreffern zerbeult. Klitschko-Opfer Danny Williams (31) am Tag danach. Ich, der BILD-Reporter, treffe ihn in seiner Hotel-Suite im „Four Seasons" Las Vegas zum legendären „Drei-Augen-Gespräch"!

Erste Frage: Haben Sie schlafen können? Williams: „Nein. Mein Kopf schmerzt wie noch nie."

Der Einäugige sitzt auf der Couch im weißen Bademantel. Tiefe Stimme. Er macht kurze Sätze, um Kraft zu sparen. Auf der Couch toben neben ihm seine zwei Töchter. Ich frage weiter. Was genau tut weh?

Williams: „Alles. Der ganze Oberkörper. Auf dem einen Auge kann ich noch immer nichts sehen." Und was hat Vitali nach dem Kampf gesagt?

„Nicht viel. Er sagte ‚Guter Kampf, herzlichen Glückwunsch'."

Mehr nicht?

Williams: „Ehrlich gesagt: Ich kann mich nicht mehr dran erinnern." Als nächstes will ich wissen, was sie mit ihm im Krankenhaus gemacht haben. „Mein Gehirn wurde durchleuchtet, das Auge durchgecheckt. Und ich bekam Spritzen."

BILD-Reporter **Georg Nolte**

Vitali mußte ja mit Verdacht auf Handbruch ins Krankenhaus ... „Oh ja (Williams lacht). Der hat sich tatsächlich an meinem Schädel fast die Knochen gebrochen ..."

Und wie ist es, mit ihm in einem Boxring zu stehen?

„Er trifft sehr, sehr hart. Wirklich. So etwas habe ich noch nie erlebt. Er hat viele Punches abgeworfen, ich habe viele von ihnen gefressen. Aber irgendwann war's zuviel."

Wie war die Reaktion Ihrer Frau und der Kinder? Williams: „Sie haben mir viel Liebe gespendet ..."

Dann spricht der Boxer von seinen Zukunftsplänen. Er will relaxen, einige Monate Auszeit nehmen. „Aber ich komme zurück. Irgendwann will ich wieder eine WM-Chance. Muß ja nicht wieder gegen Klitschko sein ..."

Topmodel Eva Padberg und Kai Pflaume

Sportmoderator Gerhard Delling

Wunderbar lustiger Auftritt: Komiker Otto Waalkes

RTL-Ehepaar Birgit Schrowange, Markus Lanz

ZDF-Lady Nina Ruge („Leute heute")

Die große TV-Gala „Ein Herz für Kinder" rührte Millionen Deutsche

Verona Pooth läßt sich von den Klitschko-Brüdern in den Saal geleiten

Es war ein großer Abend für Kinder, die auf der Schattenseite des Lebens stehen. Es war gleichzeitig die bewegendste Gala des Jahres, und es war zweifellos die allerschönste Party: Zum vierten Mal präsentierte Thomas Gottschalk die „Ein Herz für Kinder"-Gala. 850 hochkarätige Gäste kamen in die Ullstein-Halle in Berlin, um gemeinsam für Kinder in Not zu kämpfen und für die Hilfsorganisation der BILD-Zeitung Spenden zu sammeln. 5,85 Millionen Menschen sahen im ZDF zu. Neuer Spenden-Rekord: Über 8,5 Millionen Euro vom Cent-Betrag bis zum Millionen-Scheck! Warum die Herzen der Deutschen zum Jahresende 2004 wieder größer sind als ihre Sorgen, lesen Sie im Monats-Essay am Ende dieses Kapitels.

EIN HERZ FÜR KINDER

Thomas Gottschalk mit dem gelähmten Turner Ronny Ziesmer

Gastgeberin Friede Springer mit der Begum Inaara Aga Khan und deren Mutter Renate Thyssen-Henne (v.r.), die 10 000 Euro spendete

BILD-Chefredakteur Kai Diekmann übergibt Tennis-Ikone Steffi Graf einen Scheck über 150 000 Euro für ihre Stiftung „Children for Tomorrow"

Boris Becker, Freundin Caroline Rocher

Montag, 20. Dezember

Dienstag, 21. Dezember

Der genial gute „Ein Herz für Kinder"-Moderator Thomas Gottschalk, Popstar Sarah Connor und vier der wahren Stars der Herzensnacht: Diana aus Jerusalem, Aset, Zulikhan und Marietta aus Grosny – mit dem „Ein Herz für Kinder"-Maskottchen Elefant Ferdinand

Tipper hätte, die es dann tatsächlich schaffen und die Riesensumme einstreichen: Noch größer als die Gewinnlust ist die Spendenfreude der Deutschen. **Thomas Gottschalk** und viele andere Prominente bitten in der großen **„Ein Herz für Kinder"-Gala** im ZDF um Spenden für die Opfer von Hunger und Terror, von Elend und Not. <u>Über 8,5 Millionen Euro kommen zusammen, das ist Rekord!</u> Links sehen Sie die unvergeßlichen Fotos von dieser Nacht der großen Gefühle. ● In Brüssel beschließen die 25 Staats- und Regierungschefs der EU, im Oktober 2005 die Beitrittsverhandlungen mit der Türkei aufzunehmen ● Wegen Zahlungen des Energie-Riesen RWE tritt nach **Hermann-Josef Arentz** nun auch CDU-General **Laurenz Meyer** zurück ● **Harald Schmidt** feiert sein Comeback in der ARD, er trägt einen wilden Rauschebart ● **Franziska van Almsick** und Handballer **Stefan Kretzschmar** trennen sich ● Und der vergiftete ukrainische Oppositionsführer **Viktor Juschtschenko** gewinnt die Nachwahl mit 52,22 Prozent.

Laurenz Meyer wirkte bedrückt, als er vor die Presse trat und erklärte, welche Zahlungen er vom Energie-Riesen RWE erhielt

Die letzte Woche des Jahres bringt uns das Grauen. Fassungslos sitzt die Nation am Fernseher, atemlos starrt man in den Zeitungen auf die Fotos der größten Naturkatastrophe seit Menschengedenken. Westlich von Sumatra ist der Meeresboden in 6000 m Tiefe auf einer Länge von 1000 Kilometern gebrochen. Die dem Land zugewandte Seite rutschte dabei nach oben. Der Meeresboden schob sich darunter. Ein Seebeben mit der Sprengkraft von vielen tausend Atombomben!

Es entstand **ein Tsunami, eine Flutwelle** von gigantischem Ausmaß. Draußen auf dem Meer ist sie nicht einmal sehr hoch. Aber wenn sie auf flaches Wasser trifft, ist sie durch nichts zu stoppen.

Nach drei Tagen ist von mindestens **50 000 Opfern** die Rede, aber schon 24 Stunden später wird klar: In der grausigen Endbilanz wird wohl kaum die doppelte Anzahl Opfer ausreichen. **Betroffen sind: Bangladesch, Burma, Thailand, Malaysia, Indonesien, die Malediven, Sri Lanka, Indien sowie mehrere afrikanische Küstenstaaten.**

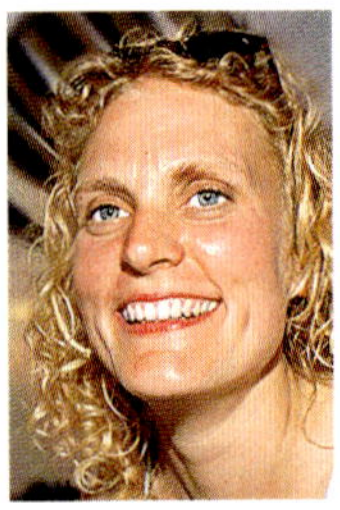

Unsere Kollegin, die BamS-Redakteurin Katrin Thamm, ertrank auf Sri Lanka

Jeder dritte Tote soll ein Kind sein, heißt es. In vielen Städten liegen die Slums direkt am Wasser, und viele einheimische Kinder können nicht einmal schwimmen.

Wieviele Deutsche unter den Opfern sind, wird man erst im neuen Jahr sagen können. **Auch die BILD-am-SONNTAG-Redakteurin Katrin Thamm kommt auf Sri Lanka ums Leben:** Sie liebte dieses Inselparadies und wollte es unbedingt ihrem Freund zeigen. Genau ein Jahr zuvor hatte sie als Reporterin über ein Erdbeben im Iran berichtet.

Das Jahr endet gedämpft. Die UN erwartet in Fernost den Ausbruch von Seuchen. In Frankfurt landen Jets mit den ersten toten deutschen Urlaubern. **Viele aber gibt das Meer wohl niemals wieder her.**

Mitarbeiter des indonesischen Roten Kreuzes legen in Banda Aceh ein Massengrab an

Dienstag, 28. Dezember

Mittwoch, 29. Dezember

Donnerstag, 30. Dezember

Freitag, 31. Dezember

Das Ausmaß der Katastrophe sprengt alle Dimensionen

Wir sehen das Grauen im Superlativ. Bilder, die uns bis in den Schlaf verfolgen. Szenen, die wir nie vergessen können. Wir sehen einen ertrunkenen Touristen, den Soldaten mit blauen Mundtüchern, roten Gummihandschuhen und Khaki-Uniformen aus dem Pool des Sofitel-Hotels im thailändischen Khao Lak bergen. Wir sehen die traumhaft schöne Prospekt-Idylle dieser Hotelanlage und was die Wellen daraus machten (rechts). Wir sehen Leichen am Strand und Kinder, die verzweifelt um ihre vermißten Eltern bangen. Starr vor Entsetzen werden wir Zeugen einer Katastrophe, die jedes Maß überschreitet.

Das Sofitel-Magic-Lagoon-Hotel vor (links) und nach der Katastrophe

Die Leichen von 16 Urlaubern liegen im Sand der bisher so idyllischen Bucht von Khao Lak

Sie bangen um ihre Angehörigen

Bei Redaktionsschluß dieses Jahrbuches war die endgültige Zahl der Todesopfer noch unklar, da Tausende Menschen vermißt wurden. Mit einem handgemalten Zettel sucht Urlauberkind Karl aus Schweden seine Familie (links), der holländische Familienvater Hans Markhorst bittet um Hilfe bei der Suche nach seinem Töchterchen, der Schwede rechts vermißt seine Frau.

Karl sucht Eltern und zwei Brüder

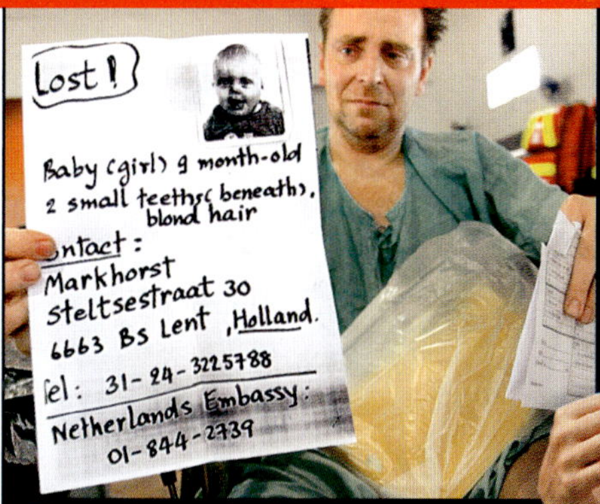

Ein verletzter Holländer sucht sein Kind (9 Monate)

Ein Urlauber mit dem Foto seiner vermißten Frau

Wie der Dezember unser Leben veränderte

Unsere Herzen sind größer als die Sorgen

Peter Bachér
ist Buch-Autor und Kolumnist der Axel Springer AG

Nach den schrecklichen Ereignissen im Dezember setzte eine Spendenflut ein, wie sie Deutschland noch nie erlebt hat. So weit die Katastrophe auch entfernt war: Die Opfer, die Heimatlosen, die Verletzten, die Trauernden waren uns so nahe, als hätten wir sie persönlich gekannt.

Aber es bedurfte gar nicht dieser Flutkatastrophe, um die Herzen der Menschen zu öffnen. Schon vorher, in der Adventszeit, gab es ein ganz besonderes Beispiel für aktive Nächstenliebe, für „Mit-Leiden" im schönsten Sinne des Wortes.

Da war ein blonder Junge, ein Moderator mit einer Sendung, die „Ein Herz für Kinder" heißt. Und da war ein Mädchen, dem eine explodierende Landmine beide Hände weggeschmettert hat. Ein scheues Kind, das voller Lampenfieber vor dem Auftritt seine Nähe sucht, um sich an ihm festzuhalten. Und da ist plötzlich dieser Plastikarm am Bein des großen, blonden Hünen, und was sagt dieser Mann, der Gott in seinem Namen trägt – was also sagt dieser Thomas Gottschalk? Daß für ihn diese Berührung der bewegendste Augenblick in der Zweieinhalb-Stunden-Sendung war, und allein dafür habe sich alles gelohnt.

Ja, so ist die Welt beschaffen, in der wir den irdischen Genüssen nachjagen, in der wir beim Kampf ums Glück im alltäglichen Leben manchmal glauben, daß sich alles nur noch um unsere eigene Achse dreht. Dann kommt so ein Augenblick der unmittelbaren, oft erschütternden Begegnung mit Not, Einsamkeit, Krankheit. Und wir spüren, daß da in unseren Herzen etwas versteckt ist, was es neben der Liebe zu unseren Liebsten und zu uns selbst auch noch gibt: Die Nächstenliebe zu fremdem Schicksal. Suchen wir eine Erklärung, warum sich diese Liebe (die der edlen eine ist, fern von jedem Egoismus) in den graugrauen Dezembertagen so besonders eruptiv entfaltet, so sagen uns die Seelenkundler: Der moderne Mensch hat Nächstenliebe delegiert, abgegeben an Organisationen, die sich professionell darum kümmern, Leid zu lindern – er unterstützt diese Helfer mit seiner Spende, und das war's dann.

Als habe der liebe Gott einen Bittbrief an die Chefredakteure der Medien geschrieben, räumen diese plötzlich viel Platz in ihren Zeitungen und Zeitschriften, viel Sendezeit in Funk und Fernsehen ein und zeigen uns hautnah Einzelschicksale. Und im Spiegel dieser Bilder erkennt der Bürger: Anderen geht es ja trotz aller eigenen Sorgen viel schlechter, elender, schmerzvoller als mir selbst. So öffnet er erst sein Herz, dann sein Portemonnaie.

Und das häßliche Märchen von dem hartherzigen, egozentrischen Deutschen, der seine Fähigkeit zur Nächstenliebe bei der Jagd nach persönlichem Wohlstand verloren hat, erweist sich tatsächlich als Märchen.

Über acht Millionen Euro sammelte Gottschalk für kranke und vom Schicksal geschlagene Kinder, über fünf Millionen sammelte José Carreras für Menschen, die mit der Geißel Leukämie kämpfen, und das alles mit nur zwei Fernsehsendungen innerhalb weniger Tage. Die Bilder der Katastrophe in Fernost waren noch in allen Nachrichtensendungen, da verzeichneten die Hilfsorganisationen schon drei Millionen Euro Spenden aus Deutschland, und das war erst der Anfang.

Diese Erfolge sind übrigens nur vordergründig materieller Natur. Denn jeder Spende geht etwas Beglückendes voraus: Der Mensch ist der Stimme seines Herzens gefolgt – und er bleibt nur mit der Frage zurück, warum das nicht das ganze Jahr über so gut geht.

Thomas Gottschalk und die kleine Aset aus Grosny, der eine Bombe beide Hände abriß. Nach der verheerenden Flutkatastrophe in Fernost begann „Ein Herz für Kinder" eine großangelegte Hilfsaktion für die jüngsten Überlebenden

Bildnachweis

Abaca S. 54, 155; **Action Press** S. 22, 25, 33, 37, 49, 50, 57, 66, 72, 88, 90, 95, 97, 121, 125, 130, 153, 173, 176, 201; **AFP** Umschlag, S. 7, 20, 25, 26, 36, 37, 39, 47, 49, 51, 84, 86-87, 89, 90, 91, 95, 107, 111, 112, 130, 137, 142, 157, 158, 159, 195, 198-199, 206, 207; **Andersen, Hauke** S. 155 (Grafik); **Anemel** S. 13, 57, 77; **Anzenberger** S. 177, **AP** Umschlag, S. 12, 18, 19, 20, 21, 25, 26, 31, 34, 35, 36, 39, 47, 49, 50, 51, 55, 56, 58, 64, 70, 73, 75, 76, 82, 83, 85, 92, 100-101, 104, 105, 110, 112, 114, 125, 128, 129, 131, 137, 138, 140, 142, 146, 149, 155, 156, 161, 162, 163, 165, 168, 169, 177, 189, 190, 192, 194, 200, 201, 203, 206, 207; **ARD** S. 89, 108
Baader S. 53, 71; **BABIRAD-Picture** S. 19, 57, 97, 205; **Barry, Chris** S. 162, 163; **Barth, Thomas** S. 182; **Baumann, Sascha** S. 182; **B.B.B. Film u. TV GmbH** S.139; **Becker-Bredel** S. 174; **Beliakov, Dimitry** S. 108, 150-151; **Beutner, Bernd** S.181; **Biskup, Daniel** S.15, 60, 133, 176; **Bockelmann, Manfred** S. 181; **Bongarts** S. 32, 53, 73, 92, 110, 113, 122, 131, 142, 143, 144, 167, 169, 203; **S. Brauer Photos** S. 19, 51, 204; **Breuel-Bild** S. 191; **Büh, Florian** S. 179; **Budde, Till** S. 126, 127; **BULLS** S. 67, 86; **BZ** S. 66
Camera Press S. 145; **Camera 4** S. 40; **Chaperon, Laurence** S. 97; **Cinetext** S. 59, 123, 124, 137, 188; **CK** S. 127; **CMK Images** S. 66, 163; **Constantin-Film** Umschlag, S. 164, 171; **Corbis Sygma** S. 130; **Cordon Press** S. 55; **Czerner, Frank** S. 165
Daily Mirror S. 22; **dana press** S. 24, 67, 90; **Darchinger** S. 140; **Dargelis** S. 48, 126; **ddp** S. 19, 20, 21, 38, 56, 82, 104, 112, 116, 120, 123, 153, 160, 194; defd S. 47, 59, 106, 201; **defd** S. 47, 59, 106, 201; **Disney dpa** S. 107; **DPA** Umschlag, S. 5, 8, 9, 10, 19, 20, 21, 24, 25, 33, 35, 36, 37, 38, 43, 46, 49, 51, 55, 58, 59, 64, 65, 72, 73, 80-81, 82, 83, 90, 93, 96, 97, 103, 105, 107, 109, 112, 115, 118-119, 120, 122, 123, 124, 127, 129, 130, 131, 137, 140, 147, 152, 154, 155, 160, 162, 166, 167, 177, 182, 190, 195, 197, 201, 202, 206, 207, 209, Nachsatz
Edytor S. 21; **Endemol** S. 48; **Enderlein, Andrea** S. 69; **EPA** Umschlag, Vorsatz, S. 47, 50, 54, 55, 56, 58, 75, 89, 94, 104, 123, 146, 157, 159, 167, 185, 190, 194, 203; **Eliot Press** S. 91, 137; **ESA** S. 153, Nachsatz; **Exler, Thomas** S. 127; **Eventpress/Herrmann** Umschlag, S.120, 121, 129, 204
face to face Umschlag, S. 39, 51; **firo** S. 102, 174, **Agentur Focus** S. 25, 59, 180; **Friedrich, Susann** S. 136; **Fromm, Rainer** S. 182, 202; **FIFA** S. 175
Gamma S. 176; **Ganser, Norbert** S. 95; **Gelhausen, Christian** S. 78, 193; **Georgiev** S. 136; **GES** S. 51, 53, 109, 134-135; **Getty Images** S. 154, 190, 204; **Globe Photos** S. 127; **Gnoni-Press** S. 88; **Goertz, Jo** S. 66; **Götzfried, Markus** S. 21, 138; **Gordon, Lee** S. 74; **Guenther** S. 24
Hayo, Rolf S. 33; **Heyl, Marcus** S. 179; **Heuberger, Michael** S. 62; **hgm-press** S. 115, 124; **Hesse, Stefan** S. 192; **Hoch Zwei** Umschlag; **Hoffmann und Campe** (aus „Achtung! Vorurteil") S. 59; **hr-maintower** S. 59; **Hürriyet** S.121
i24/Sutton S. 51; **Imago** Umschlag, S. 67, 122, 146; **Interfoto** S.123, 124; **Inter Topics** S. 67
Joch, Fred S. 40; **Jungnickel, Anja** S. 136; **Juniors** S.19
Kanka, Björn S. 146, **Karan, Donna, The Nudes** S.181; **KES/Kaempre** S.138; **Kiener, Sigi** S.107; **Kivrin, Sergei/The New York Times** S. 156; **KMMP Media Pr.** S.107; **Knesebeck** S.145; **Kolvenbach** S. 52; **Kühlem, Manfred** S. 94, 95, 106, 166
Le Parisien S. 130; **Ley, Josef** S. 106; **LFI Photo Selection** S. 180; **Lilling/mediendenk** S. 41; **Loeb, Daniel** S. 128; **Los Angeles Times/ Syndicate C** S. 147; **Lucas, Marc** S. 104
Magmafilm S. 38; **Marucci/Bartoletti** S. 169; **Mathon/MITI** S. 137; **Mauritius** Umschlag; **MBC** S. 94; **Meier, Ralf** S. 26, 108, 144; **Melzer, Thomas** S. 102, **Mokabat, Parwez** S. 136; **Müller, Peter** S. 139, 204; **Müller-Rode, Ralf/f. Coupè** S.113, **Multhaup, H.** S. 144
NBC S. 94; **Nielson, Lennart/ Mosaik Verlag/ Random House** S. 37;**Niering, Jens** S. 92; **Nolte, Georg** S. 203
Otto, Karl-Heinz S. 130
Pakusch, Thomas S. 73; **People Image** S. 19, 35, 39, 57, 204; **People Picture** S. 90, 176, 191; **Photas Agency/E-Lance Media** S. 155, **pictureteam/Gentzel** S. 129; **Pohl, Andreas** S.117, 166; **Polizei** S. 21, 88, 89; **Posselt, Fabian** S. 57, 107; **Posthumus, Marcus** S. 182; **Prager, Stefan** S. 176; **Premiere** S.93
Rademacher, Uta S. 115; **Magazin Rath Int. 2003** S. 189; **Raulf, Jochen** S. 34; **Reuters** S. 2, 3, 4, 24, 25, 36, 39, 45, 47, 49, 51, 54, 55, 58, 68, 70, 71, 72, 73, 75, 84, 85, 90, 91, 94, 96, 109, 121, 123, 124, 130, 137, 141, 142, 152, 153, 154, 157, 159, 178, 186-187, 191, 192, 195, 205, 206, 207; **Rex Features** S. 137; **Ricca, Marco** S. 192; **RIRO-Press** S. 79; **Roßbach, Dominik** S. 69; **RTL** S. 6, 17, 22, 23, 28, 29, 163, 183, 191; **Ruddies, Thomas** S.103
Sampics S. 11, **Sampics/St. Motzke** S. 143, 202; **Schäfer, Hans** S. 109, **Schevag, Walter** S. 114, **Schmidhubert, A.** S. 39, 41, 52, 55; **Schneider-Press** S. 19, 21, 39, 51, 97; **Schroewig** S. 68, 120, 121, 122, 191; **Schüring** S. 42; **Schönberger, Bernd** S. 206; **Seegerpress** S. 172-173, **Servizio Fotografico de „L'O.R"** S. 193; **Simon, Sven** S. 20, 51, 110; **Simoneit** Umschlag, S. 38, 47, 191, 204; **Sipa Press** S. 58, 107, 181, 194; **SNAPS** S. 27, 163; **Spiegel TV** S. 21; **Splash News** S.168; **Sportimage** S. 62-63; **Spreitz, Christian** S. 193; **Starface** S. 39; **Starnick, Niels** S. 125, 175; **Starpress** S. 35, 57; **Stern TV** S. 65; **Stock, Bernd** S. 139; **Storch, Joachim** S. 59; **Superbild** S. 18; **SV-Bilderdienst** S. 164
Team 2 S. 27; **Thelen, Andreas** S. 124, 183, 188, 190; **Thomas & Thomas** S. 124; **TVR-News Network** S. 165
Ullstein S. 33, 34, 61, 99, 105, 130, 136; **Unkel** S. 27
Wanninger, Christian S. 41; **Warner Bros.** S. 87; **WEA** S. 50; **Wedler, Udo** S. 34; **Wienold, Norbert** S. 27; **Wilde, Wolfgang** S. 68, 111, 202; **Witters, Wilfried** S. 21, 40, 51; **Woeber, Wim** S.174; **Wollbrett, Janine** S. 69
XPBCC S.165
Zauritz, Frank S. 139, 204; **ZDF** S. 35, 146; **Zimpel, Reto** S. 21, 39, 53

Wir rücken dem Mars auf die Pelle

Die Welt entdeckt im Jahr 2004 den unbekannten Planeten. Im Januar landet NASA-Roboter „Spirit" und rollt auf seinen sechs Rädern vorsichtig über den rostbraunen Sand. Er sammelt kleine Steinchen ein, analysiert sie und schickt das Ergebnis zur Erde. Später im Jahr sendet die ESA-Sonde „Mars-Express" mit einer deutschen Kamera gestochen scharfe Fotos von dem größten Canyon, den Menschenaugen jemals erblickten